创富史
民国大买办

方明 \ 著

团结出版社

图书在版编目（ＣＩＰ）数据

创富史 / 方明著. -- 北京 ： 团结出版社，2018.1
ISBN 978-7-5126-5865-3

Ⅰ．①创… Ⅱ．①方… Ⅲ．①企业家－生平事迹－中
国－近代 Ⅳ．①K825.38

中国版本图书馆CIP数据核字(2017)第304483号

出　　版：团结出版社
　　　　　（北京市东城区东皇城根南街84号　邮编：100006）
电　　话：（010）65228880　65244790　（出版社）
　　　　　（010）65238766　85113874　65133603（发行部）
　　　　　（010）65133603（邮购）
网　　址：http://www.tjpress.com
E-mail：zb65244790@vip.163.com
　　　　　fx65133603@163.com（发行部邮购）
经　　销：全国新华书店
印　　装：三河腾飞印务有限公司

开　　本：170mm×240mm　　　16开
印　　张：19.5
字　　数：295千字
印　　数：4045
版　　次：2018年1月　第1版
印　　次：2018年1月　第1次印刷

书　　号：978-7-5126-5865-3
定　　价：58.00元

笔者一直有个疑问，为什么现在很多公司的办公楼被称为"写字楼"？为撰写这本书搜集资料的时候，笔者才找到了答案。原来，当年在洋行供职的员工被称为"写字"，高级员工则被称为"大写"。也就是说，"写字楼"这个据称是从港台传入的称谓，颇有些历史的厚重感，乃至还有点殖民地的痕迹。

所谓"洋行"，实际上就是清末民初外国人在中国开办的公司。中国清朝以前是没有所谓的公司的，买卖人的经营场所通常被称作"店""铺""栈""庄""楼""肆"，被称作"行"的也不少。这些外国人在中国开办公司也是做买卖，而且又是洋人主事，所以中国人就称它为"洋行"。

而"买办"一词，如果牵强地比照，则类似于今天在外企工作的中方经理。但那时的买办不仅替外国老板打工，更是打着洋大人的招牌给自己赚钱。他们圆滑机敏，狡黠善变，无孔不入，胆大妄为。只要给洋大人干个几年、十几年，自己也就腰缠万贯了。这一点，是和今天外企的中方经理不可同日而语的。

买办亦称"康白度"（葡萄牙文 comprador），即在殖民地和半殖民地国家中，替外国资本家在本国市场上服务的中间人或经理人，最早是指英国人在印度雇用的当地管家。在中国，则是指外国资本家在旧中国设立的商行、公司、银行等雇用的中国经理，称"华经理"或"中国经理"。

当年的买办是一个特殊的经纪人阶层，具有洋行的雇员和独立商人的双重身份。他们作为洋行雇员，得到外国势力的庇护，可以不受中国法律的约束；作为独立商人，又可以在中国经营商业、置产购地。

买办这个行当自清末诞生之日起，即饱受诟病。后世对买办的评价也是大起大落，甚至南辕北辙。

起初，国人极其蔑视替洋人做事的买办群体，称他们为"二毛子"或"洋奴"。林则徐则干脆说："买办等人，本系汉奸。"早期研究清末民初经济现象的学者，对买办亦多无正面评价。

但随着史料的发掘和现代理念的变化，学者们对买办有了新的认识。

经济学家聂好春近年在《买办与近代中国经济发展研究》一书中，通过大量论证，得出四个结论："买办是新的生产关系的建设者和旧的生产关系的破坏者""买办促使近代中国社会的经济结构发生深刻的变化""买办是商界精英和早期经济现代化运动的主干力量""买办是近代商会的中坚"。

买办诞生于生产力和生产关系发生剧烈变革的清末民初，"乱世出枭雄"，不仅在政界如此，商界也是一样。因此他们发家或崛起的过程跌宕起伏、波谲云诡，充满了危机和机遇，更是有着颇具传奇色彩的故事性。乃至笔者在搜集资料和撰写本书的过程中，经常为这些百余年前的商界鬼才闻所未闻的攫取财富的手段惊诧不已！

当然，当年的买办，与今天外资企业的高管有着本质上的区别。但是，他们敏锐的商业眼光，他们超前的经营理念，他们为人处世的谋略，也是有着不可否认的参照价值！

故此，本书选择了20余位有代表性的洋行买办，将他们的特殊经历整理出来，奉献给商界的朋友们，以及对那段往事有兴趣的读者。

目录
Contents

第一章

翻云覆雨的超级政治买办虞洽卿

进城学生意的"赤脚财神"

1882年秋天，上海的瑞康颜料号走进来一个乡下孩子。他穿一身土布衣服，赤着脚，手上却拎着一双显然是新做的手工千层底布鞋。老板忍着笑，把他上下打量了一番，见他虽然土气，但一双眼睛还是透出几分灵气，加之介绍人的面子，就收下他当了学徒。

此人便是后来在商界和政界翻手为云、覆手为雨的大佬，甚至成了蒋中正的引路人的大名鼎鼎的虞洽卿。

虞洽卿名和德，字洽卿，人称"阿德哥"，1867年生于宁波镇海县的龙山乡。他的父亲开了一爿小杂货店，但中年早逝，虞洽卿便和寡母过着半饥半饱的日子。因无钱上学，15岁这年，辗转托人介绍，进了上海那家颜料号当学徒。

临行的时候，母亲一针一线给他做了一双布鞋，并且一再嘱咐他在店里要勤俭小心，博取师傅欢心。到了上海，虞洽卿舍不得穿那双新鞋，就赤着脚走进店门。后来发了财，有人称他"赤脚财神"。他自己也经常说起

虞洽卿故居天叙堂

这件事，甚至引以为荣。

上海十里洋场，纸醉金迷，一个从乡下来的学徒当然只能望"洋"兴叹，自惭形秽，但也刺激了他日后要发达的欲望。

一次，颜料店老板在西餐厅请两位德国商行的买办吃饭，叫他跟去侍候。他见那两位买办神气十足，颐指气使，让他意识到洋场中买办之"高贵"，便立志要替洋人服务，做一个所谓"高等华人"。

凭着他年少聪慧，心灵手巧，并且时刻记着母亲的临别训言，果然深得老板的欢心，未满师就被提升为跑街。凭借这个机会，他得以与上海商界的名人经常接触，几年之中便在上海颜料行业中崭露头角。除在买卖上赚取佣金外，他有时自己也囤买一些颜料，做得十分顺手。每天晚上他还抽空到青年会去学英文，暗暗地为自己打进洋行做准备。

1894 年，有一家做进出口颜料生意的德国商人的鲁麟洋行，因牌子已经做得有些知名度了，就想物色一个有经验的华人充当"开路先锋"。虞洽卿托族人虞香山把自己介绍到这家洋行担任跑楼（等于副买办）。虞洽卿本来就熟悉颜料业务，因而做得颇有成绩，不久就被提升为买办。

鲁麟洋行除进口颜料外，还经营西药、五金、军装等，出口则有大豆、桐油、丝、茶等。虞洽卿在进口方面赚取佣金 10%，出口方面赚取佣金 20%。他在鲁麟洋行任买办 9 年，赚了一笔钱，买进了闸北的一处房屋，一跃而成为富翁了。

庚子年以后，外国在华的经济侵略势力日益膨胀，金融资本家纷纷在上海开设银行，发行钞票。1903 年，虞洽卿 36 岁时离开鲁麟洋行，改任华俄道胜银行买办，一年之后又转任荷兰银行买办。

他利用上海商人的崇洋心理，大力推行荷兰银行钞票的发行，从中获取手续费。但虞洽卿在上海金融界的信用却不太好，自任荷兰银行买办以来，他利用该银行的名义开发远期本票，换取现金，套取利息，并独资创设惠通银号。后来，又发起组织四明银行。

虞洽卿有着复杂的人生轨迹，从晚清到民国，他参与了各个不同时期的社会活动。早在 1898 年"四明公所"事件中，虞洽卿就有不俗的表现。四明公所为宁波人创办，以家乡四明山为名，是一个类似于同乡会的组织，深得宁波人的支持。

这年，法租界公董局倚仗特权，以筑路为名，强行征收并派兵拆除四明公所围墙。年轻气盛的虞洽卿与同乡前辈奋起反抗，并鼓动洗衣工人罢工。这件事让虞洽卿声名鹊起，获得乡梓士人的信任，被选为四明公所会董。

虞洽卿早年与家人合影

1905 年的时候，又发生了一件事，让虞洽卿在上海挣足了面子。

这年，有个广东女人黎黄氏，带着丫鬟数人，取道上海回四川原籍。她的丈夫曾在四川任知府。而巡捕房却说黎黄氏是贩卖人口的案犯，把她拘捕了。审讯此案时，外国陪审员咬定黎黄氏是个人口贩子，主张把她连同丫鬟押进大牢。

中国审判官关炯之则称，黎黄氏乃是"朝廷命妇"，家中养丫鬟是清朝法律所许可的，并说租界没有女监，男女无法混押。

外国陪审官从来说一是一，专横跋扈，便大骂中国人是野蛮民族。这一番话立即引起了旁听席上人们的公愤！随之与巡捕发生冲突，放火烧了巡捕房，英方则实行武力镇压。随后，英、美租界的中国商人全体罢市。租界当局深感事态严重，张皇失措。

代表商界出面与英方交涉的虞洽卿致电清政府，直言"华官尚被侮辱，若不据理力争，商民之受辱必日甚一日"，表示了对西方国家的强烈不满。在斗争中，有些工商界人士希望息事宁人，唯有虞洽卿义无反顾。他每日召集各界人士在寓所开会，商讨斗争方略。他还动员受雇于外国人的华籍职工离职、租界的华人巡捕罢岗，迫使英租界当局最终让步。

这就是当年轰动一时的"大闹公堂案"。

接着，虞洽卿又出面与上海道台袁海观一起，挨家挨户劝告各商店开门复业，一场风波这才得以平息。这样一来，虞洽卿不仅给上海的商人和市民留下了好印象，为租界当局也算是立了功，原本对这场骚乱束手无策的外国人对他也愈加刮目相看了。

事后，为了争取租界华人的权利，虞洽卿还发起成立了华商体操会。这个所谓的"体操会"实际上就是商会的一支武装，虞洽卿自任会长。自此，上海商界华人有了自己的枪杆子。1907 年，华商体操会正式加入公共租界万国商团。

在这些事件中不断出现在公众视野、并充分显现才干的虞洽卿一时名声大噪，渐成沪上妇孺皆知的大闻人。

手眼通天的"政治商人"

在 20 世纪初动荡不安的时局里，为了寻求稳定的商业环境，商人阶层不得不寻求政治上的庇护，虞洽卿也是如此。他应时而变，虽然一再言称"在商言商，置身度外"，但是他的政治情结很浓，从未放弃与不同时期的政权和权贵人物之间的联系。

孙中山领导的资产阶级革命运动兴起后，虞洽卿持同情态度，并参与其间。他曾向陈其美提供经费，还在英租界六马路成立了宁商总会，作为革命党人秘密活动的场所，并竭力为民军筹饷。

革命党人在上海起事后，虞洽卿赶往苏州，以垫借 100 万两银子为条件，策动江苏巡抚程德全易帜起义，为上海局势的稳定做出了贡献。1912年，孙中山为解决财政困难而发行公债，虞洽卿不仅自己大量购买，还动员其他宁波商人认购。

然而时隔不久，虞洽卿的政治态度开始改变，前后判若两人。

1913 年春，宋教仁在上海火车站遇刺，孙中山等人发起反袁的"二次革命"。当陈其美攻打上海制造局时，以虞洽卿为代表的上海商会却发出公函，表示"上海系中国商场，既非战地，制造局亦系民国公共之产，无南北军争持之必要，无论何方先启衅端，是与人民为敌，人民即视为乱党"。

虞洽卿的言下之意是，不管是非如何，一概反对动武用兵，其立场明显偏向袁世凯。

当年 7 月，作为上海商会的头面人物，虞洽卿又致电浙江都督朱瑞，要他不要倒向反袁阵营。9 月，上海反袁军失败，做过绍兴都督的王金发等人策动浙江军队反袁，虞洽卿担心"浙东一动，浙西难保"，便有意集资前去犒劳军队"消其异志"。对此，国民党人甚为不满，曾想在他家放置炸弹杀掉他。他听到了风声，吓得不轻，赶快声称自己不过是一个商人，"并无党见"，犒军一事"虽有其说，但无其事"。

1915 年，日本提出"二十一条"。虞洽卿的态度再次来了个一百八十度的大转弯。他在《申报》上公开宣告："国民之爱国，谁人不宜？谁时不宜？惟此时非急起救国不可。"他联合同乡商人宋汉章发起爱国储金活动，计划在 6 个月内储足 5000 万元，用来建造兵工厂，添募陆军，整顿海军，或充实业。等到袁世凯公开称帝，他反袁的态度愈加明显。此后，他一直支持孙中山。

他任理事长的上海证券物品交易所每月还为东南一带的革命党人提供经费。

1925 年 5 月，上海爆发"五卅运动"，虞洽卿提出"缩小范围，单独对英"的主张，并组成"五卅事件委员会"，把工作重心放在抵制英货、提倡国货、筹款维持罢工等事务上，为运动的展开做出了一些努力。

与和其他政治人物的关系相比，虞洽卿和蒋介石的关系是最为密切，也是最重要的。出于利益驱动，虞洽卿对蒋介石一直持积极态度，关系非同一般。

他们初次相见于沪军都督陈其美处，再次相见是在陈其美遇害后祭奠的灵堂上，第三次则是蒋介石随孙中山到上海和虞洽卿商谈创办交易所为革命筹集资金的时候。虞洽卿虽与蒋三次见面都是急匆匆的，但蒋介石却给他留下了深刻的印象，他认为"此人日后必成大器"。

虞洽卿是有政治头脑的，他在投资经商的同时，也非常注重对人的感情投资，他曾三次施恩于蒋介石。

1920 年秋，蒋介石持孙中山的亲笔信到上海找到虞洽卿。虞二话没说，就把他安排在交易所，在经纪人陈果夫的旗下做助理经纪人。但是蒋不善经纪，加之陈果夫乃陈其美之侄，而蒋与陈其美是拜把兄弟，他岂能屈就于小辈之下？不久，两人生隙，蒋甩手而去。

蒋介石一时无事可做，但他又耐不住寂寞，希望虞洽卿能再帮他一把，想投到青帮大佬黄金荣的门下。虞洽卿看中蒋的政治潜力，便亲自充当说客。凭借他的面子，黄金荣破例应允，连入帮的费用也没要。

蒋介石入帮后，并未如他所愿。郁郁不得志的他狂嫖滥赌，寻花问柳。黄金荣知道后大怒，要按帮规处罚。虞洽卿赶忙替蒋介石说情，称此人绝非等闲之辈，假以时日，前途便会不可估量，黄金荣也就不再追究了。

1927年蒋介石的南京政府成立后，投桃报李，始终对虞洽卿礼遇有加。虞洽卿也多次出资援助蒋介石及其国民政府，成了十足的"提款机"。虞洽卿与蒋介石及其政府交往多年，为了自身利益，他把"宝"全都押在老蒋身上。

虞洽卿不愧为商界翘楚，蒋介石这座政治靠山让他多有受益。当然，虞洽卿深知，不辨政治风云便无以把握商机，但过问太多则易深陷其中，为时政所害。早期，他与蒋介石及其政府走得较近，后期则保持一定的距离，不温不火。虞洽卿毕竟是商人、实业家，商场才是他的归宿。

1924年8月21日，上海总商会改选第五届会长，另一个买办、商会会董傅筱庵也是宁波人，与原任会长宋汉章展开了竞选会长的斗争。

中年的虞洽卿

这个傅筱庵是个人物。后来做了汪伪政府的上海市市长，被军统派在他身边伪装成厨师的特工暗杀了。这是后话。

傅筱庵开办有船厂，是通商银行的总经理，还是美商美兴洋行的买办，自己又在虹口开设了祥大源五金店，承办招商局的器材，并打入了盛宣怀家族，颇为盛家老四盛恩颐所信任。盛老四烟瘾极大，什么事都不管，盛家各项事业包括招商局、汉冶萍公司等，实权都操在傅筱庵的手里，因此傅在上海工商界有相当的势力。

宋汉章则是中国银行的总经理，在上海金融界当然算得一个头面人物。袁世凯称帝时，下令中国、交通两银行停止兑现。宋拒绝伪令，维持了中行钞票的信用，颇为上海金融界所称道。

这次会长改选，由于竞选双方势均力敌，结果鹬蚌相争，渔翁得利。

选举时，虞洽卿在 35 票中以超过半数的 19 票当选为上海总商会的会长，从此他在社会上的地位又大大提高了一步。他把荷兰银行买办的职务交给大儿子顺恩负责，自己则抽出更多的时间从事商会事务和政治活动。

当时，第二次直奉战争爆发不久，以曹锟、吴佩孚为首的直系军阀倒了台，段祺瑞被推为临时执政。段上台后，发表了"外崇国信"的宣言，承认帝国主义对他的支持。而虞洽卿的同乡李思浩原系安福系（段系）要角儿，在新政府中得以由财政次长升任财政总长。

段政府秘密与法国驻华公使马太尔交涉，以承认"金佛郎案"（1921年，法国以中法合办名义开设的"中法实业银行"倒闭。翌年，法国政府与北洋军阀政府秘密协议，以退还一部分庚子赔款恢复"中法实业银行"为诱饵，要中国以法郎，即所谓的金佛郎偿付对法庚子赔款。这样一来，中国就要多付关银六千二百余万两。消息传出，举国反对。法政府又联合比利时、意大利、西班牙要求四国庚子赔款都以金佛郎计算，并串通英、美等国，扣留关税余款，以胁迫中国政府。1924 年 4 月，段祺瑞执政府屈服，与法国签订了《中法协定》，接受了法国的要求）为条件，交换帝国主义承认实施关税二五加税。

在段政府进行的这一卖国活动中，虞洽卿起了不小的作用，因此他到北京后，即被任命为淞沪市政会办（督办为孙宝琦）。

段政府交给他的任务，是叫他回沪后，向租界当局及外国在华商会疏通，不再反对二五加税，同时疏通上海工商界，不再反对"金佛郎案"。由于段政府继续执行投降帝国主义的政策，中国人民展开了反帝反封建的斗争，要求废除不平等条约、关税自主、不承认"金佛郎案"的呼声响遍全国。

1925 年，青岛、上海等地的日本纱厂先后发生屠杀中国工人的暴行，终于引发了"五卅运动"。当上海市民游行示威要求释放被捕爱国青年时，租界巡捕房的外国巡捕开枪射击徒手群众，造成了死伤多人的南京路大血案。

此时，虞洽卿却说："中、日同文同种，日本不会侵略我们。顾正红案是劳资纠纷，属于经济问题。冤家宜解不宜结，我们应该分别对待，把日本纱厂与'五卅惨案'分开。"

此后，虞洽卿又多方奔走游说，施展手腕，竭力为日本开脱罪责。

1925年，在孙传芳控制上海时期，虞洽卿在政治上郁郁不得志，商会会长的地位也岌岌可危，上次落选的傅筱庵有卷土重来之势。1926年第六届会长改选时，傅筱庵预先扶植了爪牙当选为会董，使其超过会董名额的半数。选举前夕，有人控诉傅操纵会董选举，应即宣布无效。上海道道尹傅疆向孙传芳请示，孙传芳则批示："会董已正式选出，何能认为无效。"这显然是对傅的支持。

虞洽卿落选后，曾在香港路五十九号邀集纺织业、银钱业、航业、粮食业等另组"上海商界联合会"，与总商会唱对台戏，但也没有搞出什么名堂来。

1926年，广东政府出师北伐前，宋子文、许崇智、孙科等曾电上海总商会，邀请上海商界"名流"赴粤参观。总商会原已推定王晓籁、劳敬修、陈良玉、陈炳谦4人为赴粤代表，但因当时上海仍然处在孙传芳的势力下，大家有所顾虑，便借口事冗推辞了。

后来王晓籁改变主意，愿意赴粤，虞洽卿随即推荐盛冠中代表劳、陈等人陪同王晓籁启程赴粤。盛冠中是虞洽卿的女婿（虞的女儿后来改嫁江一平），此行是虞的另一政治投机的尝试。

在创办上海物品交易所时，虞洽卿即与蒋介石有往来。此时蒋在广东飞黄腾达，声势显赫，虞洽卿没有把握能高攀得上。8月，盛冠中由粤返沪后，他才知道蒋介石"很讲交情"，并且对浙东乡谊看得很重。

北伐军占领南昌后，江浙财阀曾与虞密议，只要蒋介石取消"打倒帝国主义"的口号，便支持蒋（蒋于1927年3月，曾密令各军将"打倒帝国主义"的口号改为"和平奋斗救中国"，承认列强在华的即得权利）。后来，江浙财阀和虞洽卿等怎样与蒋勾结成功，此中经过传说不一，但是蒋在南京建立国民政府后，先后发行"五五库券"供其发动内战之用，共计6000万元，江浙财阀起了主要作用，则是人所共知的。

北伐军到上海后，傅筱庵逃往大连，南京国民政府下令对他通缉。总商会随即改为委员制，以冯少山为临时主席，而虞洽卿则仍以商界联合会名义从事活动，在旅沪宁波同乡会中稳稳坐上了第一把交椅。

由于虞洽卿搭上了蒋家王朝的关系，外国势力对他也更加重视起来了。

1936年，工部局华董江一平建议："法租界有一条以中国人命名的'朱葆三路'（现为溪口路），公共租界也不应例外。虞洽老的声望和他对租界的贡献不在朱之下，请以宁波同乡会所在地的西藏路改名为'虞洽卿路'，以表功绩（江一平是虞洽卿的女婿，以律师为业，因裙带关系及与工部局素有勾搭，得以当上华董）。"

此议通过后，10月1日"虞洽卿路"举行命名典礼的那天，从宁波同乡会到跑马厅一带，张灯结彩，热闹异常。这是虞在政治上最走红运的时期。

但是他在经济上的遭遇并不与之相称。三北公司负债累累，他每天仍然忙于借债、还债，也就是依靠协调各方关系才撑住的。

同年10月，蒋介石50大寿，虞洽卿在宁波同乡会为蒋举办祝寿大会，杯觥交错，笙歌达旦，为同乡会成立以来未有之盛况。

打造航运业翘楚

虞洽卿从颜料、金融业起家，进而涉足航运、房地产及社会福利等多种事业，其为发展航运业做出的贡献尤为巨大。

虞对生意经非常精通，而又工于逢迎之术。

一次，一位清朝大员到上海采办军装。此人架子很大，据说不肯和洋行买办见面谈生意。虞洽卿知道后，趁这人出门时，故意叫自己的马车撞坏他的马车。他随即下车道歉，并将自己的新马车送给这位大员作为赔偿，由此结识了后者，终于做成了这笔巨额交易，获得了一大笔佣金。

1908年，沪甬航线上已有3条轮船，即东方公司的立大轮、太古公司的北京轮和招商局的江天轮。票价以立大轮的五角为最低，太古、招商均收一元。旅沪宁波同乡要求两轮降低票价，东方公司股东吴锦堂建议由东方发起，与太古、招商协商，一律定价为五角。不料协商结果，不是太古、招商向东方看齐，而是东方向太古、招商看齐，票价都涨到一元了，因此引起了宁波同乡的反感。加之太古公司船上的服务员倚仗洋势，态度生硬，对于贫苦旅客欺凌侮辱，使宁波同乡大为不满。

于是虞洽卿与严筱舫等发起了由宁波人自己组织的宁绍轮船股份公司，每股定为五元。消息传出后，不仅旅沪宁波人士纷纷解囊入股，非宁波籍人士如花旗银行买办袁衔之等，也因有利可图而参加投资。

虞洽卿这时却想出了一个层层盘剥的办法，凡愿做船上的服务员者，均须缴纳押金，在船上职位的大小，以押金的多少而定。这样一来，他一共拼凑了40万元，向福建马尾船厂订购到一艘新轮船，定名为宁绍轮。这是虞洽卿经营航业的开端。

虞的第一炮打响了。宁绍轮开航后，由于票价定得较低，又是宁波人自己办的航业，因此客货运输都很兴旺，使外商轮船受到一定的打击。太古公司为了对付宁绍公司，将票价降低为二角五分，并另赠每个旅客毛巾一条。这一个回合，宁绍公司在外国垄断资本的高压下败下阵来。幸亏由宁波同乡出面组织了"船票维持会"，将票价改为三角，由维持会每张票补贴二角，才得以渡过难关。

虞洽卿是旅沪宁波同乡会的主要发起人。这个组织对他所经营的事业起了不小的作用。为了经营自己的"根据地"，以便扩大影响，他曾说"我要把三北龙山乡变成一个小上海，上海有的东西，三北都要有"。

他在三北修筑了一条小公路，办了一些学校和医院，又在一个公共场所用玻璃橱窗陈列汽车、电车等现代交通工具的模型，借以传递现代信息。1913年，又在龙山乡修筑海堤，建设码头，购置百吨小火轮3艘，命名为"慈北""姚北""镇北"。"慈北""姚北"往来于舟山、沈家门之间，"镇北"则行驶在甬江上。这就是虞洽卿初创的"三北轮船公司"。

这时的虞洽卿虽然是宁绍公司的总经理，其主要职务却仍是荷兰银行买办。

他对航运业虽有兴趣，但因宁绍公司为股份公司，他的股本不多，总经理之上还有董事会，很难满足他的独揽大权的欲望，便很想扩充自己独资经营的三北轮船公司。

正在这个时候，英商的鸿安公司濒临破产。该公司有"长安""德兴"两艘轮船，行驶在长江航线上。因有部分外股未收回，所以当时的鸿安公司仍然保存"英商"的名义。

1914年，宁绍公司董事长乐振保建议增募资金，将公司的"甬兴轮"出售，所得款项用于向船厂订造新轮。据称已有人愿意出银六万两。虞洽卿对此力持异议，但董事会仍然议决同意出售。

虞洽卿一气之下，当场表示愿以六万五千两收购"甬兴轮"。面对多出来的五千两银子，董事会当然无法拒绝。虞购得"甬兴轮"后，并未交给自己的三北公司经营，而是把它转租给外商公司，租金一年三十万两，竟然超过买价的四五倍之多。

宁绍股东闻讯后悔不迭！于是当即举行董、监联席会议商讨对策。大会议决撤销虞洽卿的总经理职务，对虞洽卿提起诉讼，同时申请将"甬兴轮"扣押。

开会期间，股东纷纷攻击虞舞弊营私。但虞洽卿是何许人也！怎么会受股东们的节制。

他马上登报声辩："本人事前反对出售，成交又经董事会议决，何能指为舞弊营私！"此案后经朱葆三、张让三等出面调解，要虞洽卿将"甬兴轮"退还给宁绍公司，为了维持与外商的契约关系，再由宁绍公司委托三北公司代为出租。但虞洽卿收到租金后，却借故拖延不肯交给宁绍，后经一再交涉，才以公债抵偿。

虞洽卿的算盘打得很精。他之所以愿意接受调解，是因他的对手太有势力，一旦涉讼，"甬兴轮"可能被法庭执行扣押。即使上诉，一时也不能正常航行营业，会失信于外商，三十万元租金仍然不能到手。而将"甬兴轮"退还给宁绍公司，他自己收的是现金，还的是公债，仍然合算。

被撤销宁绍公司总经理职务后，虞洽卿即全力经营自己的航运业，将三北公司的资本从20万元扩展为100万元，并更名为三北轮埠公司，还添购了一艘 3000 吨的海轮行驶于南洋。又将鸿安外股收回，更名为鸿安商轮公司。

从此，虞洽卿所掌握的航运业务，遍及长江及沿海各埠，并远及南洋。

这时，第一次世界大战已经爆发，外国的商务轮船纷纷奉调返回各自国内。这样一来，中国沿海及长江航线上货多船少，业务量大增。虞洽卿的公司趁此机会大力发展。到 1918 年大战结束的时候，他的三北、鸿安两家公司已经获得了巨额利润。

这两家公司都是虞洽卿的独资公司，股东不是他的儿女就是他的女婿。资本总额扩充到了 200 余万元，并由此大量添购轮船，在沿江、沿海各埠遍设码头和堆栈。

虞洽卿曾夸口道，"重庆民生公司、天津政记轮船公司、上海三北公司现在就是中国的三大民营航运业。"

虞洽卿一个穷学徒出身，他又怎么会有这么大的魄力来经营这样大规模的航运事业呢？经营的秘诀便是向银行借贷。

1920 年，中国南北军阀政府在上海召开和平会议，北京政府派财政部和陆军部的两位次长随同南下。财政部次长为李思浩，李与虞为旧识。虞洽卿绕圈子指使密友陈良初向李献策说："南北议和时期，北方代表团应当广泛联络最富声望的地方人士，用以制造舆论，压制南方。"随即陈良初就谈到虞洽卿的身上，说虞洽卿在上海颇有势力，如果得他相助，一定能起作用。李思浩听了这话很高兴，就请陈良初与虞联系。

陈这时又故作难色地说："虞洽卿现在手头比较紧，正在大伤脑筋，恐怕无暇顾及此事。如果能为他介绍交通银行的总经理钱新之，贷给他 20 万元的款子，他肯定会全力为你们奔走。"作为财政部次长的李思浩觉得这只是小事一桩，便答应给虞洽卿帮忙。

不久后，交通银行的 20 万元贷款果然到了虞洽卿的手里。

在那些年里，虞洽卿钻墙打洞地向人借款，借了又还，还了又借，越借越多，致使债台高筑，终日忙于挖东墙补西墙的债务周转之中，但是他的航运事业却因此日益走上大发展的道路。

他倾其所有地买船。但他只买旧船，不购新船。有一次，太古公司拍卖一批旧轮，但附有一个条件，即只可将船拆解，不能修理复航，以确保航行安全。别人看了这个条件都摇头，虞却把这批旧船收购下来，在合同上签了字。

然而，后来他根本就不履行条件，把这批旧轮开到三北所设的小修理厂，略加修理就在内河航行运营。他说："安全不安全是中国人的事，太古公司无权过问。"

在这期间，同行的轮船公司如果发生轮船触礁或者其他不幸事故，虞洽卿必定首先亲自前往慰问。当涉事船主讨论对失事轮船是自己打捞还是拿保险费时（船主收了保险公司的赔款，打捞权就属于保险公司了），虞洽卿就从旁出主意，说，还是拿保险费合算，自己打捞反而吃亏。但当保险公司捞起失事轮船进行拍卖时，虞洽卿总是千方百计地把它购进来，加以修理，又让这些船上了航线。

同行们纷纷摇头，说这个家伙脑子转得太快，我们实在玩不过他，不是对手。

1919年五四运动时期，国内各大城市掀起了抵制日货和对日经济绝交的运动，虞却趁此机会向日商买进了"仁阳丸"，更名为"升平轮"，又与日商公司的买办徐贵生合伙开设大昌煤号，供各轮船的燃料之需。

他还有一套借款妙法。凡是新购进一批轮船，即另组一个小公司，利用这个公司的名义向军阀政府借款。他买进"宁兴轮"时，组织了一个宁兴公司。实际上宁兴公司是一个空壳，该轮仍由三北公司调度。他却利用"宁兴公司"的名义向北京政府借款。

宁兴轮收受船上服务员的押金（称为押柜费）最高，每人高达400元，共收到10万元之巨。虞洽卿就用这笔钱再投资买船。另外，被收了高额押金的船员为了挽回自己的金钱损失，又对旅客进行层层盘剥。

第一次世界大战结束后，外国船商卷土重来，一时间又形成了船多货少的局面。三北公司原来已经是负债累累，受此打击，营业收入不能维持开支。加之以前所买进的轮船，多为旧船修理改装，成本既高，质量亦差，航速远不及外轮高，根本无法竞争。因此公司走了下坡路，濒临破产。

1919年秋，虞洽卿曾到北京向靳云鹏内阁呈请维持华商航业，拨款救济。主管的农商总长田文烈会同财政部提出阁议时，财政部次长李思浩尚在任内，便暗中对虞洽卿给予支持。

至 1935 年，虞洽卿旗下已经拥有大小轮船 65 艘，计 9 万多吨位，成为民族航运业中最具实力的航业公司之一。

无孔不入的"空心大佬"

虞洽卿由于野心过大，所以弄得债台高筑，"赤脚财神"几乎变成了"空心大佬"。三北、鸿安两公司架子大而底子薄，禁不起风吹草动。第一次世界大战后受到帝国主义航业的挤压，早已奄奄一息。1926 年又受到国内战争的影响，只得被迫停航。

那时到三北轮船公司办公室去拜访虞洽卿的，没有例外几乎全都是债权人。虞每天都在向人陪笑脸协商延期还款，或者用"掉票"的方法来搪塞一时。最困难的时候，每天"掉票"的数额竟达 80 万元之巨，利上加利，愈陷愈深。

遇到大债主上门，无法应付，他总是装腔作势地问大儿子顺恩："某人的款子已经准备好了吗？"顺恩说尚未筹齐，虞随即破口大骂："为什么这样不讲信用？我早就关照过你了！"有时顺恩不愿意配合他演戏，竟反唇相讥，拆穿父亲的西洋镜，因此父子两人经常弄假成真地吵起来。债权人看不过意，反而要替他们父子做和事佬，自愿延期。

还有一些零星债主，终日纠缠不走，虞只得避而不见。"大躲在浴池，小躲在戏园"，这是当时上海人士形容虞洽卿避债的两句话。他在穷极无聊的时候，只得用这些手段来进行诈骗。

1929 年，他预先得知南京财政部即将发布命令，非银行业不得经营储蓄业务。他知道上海永安百货公司并未领有银行的营业执照，但它的储蓄部却照样在吸收存款。于是他灵机一动，向财政部呈准设立"上海永安储蓄银行"。等到命令发布，永安百货公司申请领取银行执照时，财政部以上海已有永安银行备了案，饬令更名再核。永安公司主持人郭琳爽急得走投无路，最后只得出高价向虞购买永安银行执照了事。

　　1937 年抗战爆发时，73 岁的虞洽卿还欠下一屁股的债。四明银行是他最大的债主，所欠款项达 300 万元之巨，他却置之不理。宋子文原拟采取"大鱼吃小鱼"的手段，令中央银行以债权人身份处理三北公司的财产，但因虞洽卿与蒋有很深的关系，又逢"八一三"战事爆发，便一直未能实行。

　　1938 年，虞被债务逼得更紧，尤其是欠下英国汇丰银行的一笔英镑债即将到期，已经一再延期，他只得亲自到香港去见汇丰银行大班史蒂文。

　　他不得不老实地向史蒂文交底："三北欠款，根本无力偿还。现在我提出两个办法，请你们考虑答复：一是三北公司宣告破产，根据破产法按比例摊还债权人；二是将 48000 英镑欠债延期 10 年偿还。"

　　史蒂文想了想，觉得通过三北公司破产偿还根本捞不到什么，倒不如答应延期 10 年，或许还有一线希望，因此答应了他的第二个办法。

　　谁知道第二天，虞洽卿又跑去对史蒂文说："10 年期限太久了，我也觉得过意不去。汇丰银行如能再借给三北公司 50000 英镑，用以买进海轮，扩充营业，3 年之内可以连同前欠款项的本利一次还清。"

　　这本来是虞洽卿偶然想到的一个馊主意，只是想死马当作活马医，完全没有指望能成功。不料，史蒂文对这个建议很有兴趣，居然一口答应下来。原来，他看到中日战事一时不会结束，海外运输大有可为，就慷慨地签订了增贷 50000 镑的贷款合同。虞洽卿没有想到这个英国佬竟然这么好糊弄，一时不禁大喜过望！

　　抗战前，三北公司曾向挪威的华伦洋行订购了 3 艘海轮，总计 20000 吨，价格 100 万美元。船到远东后，上海战事已起，虞正苦于无力付款，与汇丰合同签订后，即付清了船价，并以"华伦洋行"名义代理，将这 3 艘船悬挂挪威旗帜，行驶于南洋、香港之间。

　　虞洽卿正准备从香港回上海时，适值蒋介石派许世英到香港组织"中国救济总会"，向港澳及海外华侨募捐，以救济战时难民。许对虞说："上海救济事业，政出多门，希望阿德哥回沪与工部局西董协商，成立一个华洋合作的统一救济机构，以便发挥更大的力量。"

　　虞洽卿返沪后，正值战地流离失所的大批难民源源涌入租界。工部局为其影响"市容"而大伤脑筋，虞便提议组织华洋合作的救济机构。此想法正合他们的需要，因此很快就在广东路九十号三北公司三楼成立了"上海难民救济协会"，推虞为会长，并推英商太古洋行大班为副会长，与各慈善团体联合开展救济工作。

虞原意欲引荐他的朋友魏伯桢担任救济协会负实际责任的秘书长，但因魏不懂外语，有人又推荐了袁履登。虞不便拒绝，就请袁出面，而以魏为幕后推手，大小问题都交魏处理。

有一次，袁要修理自己的私人汽车，事后把一张1400元的账单交给财务组报销。虞得悉后，立即开了一张私人支票给财务组替袁销账，并大打官腔说："救济机关岂能为私人报销修理费，我愿意出这笔钱，但以后必须注意。"

虞本来是个一毛不拔的人，这次忽然如此慷慨，令同行们大感不解。其实，他的目的就是要借题发挥地暴露袁的弱点，借以打击他的威信，使他从此不能过问会务。其后，虞利用"难民救济协会"名义请得免税执照，装运外国大米到上海，自己做生意发国难财，而袁则无法干涉。虞洽卿花的那1400元汽车修理费可算是一本万利。

1940年春天，公共租界工部局董事会总董通过华董及商会，召集各同业公会理事长举行联席会议，商请各方垫款购办洋米，用以保障租界难民的口粮。采购、运输、储存、调拨等事，则统由工部局负责办理。虞洽卿、何德奎首先表示赞成，各行业代表亦无异议，当场决定了垫款办法。

当时，虞洽卿有一批挂着外国旗的轮船，从越南西贡运米到上海，运费每吨14美元。单就华伦洋行代理的那3艘海轮来讲，一趟来回的运费就有28万美元的巨额收入。一月两趟就是56万美元。两月来回，购船成本100万美元就可以赚回来了。

同时，虞还利用意大利人组织了一个"中意轮船公司"购运洋米，往来于南洋、上海之间。意大利为日本的同盟国，日本海军不加检查，因此大获其利。

由于运米为三北公司的主要业务，于是有人骂虞洽卿为"米蛀虫"。虞则声辩说，他并没有做米生意，自己赚的只是运费。

就在这一时期，虞洽卿开始购进大批房地产，用100万元买进了成都路盛宣怀的家祠地皮，51 万元买进了"大上海"大戏院，70 万元买进了神州旅馆，60 万元买进了泥城桥鸿福里、重华新村。

在抗战时期，虞洽卿发了国难财，又由一个负债累累的"空心大佬"变成了名副其实的大富翁。但是，他在上海的处境却步步荆棘，使他坐卧不宁。

陪都的商机

因为此时上海已经成为"孤岛"，租界名存实亡，日伪特务横行一时，几乎每天都有暗杀或绑架案件发生，同时，军统也在上海采取狙杀汉奸的行动，因此无论亲日、抗日两派人物的安全，都受到严重威胁。

汪伪特务机关极司菲尔路七十六号的组织者之一吴四宝是个杀人不眨眼的魔王，得知虞洽卿发了大财，就想要绑虞的票来大捞一把，重庆特务则警告虞不得与日伪往来。而驻上海的日军鉴于虞是上海的头面人物，也想拉他下水，曾经请一个 20 年前与虞有旧交、年已八旬的日本老翁到上海，劝虞与日伪合作。

面对如此凶险的三方威逼，虞洽卿忧心如焚，汪伪、日本人、重庆他谁都得罪不起。最后，"三十六计走为上"，不得不抱着依依惜别的心情离开这个"孤岛"。

虞下决心动身之前，他的女婿江一平在重庆发来一个电报，称："委座问你何日启程，走的是哪条路线，请先告知，以便派人照料。"而据虞自己透露，他接到宁波专员公署转来的是蒋介石的两份电报，一是劝他到内地从事工商业建设，一是问他何日启程。不论怎样，蒋劝他离开上海是事实，他不得不走了。

虞离沪之前，把现款都买了房地产。而使他放心不下的还有两件事，一是"难民协会"，一是运米生意。前者他觉得没有他在场，魏伯桢未必能顶得住袁履登；后者虽然可以交给大儿子顺恩去办，但是家庭之内矛盾重重，恐怕难以和衷共济。

虞有 3 个儿子，顺恩、顺懋、顺慰分别是 3 个母亲所生，兄弟之间素不和睦。顺恩是大姨太太所生，大部分财产都掌握在他的手里，素为两个兄弟所嫉。顺慰从外国留学回来不久，虞派他管理"中意轮船公司"，他也和两个哥哥发生过争权夺宠的事情。

虞从上海到香港后，即动脑筋进行另一投机事业。

原来，自太平洋战事发生后，中国沿海被日寇海军封锁，长江又被侵入，航运事业已成末路，虞洽卿便着眼于陆地上的运输事业。当时华轮洋行代理的3艘轮船已被日寇飞机炸沉，虽向英商保过险，但赔款问题一直未解决。

到香港后，他即从华伦洋行先挪用了5万英镑，买进了一批美国的福特卡车，取道仰光开往昆明。以前三北轮埠公司在全国各地都设有码头堆栈，重庆办事处的规模更大，将水运改为陆运，顺理成章，这些设备仍可利用。

虞到重庆后，即与王晓籁、朱联馥等组织"三民贸易公司"，以王为经理，朱为协理，刘文照为运输主任，虞本人虽不挂名，实际上是大权独揽的董事长。该公司共有资本20万元。

虞洽卿又让三儿子顺慰到重庆组织"川光公司"，该公司与"三民公司"及朱联馥所主持的另一"西川企业公司"鼎足而立。他们第一次办货即达到102吨，是3个公司合作的，表面上说是支援抗战的战略物资，实际上运的却是日用百货。此外，虞本人还附带兼营个人贸易。

虞洽卿鉴于滇缅公路是云南军阀龙云的势力范围，因此亲自赴昆明与龙云接洽，并与龙云手下的云南财阀缪云古合资开设了"三北运输公司"，为此又购进了福特卡车120辆，往来于滇缅公路。

后来，他还得到了蒋介石的一纸"手谕"，写明"虞洽卿在滇缅公路'抢运物资'，沿途军警不得加以留难"。有了这件法宝，"三北运输公司"所属车辆，在装运军用物资之外，兼运私货就理直气壮了。

当日军侵入仰光，曼德勒十分吃紧时，在曼德勒的印度商人急需脱货求现，所存大小五金及日用百货不论件数，而以仓库的容量来论价出手。这样一来，其货值还不及进价的40%，甚至不及20%。

虞洽卿随即领着十几辆卡车，亲自到曼德勒抢购这批廉价货物。但当这批货物运到昆明后，因局势日趋紧张，何应钦下令滇缅公路全路的卡车都要集中征用。虞洽卿的车队所装的货物就不得不在昆明出售。虞认为昆明利润不及重庆厚，实在是不甘心，于是偷偷抢运了一部分寄存在四川的泸州仓库待价而沽。

后来据他的儿子顺慰说，寄存在泸州仓库的这批货，被控告是侵占了公家的物资，经重庆"国家总动员会"下令扣留，弄得到法院打官司，直到 1943 年才判决发还。而这时物价却高涨了很多倍，虞洽卿反而大赚了一笔。

虞洽卿大发国难财后，仍然是一个一毛不拔的吝啬鬼，宁波同乡对他的印象非常恶劣。他曾写信要长子顺恩到重庆处理家庭财产纠纷，而顺恩久久不去，老虞洽卿只得于 1944 年亲自到温州约他见面。不料，顺恩仍托词不去。虞在温州住了将近一个月，有些当地的宁波同乡听到阿德哥发了财，纷纷向他借钱，他却避而不见。因此同乡无不骂他小气，这样一来，他在温州待不下去，只得悄悄再溜回重庆。

虞待手下人也非常刻薄，使大家都有吃不饱、饿不死之感。三民公司结束时，他解雇了一大批职员，大家都骂他"有事有人，无事无人，损人利己，丧尽良心"。

可圈可点的民族气节

作为海上闻人，虞洽卿在自己应尽的职责范围内，还是发挥了一些正面作用。

他热心租界华人的参政运动，华商公议会、华人纳税会、公共租界工部局华人顾问委员会的设立、华董席位的增设等，无不与他的努力有关。尽管这与收回租界主权相去甚远，但对于维护本国主权、保障华人在租界的权益还是有作用的。

"八一三"事变时，虞洽卿领导的宁波同乡会组织战地救护队，设立难民收容所，租用专轮 4 艘，免费送 20 万人回宁波。

抗战爆发后，身兼上海市商会会长、宁波同乡会会长等职的虞洽卿当仁不让，积极参与援助海外华侨组织、宣布对日经济绝交、组织抵制日货、救济难民等活动，为抗日救亡事业做出了一些贡献。

上海沦陷时期，他多次拒绝日伪的威逼利诱。1937 年 12 月，日本军方在浦东组织成立"大道市政府"，有意让虞洽卿出任"市长"，为他所拒后，才转而拉拢傅筱庵当了伪市长。1940 年傅筱庵被军统暗杀后，汪伪又想拉拢虞洽卿继任，他再次拒绝。

一直对中共持敌视态度的虞洽卿牵头的难民救济协会，后来却参加了由中共江苏省委"职委"领导发起的物品慈善义卖会，虞洽卿等上海名流均为赞助人。

1945 年春天，虞洽卿患重病，自知不久于人世，便立下遗嘱，捐赠 1000 两黄金，用做抗战经费。

4 月 26 日，虞洽卿病逝，国民政府特发布褒奖令。

旧上海正在施工中的虞洽卿路

第二章

"洋行之王"和它的买办

历经百年沧桑的洋行大鳄

当历史进入 19 世纪的时候，工业革命的列车正在欧洲大地上滚滚向前。此时的英国已经跃升为西方世界的头号强国，伦敦已经成为全球的权力和财富中心。

大英帝国的臣民分布在世界各地，自信、果敢、傲慢且充满优越感的商人和传教士们，乘坐着帆船远走天涯，把他们的理念带到世界上的几乎每一个角落。同时，又在每一个角落榨取着每一个铜板。

此时在东方，南亚次大陆的印度已经成为英国殖民地。而在 17、18 世纪曾被欧洲一些人士称为"理想社会"的大清帝国，此时对外虽然依然以"天朝上国"自居，但来到广州经商的英国商人却发现，大清帝国实质上是外强中干，腐败正日甚一日地侵蚀着它的肌体。

对英国商人来说，正是在这衰败的中国，却有着庞大的市场，有着无限的机遇。

在这种时代背景下，在爱丁堡受完教育、最后合作建立起怡和洋行的渣甸和马地臣先后走向东方，来到了中国。

1802 年 3 月 15 日，刚满 18 岁的渣甸与东印度公司签下了一张预支双月薪水为 5 英镑的收据，于是，他下定决心随中印贸易船前往东方展开他的未知人生。

通过关系，他在"布鲁斯威克号"上谋到了一个船医助手的职位。

船医助手的收入微薄，但船员的工资不是关键所在，准许夹带的私货才是他们真正的收入来源。东印度公司贸易船上的船长、船员、船医、船医助手等人，均可按等级带上若干吨位的私货获利，这已是公开的秘密和通行的做法。

3月30日，伦敦雾气迷漫，天气乍暖还寒。三艘东印度公司的大帆船开始了前往中国的漫长旅程。

经过半年单调而冗长的海上颠簸，一个热闹繁忙的东方大港广州呈现在渣甸眼前。与枯寂的海上航行相比，这里是另一个世界。

当渣甸起程前往广州的时候，也许连他自己都没有想到，多年以后他和马地臣等人会以经营非法的鸦片贸易为起点，把这个中国的南方城市搅得鸡犬不宁，甚至让强大的大清帝国变成了一个孱弱的"东亚病夫"。

此时的广州，是西方商人与大清帝国开展贸易的唯一城市。清政府为了避免官府与外商直接交往，规定只能由"十三行行商"作为与外商交涉的中介。

18世纪末19世纪初，对华鸦片贸易的数量并不大，但是销售鸦片的利润却无比丰厚。虽然在1799年，新继位的嘉庆皇帝颁布了比较严厉的禁烟令，但是并没有起到理想的效果，随着地方官员的更换而在执行过程中大打折扣。

已经在广州从事鸦片贸易多年的英国人比尔兄弟，一定给了渣甸非常深刻的印象。而正是鸦片生意，成了渣甸日后扬名立万的制胜武器。

此后，直到1817年离开东印度公司之前，渣甸在15年的时间内，又先后6次作为东印度公司的职员远渡重洋来到广州，从事的主要是鸦片生意。

1819年，渣甸再次来到广州的时候，他的身份已经从东印度公司的职员变成了自由商人。更重要的是，第二年，渣甸在这里认识了他后半生最重要的合伙人马地臣。

马地臣出生于历史久远而极重门第的家族，和渣甸同样毕业于爱丁堡大学。当时的爱丁堡大学学术地位之高，是连牛津大学和剑桥大学也难以望其项背的。

马地臣长期以来一直和英国的东印度公司关系密切。在没有遇到渣甸之前，马地臣也在从事鸦片买卖，但几乎破产。但就从这年以后，他们各自以澳门、黄埔为基地经营鸦片，日渐做大，最后逐渐走到了一起。

创办怡和洋行可以说是渣甸一生中最重大的"成就"。怡和洋行还有个名字叫渣甸洋行，这足以说明渣甸和怡和生死相依的关系。

怡和洋行 1832 年 7 月 1 日建立，后来发展成了远东最大的英资财团。

怡和洋行对香港早年的发展有着举足轻重的作用，甚至有"没有香港，先有怡和"之说。

怡和洋行早年参与对中国的贸易，主要是从事鸦片及茶叶的买卖。林则徐在 1839 年实行禁烟时，渣甸曾亲自在伦敦游说英国政府与满清政府开战，并力主从清朝手中取得香港作为贸易据点。

1840 年鸦片战争爆发。1841 年香港开埠。怡和看准机会，立即以 565 英镑的极低价格购得了香港首片出售的地皮。1842 年，怡和洋行总部从广州迁至香港。

最初，怡和在香港的竞争对手有颠地（早期著名的鸦片商人，是策动英国发动对中国鸦片战争的核心人物）洋行、沙逊（也是著名的鸦片贩子，后来移师上海，并在上海大发其财。至今，上海外滩还有一栋以他的名字命名的"沙逊大厦"）洋行等其他英国的贸易公司。竞争一直从香港延续到了上海。

1843 年上海怡和洋行成立。1844 年上海首次拍卖土地，也是由怡和首先得手。

1872 年以后，怡和洋行放弃了对华鸦片贸易，业务逐渐多元化。除了贸易外，还在中国大陆及香港投资兴建铁路、船坞、工厂、矿山，并经营船务、银行等。

1872 年在上海设立公和祥码头公司。1873 年开设香港火险公司。

怡和除了 1876 年在上海兴建了中国第一条铁路吴淞铁路外，还安装了中国的第一部电梯和引入各种机械及工业设备。1882 年正式成立怡和轮船公司，并在香港、上海等地设立码头、仓库等。之后，通过清内务府和李鸿章的关系，以中国关税作保证，在伦敦筹集资金对中国发放各种借款。

1895 年怡和洋行在上海筹建怡和棉纺厂。1898 年与汇丰银行合资设立中英银行公司，先后贷款建造京沈、沪宁、沪杭甬等铁路，控制了近代中国的铁路投资，又赞助英商公司投资矿业。

1902 年在上海开设怡和冷气堆栈。1912 年以后，怡和洋行的公司总部迁至上海。1923 年创立怡和机器有限公司，经营机器进口业务。1930 年在上海设立怡和麦酒酿造厂。

抗日战争爆发以前，除上海、香港外，怡和公司还在汉口、青岛、天津、长沙、重庆、宜昌、九江、南京、广州、汕头、芜湖、福州等大中城市设有分支机构，成为英国在远东的最大财团。

1949 年后，怡和在中国大陆的大部分资产及生意被收归国有。1954 年，怡和在中国国内的最后一家办事处关闭，公司总部迁回香港。

怡和公司的股票 1961 年首次在香港上市，获超额认购 50 多倍。到了 1984 年，怡和将公司驻册地点由香港迁往百慕大，并在 90 年代初将公司及旗下多家子公司的上市地点从香港移至新加坡或者伦敦。

经历百年沧桑，目睹香江变迁，怡和洋行在香港回归前的一刻，黯然离开了港九。

接下来，就让我们来看看怡和洋行的几位著名买办是如何聚财致富的。

"才识练达，器宇宏深"的"明星买办"

唐廷枢曾经是怡和洋行的灵魂人物。

唐廷枢号景星，亦作镜心，生于 1832 年 5 月 19 日，广东省珠海唐家镇唐家村人。

珠海邻近澳门、香港，中国近代早期的买办很多都是从这里走出来的。唐廷枢和他的胞兄唐廷植（茂枝），族兄弟唐瑞芝、唐国泰，都是当时闻名的买办人物。而他的侄儿唐杰臣和侄孙唐纪常，也继承了他们的事业。

单是怡和洋行一家，就有从唐廷枢经唐廷植、唐杰臣到唐纪常的四任买办，为时长达半个世纪之久。

唐廷枢少年时期，曾在香港的马礼逊教会学堂接受过 6 年的殖民地教育，学得了一口流利的英语。他在 1862 年写过一本名为《英语集全》的书，书中的第 6 卷，标题就叫"买办问答"。

唐廷枢中年照

离开学校之后，唐廷枢在香港一家拍卖行里当过职位很低的助手。从 1851 年起，他在香港英国殖民政府当了 7 年翻译，后又在上海海关担任了 3 年的高级翻译。1861 年他离开海关，在怡和洋行代理生意，两年后，接任买办。

唐廷枢是个极有商业头脑的人。他开始自己的商业活动和资本积累，不是在当买办之后，而是在香港殖民政府当翻译的时期。1858 年以前，他在香港投资了两家当铺。其后在上海出现的棉花出口贸易的高潮中，又从事棉花投机生意。他独自经营的修华号棉花行，就是外国洋行收购中国棉花的代理机构，与怡和洋行也有业务关系。

自担任怡和洋行买办后，唐廷枢的经济活动，有了更大的发展。

在他从 1863 年到 1872 年担任怡和买办的 10 年中，除了为怡和洋行经理库款、收购丝茶、开展航运以及在上海以外的通商口岸扩大洋行业务之外，还为他的老板投资当铺、经营地产、运销大米和食盐，甚至涉足内地的矿产开采。

他和怡和洋行的前任买办林钦合伙开设了茶栈。为适应洋行收购茶叶的需要，他先后投资了上海的 3 家钱庄，以周转他的商业资金。为了买办业务和自营商业的两种需要，他又在洋行中设立了自己的事务所。

为了与整个对外贸易系统发生联系，他还建立起了几家类似事务所的同业公所。上海丝业、茶业等 3 个与对外贸易关系密切的同业公所，在 1868 年以前相继建立。唐廷枢和徐润等人则是这 3 个机构的董事，是主持这些行业机构的核心力量。

随着自身经济实力的增强，唐廷枢开始参加外国在华企业的附股活动。

他在进入怡和以后的第五年，就附股于洋行经营的保险行。他还是华海轮船公司中最大的股东之一。这个公司的 1650 股中，他一人就购买了 400 股，占公司股本的近 1/4。他不但进入了该公司的董事部，还担任了公司的襄理。

他的附股活动不仅限于怡和洋行的企业，也附股于 1867 年成立的公正轮船公司和 1868 年成立的北清轮船公司、美国琼记洋行的苏晏拿打号轮船，以及马立司洋行和美记洋行的船队。

唐廷枢不但自己附股于外国企业，还为外国洋行吸收了许多买办和商人的资本，尽他最大的努力为外国洋行拉生意。这些活动，不仅增加了他的额外收入，也使他能对其所代表的中国股东施加他的老板所希望发生的影响。

对怡和洋行来说，"唐景星简直成了它能获得华商支持的保证"。美国旗昌洋行的老板说，唐廷枢"在取得情报和兜揽中国人的生意方面……都能把我们打得一败涂地"。

1873 年，唐廷枢离开了怡和洋行，参加当时以北洋大臣、直隶总督李鸿章为后台的轮船招商局的改组工作，对洋务派的官僚企业实施官督商办。

这在唐廷枢一生的活动中，是一个重要的转折。它标志着唐廷枢从外国洋行得力的买办，转而成为洋务派官僚的有力助手。

他活动的圈子和涉及的方面非常广泛。从 1873 年起到 1876 年，唐廷枢的活动主要在轮船招商局。1876 年他受李鸿章的委派，开始筹办开平煤矿。1885 年以后，则完全脱离招商局，专营开平煤矿。

唐廷枢是和他的亲密伙伴、宝顺洋行的买办徐润同时进入招商局的。在他们入局以前，招商局在经办漕运的朱其昂的主持下，资本招徕进展甚微。筹办经年，其资本（包括官款在内）还不足 20 万两。而唐廷枢和徐润一经接手，立刻就将资本扩大为 100 万两。

唐廷枢不但自己投资，还把原来委托洋行经营的轮船也搭附在局中营运。著名的上海实业界人士经元善曾说："唐、徐声望素著，非因北洋增重。唐之坚忍卓绝，尤非后来貌为办洋务者可比。"

随着洋务派官僚企业活动的扩大，唐廷枢在洋务派官僚心目中的地位也日益提高。1876 年，他一方面接受福建巡抚丁日昌的委托，筹办福建、台湾两地的洋务；另一方面又受李鸿章的委派，积极筹办开平煤矿。与此同时，他在招商局也进行了大量的工作，例如，收购了美国旗昌轮船公司的全部财产等。

洋务派官僚企业不但为唐廷枢提供了经济上的利益，还为他准备了政治上的晋身台阶。在唐廷枢进入招商局之前，他就已经谋得了一个同知的头衔。之后，他的官衔随着他在洋务派官僚企业中的地位而上升，由同知升为道台，甚至得到"堪备各国使臣"的保举。

唐廷枢的"功"与"业"

中国近代的洋务运动顺应了振兴图强的时势，做了一些"富国强兵"的实事，为国家留下了一份遗产。尤其是参与其中的一些实业家们殚精竭虑，筚路蓝缕，为民族建过"功"，立过"业"。

中国现代的煤炭工业，即始于1876年唐廷枢在河北开平创办的开平唐山煤矿。

由唐廷枢经营开采的中国近代第一座煤矿，由他主持修建的中国第一条铁路，让国人从此得以享受到现代化的能源和交通之便。

但当年运行的第一条铁路曾经遭遇过很多阻力。

1881年6月9日，"龙号"机车开始在唐胥铁路上运行。据史料记载，其"运输之力，陡增十倍"。但是清政府中的顽固派却以机车行驶"震动东陵，先王神灵不安"为由，连上奏章。清政府忙下令停止运行。后来，唐廷枢竭力奔走，并邀请一批官吏、大臣乘坐火车验证，证明火车的安全可靠，才又被允许机车行驶。

他的名声在洋务派官僚中得到交口称誉。李鸿章委他主持招商局，称他"精习船务"，随后委托他主持开平煤矿，又道他"胸有成竹"。而丁日昌在委托他办理福建洋务时，除了夸他"于各国情形以及洋文洋语罔不周知"之外，还称颂他"才识练达，器宇宏深"。

在他60岁生日时，唐山矿区的"四十八乡"乡绅子弟为感谢他给家乡带去的福利，送给他了一顶"万民伞"。

19世纪70年代以后，唐廷枢在洋行企业和洋务派官僚企业之外，又进一步扩展了自己的企业活动。

在进入招商局的前夕，他就曾在香港集资10万元，"先租两船，往来港沪"。进入招商局以后，为了开展码头堆栈和轮船保险业务，他又和徐润等人先后创办长源泰、长发两家堆栈及仁和、济和两家保险公司，开中国人自办保险公司的先河。

进入开平矿务局后，他仍然不忘堆栈码头业务，于1890年和郑观应等集资在广州修建了轮船码头，运销开平的煤炭。在开平矿务局期间，他在矿业和工业的投资方面进行了许多尝试。其中有：1883年与买办李文耀试办的热河承平银矿；1887年和1888年与徐润先后勘察的平泉铜矿和迁安铁厂；1889年从香港华侨商人何献墀手中接办的广东天华银矿。

就在他逝世的前一年，他还邀约郑观应筹划经营造纸厂。而在他逝世的当年，又和徐润等人筹办了热河的建平金矿。

在参与这些企业活动之前，他曾对一家有资本主义倾向的中国报纸《汇报》给予了经济上的支援。这家报纸是他小时候的同学、中国第一个留美博士容闳创办的。

京剧《唐廷枢》剧照

1892年10月7日，唐廷枢逝世于天津。当时上海《北华捷报》发表文章，赞扬他的一生标志着中国历史上的"一个时代"，"他的死，对外国人和对中国人一样，都是一个持久的损失"。

20世纪90年代，天津将唐廷枢的故事搬上了京剧舞台，让观众得以欣赏到了这位曾经的风云人物的风采。

坐拥 2000 万银元的津门 "买办之王"

唐廷枢之后，怡和的另一位买办梁炎卿也是举足轻重的人物。

梁炎卿名国照，字怡轩，又字彦青，是清末民初英商怡和洋行天津分公司继唐廷枢之后的又一位大买办，同时他还兼任英商高林洋行的买办。

梁炎卿与泰来洋行的王铭槐、太古洋行的郑翼之和汇丰银行的吴调卿，合称为"清末天津四大买办"。

梁炎卿 20 岁的时候到上海怡和洋行当练习生，颇得英商器重。清同治十三年调到英商怡和洋行天津分公司任大写。清光绪十六年，梁炎卿任怡和洋行正买办，从事航运、工业、码头仓储、金融、保险、股票、房地产、进出口贸易等业务。

他的一家住在英租界（今新华路营口道口）的一幢花园式的住宅中，并以 2000 万银元资产的家底始终居天津买办之首，堪称"广帮首富"。

清末民初的 2000 万银元粗略按一比五十折算，就相当于今天的近 10 亿元人民币！不能不说这是个非常惊人的天文数字！

1938 年，87 岁的梁炎卿过世，仅股票证券一项投资财产就高达 500 万银元。也就是说，梁炎卿仅在股票证券方面的资产就相当于 2.5 亿元人民币，而这仅仅是梁炎卿财产的四分之一。

梁炎卿的 2000 万银元资产的数字不是其本人计算的，而是出自梁炎卿的同乡蔡述堂之口。蔡述堂曾任天津海关道，与梁炎卿是同乡，两人后来一起投资房地产，并且同为先农公司的董事，所以他的估算一直被世人认可。蔡述堂所指的 2000 万银元，是在梁炎卿的全盛时期。梁氏家族虽未对此确认，但梁炎卿去世的时候，盘点所剩遗产，的确还有 1000 余万银元，可见估算并非毫无根据。

梁炎卿一生为怡和洋行工作了 68 年，何以能积累到如此之多的财富？这在当年不仅是其他洋行买办苦苦探寻的秘密，也同样为现代人感到疑惑和兴味盎然。

梁炎卿因坐拥 2000 万银元财富，津门买办阶层无人能及，因此有"买办之王"的桂冠。

梁炎卿任买办的英国怡和洋行仓库

就让我们一起来揭开这段历史的迷雾吧。

天津的台儿庄路六号,是曾经的英国怡和洋行仓库。梁炎卿作为怡和洋行的买办,必定来过这个仓库,但如今关于梁炎卿工作的痕迹,却无从寻觅。六号院主楼楼顶上有一个瞭望亭。20 世纪初,怡和洋行仓库在海河沿岸是比较高大的建筑,据说天气好的时候,可以从这里看到海河中自大沽口驶入的英国轮船。

梁炎卿一生行事低调,视财如命。他的小女儿梁佩瑜回忆他的时候说他"一生不赌博,不奢洋,杜绝烟酒,不备车马,终生过着清简的生活"。而"发财要从小处俭省"似乎是他一生聚财的座右铭。

梁炎卿的财富来源与其他买办不同,比较清晰,主要有买办所得、股票所得和地产所得。梁炎卿虽然拥有巨富,终其一生却没有做过一桩自己的生意。

梁炎卿出生在广东省南海县的一个小康家庭,是独子,其父亲早年曾到南洋经商,因此家中稍有积蓄。在梁炎卿 18 岁的时候,就被父亲强行送进香港皇仁书院学习英文。也就是说,他的父亲看到了与洋人经商的好处,早早地就为梁炎卿踏上洋务之路做好了铺垫。

梁炎卿从皇仁书院毕业后到上海怡和洋行当实习生,不久升为写字,月工资白银 3 两。梁炎卿从年轻的时候就很注重节俭,存下钱来都是寄给父母。

当时的天津怡和洋行的华籍职员主要都是广东人，正买办是唐杰臣（唐廷枢的侄儿），副买办是蔡子英，两位大写是梁炎卿和黄云溪。1880年，唐杰臣转任其他工作，蔡子英、梁炎卿依次递补了正副买办之职，黄云溪则到瑞记洋行去当买办了。

10年之后，蔡子英病故，梁炎卿当上了正买办。他应该是天津怡和洋行的第三任买办。黄云溪离开怡和洋行时，推荐了自己的内弟陈祝龄，此人是梁炎卿的心腹，曾为梁聚敛财富提供了巨大的帮助。

1890年，梁炎卿又当上了怡和洋行轮船部的买办，负责印度和中国沿海的航

英国的怡和洋行大楼

运。航行的口岸自印度加尔各答起，抵达的港口包括新加坡及香港、广州、梧州、汕头、厦门、福州、上海、青岛、烟台、威海卫、天津。可以说，中国海岸线上的主要城市几乎都被圈在他的航线里面了。梁炎卿管理这些航线的经营、揽载、货物上下存送等。

1892年，英国高林洋行又邀请梁炎卿兼做他们的出口部买办。怡和洋行因为对梁深信不疑，所以特许梁炎卿当跨行买办。这一兼任竟然长达17年之久，这在天津买办阶层中也是非常罕见的。

"力不到，不为财"

梁炎卿的"第一桶金"，主要是在怡和洋行轮船部买办任内获得的，这也为他后来的股票和地产投资奠定了基础。梁炎卿替怡和洋行的船只揽载所得的佣金，是他的正规收入。而经办进口、出口船只的时候，除洋行给他的佣金外，客户方另有佣金。除此之外，更多的收入来自"外快"。

怡和洋行每一艘轮船都有一个随船买办，随船买办的任免与具体工作都直接由梁炎卿控制。轮船对客户接载凭提单，对海关报运凭舱单，随船

买办就利用这些复杂的单据手续多运少报从中钻空子、捞油水。梁炎卿对这些黑幕很清楚，但从不亲自过问。也就是说，各随船买办能够公然捞取"外快"，都是得到了梁炎卿默许的。

怡和洋行成立进口部和出口部之后，梁炎卿增加了敛财的途径，特别是与洋行英国经理联手倒买倒卖，更是大发战争财。

第一次世界大战期间，怡和洋行从华北地区收购了大量的战略物资，将猪鬃、羊毛、棉花、大豆等运往英国。在收购过程中，出口部的经理、英国人毕德斯将国外的供需情况、行情趋势暗中指示给梁炎卿和陈祝龄，让他们能够把货买到自己手中囤积，等国外急需、各洋行高价收购时，再按照当时疯涨的市价抛出，从中赚取超值利润。

梁炎卿还指使陈祝龄利用出口的便利，在对内收购时把价格压到最低，对外出口时把价格抬到最高，这才是他们真正的财富来源。而在这个过程中，梁炎卿并没有事必躬亲，而是将消息传递给陈祝龄，但在获得收益的时候，却是陈拿小头，梁拿大头。

梁炎卿终生没有投资一家自己的生意，而是挑选他中意的企业投资购买股票。梁炎卿认为"力不到，不为财"，即投资应该限于自己的耳目所及、能力所及，不能超出范围。所以他所购买的股票主要集中在他所熟悉的企业。由于他笃信英国人，所以股票投资主要是英国企业，如大沽驳船公司、利顺德饭店、先农公司等。

股票投资之外，梁炎卿更大的投资在地产方面。

英国工部局在天津租界内的市政规划、修筑道路沟渠、土地情况改善等方面下了很大的功夫，使得英租界的土地价格上涨了几十倍。而梁炎卿正是英租界早期的土地投资者，当地价上涨时，他将这些土地转手出售给后来的军阀、官僚，疯狂套现。

除此之外，梁炎卿作为先农公司的董事，持有先农公司的股票，价值近200万两白银。而英租界为鼓励商人置产，只在地产上涨时征收小额费用，或征用一小块地皮，对于地皮由环境改变而带来的自然增值，不征收任何税费。梁炎卿买地皮的时间早，并且很早就抢到了日后将要扩界的租界中心区的大片土地，当然让他发了一笔大财。

梁炎卿在天津市区的不动产有唐山道安定里和自住的花园楼房，还有建设路的福安里、营口道的宝华里、山西路的耀华里及河北宝兴公司所属的各里巷等。

梁炎卿当年的豪宅

耀华里是梁炎卿在天津出租的最大一片房产，占地 30 亩，共有楼房 89 幢，是梁炎卿和陈祝龄共同拥有的。后陈祝龄因绑架被杀，耀华里的产权便卖给了先农公司。

如今，天津耀华里区域已经拆迁，不复存在了。

除了在天津做地产投资，梁炎卿还在张家口购买了大块的地皮，成为跨省市投资的买办第一人。

张家口的这块地皮，源于他在兼任高林洋行出口总办的时候，该洋行张家口的管事探听到了计划中京张铁路张家口火车站的地址，于是把收来的货款，尽数购买了这块地皮。

这项投资梁炎卿事先并不知情，在天津久久等不到应该发来的货款，就乘车到张家口查问。等到了张家口，才知道管事已经用货款买了地皮，因为款已结清，只好留着那块土地。

1909 年京张铁路通车，车站附近土地价格疯涨，给梁炎卿带来了巨大财富。这时候，梁炎卿才想到"开发"的问题，于是组织了张家口的怡安房产公司，修建了以怡安街为主干的商贸、住宅区域，并将大量房屋用于出租，使这个地块成为张家口当时最繁华的街区。张家口在 1914 年开埠，地价进一步提升，梁炎卿又发了一笔土地财。

存款和捐款的失算

梁炎卿早年在中外各大银行均有巨额存款，中国的银行利息高，给他滚存的利息巨大，却没有想到这成了他置产中最为失败的一笔。

最初，梁炎卿的存款主要都在外国银行。第一次世界大战时，仅英商麦加利银行一家就有他的存款200万元。但他考虑到外国银行利息太薄，民国初年，就逐渐把存款转移到了中国的银行。因为他图利息高，存款多为长期，没想到接连遇上金融风潮，他存款的购买力逐步下降，受到了很大损失。

另外一处失算，与广东会馆的捐款有关。

梁炎卿对公益事业向来不肯花大钱，但为了子女求富贵，他也一反常态做出了一些"大手笔"。梁炎卿的长子梁赉奎早年赴美读书，回国后梁炎卿想让他在仕途上发展，于是大力结交唐绍仪。1908年，天津、唐山两地的广东同乡捐资兴建广东会馆，公举唐绍仪做发起人。梁炎卿立即捐出白银6000两，这是梁炎卿生平最大的一笔捐款，而唐绍仪、陈子珍才捐了4000两，蔡述堂、徐雨之、郑翼之、黄云溪各捐了3000两。

在几百个捐款人中，梁炎卿排在第一名，博得唐绍仪的赞誉。此后，经唐绍仪特别提携，梁赉奎终于做了一任农林部次长，步入了官场。但梁赉奎在官场中并不得意，后来还是到怡和洋行帮梁炎卿做事。捐给广东会馆的6000两银子等于是打了水漂，只换来儿子的官场失意，这也是梁炎卿始料不及的。

第三章

煤炭买办、"德国贵族"冯·高星桥

能造"洋枪"的铁匠傍上了王爷

旧日天津法租界是最繁华的地区，那儿有座闻名遐迩的建筑劝业场。但这个当时在某种程度上是天津卫标志性建筑的投资和建造者是谁，恐怕就很少有人知道了。

这个人，便是清末民初的著名买办、大财阀高星桥。

高家原本世居金陵，清朝嘉庆年间，在南京开铁匠铺。他父亲高永福是个红炉打铁工人，一家人均以此为业。太平天国定都南京的时候，他们曾为太平军打造过刀剑戈矛。到了同治三年，曾国藩攻陷南京，因为他们给反政府的"长毛"效过力，没有人再敢上门，铁匠铺的生意便清淡了。高永福家口众多，这一来不能维持生计，便沿着粮道运河北上迁徙天津，定居在芦庄子，重操旧业，开了个三间门面的铁匠铺，仍然是一家子做工，主要是打造祖传的"高记三挺刀"。

这款刀，为科场的武举人及练功习武的人所喜爱。因为它分量均匀，钢火软硬适度，刀锋锐利，用起来随腕趁手，看起来光滑如镜，因此销路甚广。后来铁匠铺的业务慢慢多起来，便又在冷兵器之外，试着做些火器，比如"二人抬（土炮）""金眼毛瑟""火枪""后膛枪""水巢枪""鸟枪"等。

当然，他的铁匠铺造的这些火器肯定比不上正规兵工厂的产品，因为他没有精度要求很高的制造枪管的设备，射程和准确度都比较差，应该是比较简单的火药枪。但在以冷兵器为主要武器的当时，火器毕竟还是挺能唬人的。在当时的中国，能在战场上使用火器，毕竟比冷兵器有威慑得多。

由于中国那时候没有兵工厂，武器任由民间制造，高家制造的武器就逐渐为官方采用，生意便越来越火爆，甚至"高记三挺刀"被清政府指定为武举科场的专用品。他们制作的火器也逐渐引起买家的关注。

清光绪中叶，各式各样的教案陆续发生。皇室端王载漪当权用事，深得慈禧太后的宠信。他听说天津高记铁铺善于打刀造枪，便令高星桥之兄高文祥赶造金眼毛瑟枪 50 支。

端王为了造枪，曾经亲自到天津高家铁铺视察。那天，王爷前呼后拥，旌旗华盖，仪仗威武。高家老幼什么时候见过这个阵仗！一个个受宠若惊，齐刷刷地跪在门口叩头接驾。

受到朝廷青睐，高家兄弟及全铺伙计兢兢业业开始制造金眼毛瑟枪，汗流浃背，小心翼翼，特别紧张。最后试验，枪还真的能用。端王看到样品，感到很满意，当场就对高星桥的哥哥高文祥称赞说："好小子，我认你当我的干儿子。"并赏给他许多银子。

这样一来，高记铁铺一下子就兴旺起来了，随后又收了两个学徒，一个是叶宝和，一个是佟猴。叶后来当了法商电力公司总领班，佟后来专营铜器作坊，这都是后话了。

当年，他二人在铁匠铺学铁活的手艺，大有青出于蓝之概，成为当时天津著名的手艺人。叶宝和日后与高星桥的发财致富、创建劝业场，有相当直接的关系。

高星桥 7 岁时，在天津东门里济生社主办的私塾念书，读过些四书五经，并学习了八股文章。学了 8 年后，在文昌阁考童生不中，灰心沮丧之余，就不再追求功名，仍在铁铺学习铁匠手艺，因此他在兄弟中较有文化。

过了些时，从北京又传来端王的谕示，要高家制造快炮，命高家速将图样呈览。

这个谕示一来，高家人一则以喜，一则以惧。喜的是得到端王这样一再重视，惧的是只会制造用火线引发的土炮，至于什么叫快炮，根本没有见过，图纸怎么画，实在无从着手。有心推辞，又怕开罪王爷，失去兴家创业的机会。一时全家为这件事焦灼万状，寝食难安。

当时，高家住着一个帮忙记账的宁波人，是个回民，是随着高永福一家从南京一同迁移来天津的。因为高永福不识字，所以离不开他。

高永福的老婆高周氏一时情急，就指着这个人骂："你都来了十多年了，就只会写水牌子？现在王爷要造快炮，你能帮上什么忙！我每天还得给你单做饭吃。"

这人平常沉默寡言，被骂得受了刺激，就随口应道："那我就试试吧。"

大家都不相信，嗤之以鼻。他则埋头绘图，不到 3 天，图样画出来了。

伙计们将信将疑，看那些图，也还像模像样的，心想也许能试试。于是，为了搪塞交差，就把图样匆忙送交北京。其实端王哪懂什么叫快炮，也就是听说过有这么一种东西。半个月后，王府竟然发下了大批的银锭，命他们照图纸开工。这下，把张家人吓得不轻。

王爷究竟给了高家多少银子，史料没有记载，只传说是摆满了一大炕。

但是制造这种快炮，不要说高记铁铺的煤炉不能承担，就是把天津所有铁铺的煤炉集合起来也不够条件。因为除了几盘红炉，根本就没有相应的机器设备。高家只得硬着头皮将困难呈明。王爷府不几天又下了谕示，叫高记铁铺迁移到北京香山去，和朝廷的炮厂一起营造。

这让高家再次得到了一个难得的发展契机。于是，高家把天津的铺子关张，移居北京的香山炮厂内，按照图样，把快炮投入生产。

高文祥和他弟弟高星桥毕竟是聪明人，他们利用炮厂的设备，不仅开始造炮，还开动脑筋琢磨。不久后，竟然仿造出了一种转轮式的手枪，也就是俗称的"左轮手枪"。

可以想见，这种枪一定是非常粗糙的，但那时中国还没有这种东西，端王看了后竟然很高兴，就命高家加紧造，同时研制其他各种新式武器，包括那种快炮。高氏工厂所制的武器，当时都

高星桥旧照

刻有"高记"字样。

过了一段时间，高家制造武器的技术有显著进步，端王极为高兴，屡次发给赏金。高星桥在厂内，随着学习研究，技术也有进展，制造的左轮手枪质量有所提高。

高星桥 17 岁那年，为了娶个媳妇照顾母亲，便结了婚。他的岳父曹某是天津海河北金钟桥的把关头目。因为曹某这个职业持有"龙票"，是个铁饭碗，所以成了把头。职业是开关铁桥，每天收入不菲。

1900 年，华北闹义和团。由于高文祥会造洋枪，沾了个"洋"字，这还了得？义和团最见不得的就是这个，于是，绳子一捆，绑去把脑袋砍了。

敢和外国火车司机打擂台的司炉曾是个偷煤的"贼"

这样又过了两年，朝廷的部队武器装备主要靠进口了，高记铁厂的粗糙产品慢慢没有了销路。

有一天，有人来让高星桥召集十几个工人，去做英商济安自来水厂的水塔、铁罐水箱铆钉等工程。这是他以包工方式挣钱的开端。但这样的包活，时有时无，对家大口阔的高家来说，生活仍然有些窘迫。到 23 岁时，高星桥交结了一些脚行里的人，又和衙门口的官人交朋友，和他们换帖拜把。在这些朋友中，高星桥认识了河东记酒楼脚行头李辅臣（是个大把头，庚子后曾站吊笼，未死，后来开滦煤矿局的煤由他承运）和无正业的邢品一，以及赶大车的山西人、绰号"铁匠"的韩珍。因为包工活清淡，他就逐渐放弃了祖传的手艺，经营煤业。

但是每天家里开门七件事，无论如何，也要交给家里一块现大洋。因为自己的收入来源不定，在穷极无聊中，他便萌生了一个"偷"字。

一天，他和韩珍赶了辆大车，到河东新货厂老龙头去偷运火车站卸下的煤。不问青红皂白装满一车，赶车就跑。把煤卖了就够一天过活。这儿的煤，根本没人管。铁路局的煤每天进货量甚大，偷个十吨八吨的，根本无从查起。于是高星桥每天偷运一车大约一吨，可卖两块多钱，用一块钱维持家用，一块钱跟大伙吃饭。

但日子久了，就被车站脚行的把头"潘家五虎"发觉了，于是前来阻拦。"潘家五虎"把持着车站的煤场，自己偷可以，别人的车进站绝对不行。

"潘家五虎"子侄，都是彪形大汉。第一次是潘起龙、潘起凤出来破口大骂，上来准备动手。可是高星桥出手就把两个人打倒了，拉起一车煤扬长而去。又有一次，"潘家五虎"中三个人一起动手，仍被他打倒。次日，潘家五个人一齐带着棍子准备大打一场，高星桥见势不妙，扭头就把车赶回去了。此后，再不敢白天去偷煤，改为夜间行动。后来又交手数次，高仍是赢多输少。

偷煤的勾当干了几年，他认为这么干终非正途，于是东拼西凑，小本经营了一个毓记煤球厂。厂房是自己动手盖的，自己打煤球卖，并且钻研煤的性能。营业时自己司账，韩珍跑外，后来又来了个剃头匠尹献亭帮忙。不到一年，煤球厂因赔本停业了。可是在这个过程中高星桥结识了山西财主乔某派在天津的煤栈经理，经他介绍，高星桥曾赴山西与乔某见面。乔当面考察他对煤炭性能的识别能力，比较满意，要他做天津煤栈的推销员。

但这个乔姓财主待人刻薄，薪金低微，高星桥干了一年，尽管为煤栈赚了许多钱，但到年终因为没有给东家送礼，所得分红甚微，只好辞职。

他第二次凑了些资本，另外经营坤记煤厂，谁知一年中业务萧条，又告失败。

1908 年，津浦铁路北段开工，高星桥带人接了铁路桥梁的铆钉工程。因与铁路局有了这层关系，他后来竟当了铁路上的火车司炉。

那时候开车的司机司炉，大多是外国人。当时从天津到济南的火车，没有一个中国司机司炉敢开。外国司机开车从天津到济南，都能按照规定钟点准时到站，除应得工资外，路局还奖励给他们 50 两银子。

高星桥看到此事，咽不下这口气，想给中国人长脸，便怂恿伙伴、某司机申请开长途，他自己任司炉。他们小心驾驶，也按照规定跑了正点。但路局对中国的司机司炉，只发给奖金 20 两。

他们对这个不平等待遇大为不服。高星桥便壮着胆，向路局提出抗议，说："中外司机司炉，怎么能厚一个薄一个？洋人走正点，我俩也走了正点。如果不信，咱就再试试。若差了钟点，甘愿受罚。"

路局见这个小伙子说得这么肯定，就让他俩再开一趟试试。火车由天津开行，果然正点到达了济南火车站。高星桥从小在铁铺干红炉，烧火添煤是行家里手，因此司炉做得很好，和司机配合默契，又有和外国人比赛的心理，结果他们得到了和外国人一样的奖金。

土气的"高二爷"让面试官大吃一惊

高星桥后来离开了路局，进入了德国商人开办的泰来洋行，充任走街，代理推销井陉矿务局的大砟（煤化程度最大的煤），因此对井陉的煤炭产品及其货源销路十分熟悉。他的拜把弟兄邢品一，和日本横滨正金银行华账房买办魏信臣是干亲家，因此他时常要邢品一代他向魏信臣借一些小钱，买进煤炭，再倒卖出去，从中谋得些微利。

他28岁的时候，经邢品一托魏信臣说项，由井陉矿务局的萧玉荪，转荐给该局的洋总办韩纳根，得以进入井陉矿务局当司磅小职员，收发煤炭，每月工资有十几个大洋。

这个韩纳根，是伴随高星桥后半生的一位重要人物，也可以说是他的福星。

高星桥有时候去矿井现场押运煤炭，虽在严冬，但也忍着饥寒坚持干。在一两年中，他对矿务局的一般情况均已了如指掌。由于每天必须到账房交账，报告收发煤炭的数目，耳濡目染，偷听德国洋账房与华账房的人说德国话，也学会了一些德语。

有一次，因煤炭数量差了一百吨，洋总办韩纳根到司磅处亲自查问。当韩纳根问话时，只有高星桥能以半通不通的德语回答，使韩纳根大为惊异。

韩纳根见他身体健壮，又精明能干，就提升他到华账房里工作。高星桥从此兢兢业业，埋头苦干，处处要强，颇得韩纳根的嘉许，月薪有所提高。

光绪末年，井陉煤矿建设初具规模，所产的煤是无烟煤，质量比英国人开办的开滦煤矿的好。但开滦烟煤已经早在各地行销，英国人看见德国人的井陉煤出产甚大，怕影响开滦煤的销路，为了抵制井陉煤，特派出大批修理炉灶的泥工，到天津市各家住户免费代修能烧烟煤的炉灶，并奉送各户烟煤半吨，以打开销路。而井陉矿的煤是大砟，燃烧引火很费时间，产量虽多，却无办法打开销路。

井陉矿务局中国总办徐兴纲是清朝协办大学士、军机大臣徐世昌的五弟，但在中国总办位子上毫无实权。这位中国总办徐五爷只是挂名，享受最高薪金，汽车出入，每天到公事房晚来早走，无非是喝茶、抽烟、看报而已。

为了推销问题，中德两位总办彼此推诿，互相责难。见此情况，韩纳根就想找一个有工作能力而又专心为他服务的中国人来担任推销煤炭的工作。这个人应该既要干练有为，还要有巨额押款保证金，更重要的是不能像中国总办，只拿钱不办事，而且还不听话。

他忽然想到，账房里有个叫高星桥的，年轻有魄力，能写能算，身体健康，还能说几句德文。可惜他位卑职微，不能即时利用。

韩纳根为了拔擢高星桥，便先在德国人方面造舆论。他与矿务局工程师哈可门和管账人德禄等人研究，干脆把中国总办当成"牌位"，另外用一人来替代总办的实权工作，并建议将高星桥加以拔擢。但所有的德国人都不同意，一致认为他资历太浅，重用此人会影响矿务局的声望。

韩纳根说，那可以当面试试嘛，就把高星桥叫到德国人的公事房里。几个德国人如同对学生口试一样，从煤的质量、性能等问起，一直问到怎样打开销路。

高星桥胸有成竹，对答如流，头头是道，而且把怎样识别煤的好坏、哪种煤具有耐火能力等，原原本本，如数家珍一一道来。不仅如此，他还表示自己能从煤燃烧时冒的烟来区别煤的种类。

这些德国人当然不相信这个中国的年轻人有这个本事。看他土头土脑的，便认定他是吹牛。但韩纳根对他们说，也不妨试试看。

于是，第二天，这帮德国人就带着他乘矿务局的小汽艇到大沽口实地考察，同去的还有驻天津的德国总领事。

他们一人配了一个望远镜，观察大沽口港外海上的大小轮船。洋人指着远处一艘轮船问高星桥："那艘船冒黄烟是什么原因？"高星桥答："这是硫磺质过多。"接着又问："旁边那条船冒黑烟是怎么回事？"高星桥也回答了，甚至还指出哪条船烧的是开滦煤，哪条船烧的是井陉或者抚顺煤。

洋人根本就不信。高星桥说："不信的话，你们可以验证的，我不会错。"

于是，他们当即乘汽艇到各个刚才看到的轮船或兵舰上去询问对证。果然不错，高星桥的判断完全正确。这些德国人大吃一惊，想不到自己的身边竟然有如此的"神人"！

从此以后，矿务局上下的德国人，对高星桥另眼相看，尊重有加。

后来，高星桥对别人说，这是自己从小拉风箱打铁，日积月累，取得的经验和知识，没有想到，在受德国人测验时却用上了。

自此，高星桥正式开始了自己的买办生涯。

慧眼识才的韩纳根在高星桥的发家过程中起到了决定性的作用，因而有必要交代一下他的来历。

韩纳根的德文名字是 Von. Hanne Ken，就是冯·韩纳根。在德国，凡是贵族，一般都要在姓名前面加一个"冯"字，以示与平民的区别。韩纳根是德国皇帝威廉二世的外甥，又是德国海军的退役少将。

1894 年以前，他应清政府的聘任，来中国替李鸿章训练海军，曾在中国水师学堂担任教官。李鸿章创办北洋舰队的时候他是助手。有人还说，他是李的干儿子。垂帘听政的慈禧太后曾传见过他，赏赐了他朝廷正五品的水晶顶戴，穿黄马褂。

甲午战争时，他率领由他在德国买来的兵轮，组成中国舰队，与日本海军作战，被日本海军击沉了旗舰。他靠着救生圈在海上漂浮了三昼夜，后被救脱险。回到北京，只得觐见慈禧请罪。

那时候，清政府很看重这个德国海军贵族，又以他与李鸿章有特殊关系，想以他来联系德国皇帝。因此他虽是战败之将，也就免罪了，并把山西省井陉县煤矿的开采权给了他。后来通过中德政府立案，成立了井陉矿务局。

这个矿务局除了德国皇室投入了一部分资本外，韩纳根又同当时握有中国海关税收大权的总税务司德璀琳联手，出了一部分资本，但资本算是他个人的。

这个德璀琳是英国人，他的老婆是德国人，他的大女儿嫁给了韩纳根。虽然英、德在国际上有矛盾，但他们有翁婿关系，在政治上还有中德两国皇室和中国海关税收的支持，所以矿务局很顺利地就办起来了。

1900年，八国联军进攻北京。德国在这次侵略中占了上风，因此韩纳根负责办理的井陉矿务局，就是到了清朝覆亡和民国以后的历次政府中，也一直是顺风顺水的。

在大沽口考验高星桥之后不久，韩纳根与中国总办徐世纲的意见分歧更为加深，徐表示以后绝不管经销处的事。

韩就顺坡下驴地说："那好吧。我的公事房里，有一个人，能担得起这个事。"

徐世纲问："是谁？"

韩纳根说："一个叫高星桥的年轻人。"

徐世纲又问："他是干什么的？"

韩纳根答："管收发煤炭过磅的记账员。"徐世纲闻言大笑。

韩纳根说："你先别笑，你可以考验一下。"

于是他们把高星桥叫到总办公事房，当面考试。徐世纲让高星桥写一份履历，和对山西矿区起草一封通知书。高星桥的8年寒窗，这次总算是用上了，便当面撰写，一挥而就。不但文笔通畅，而且书法脱俗。

徐世纲阅后吃了一惊，但也不得不连声称赞，对韩纳根说："行！这小子能干。"

韩纳根觉得高星桥给自己挣足了面子，大为高兴。从此，关于销售煤炭的事，韩就不与徐商议，徐也就不再过问，只由高星桥一手去操办。

助他平步青云的神秘老太太

但按洋行的规矩，入职要缴纳10万两银子的保证金。高星桥发愁，上哪儿去弄这笔钱呢？

正着急之际，有一天，韩纳根交与他一封信，说："今天是星期六，我去北戴河度周末。你拿这封信去见德老太太，信上是请她为你押款的事想个办法。"

这个德老太太就是韩纳根的丈母娘，德璀琳的老婆。德璀琳任中国海关总税务司，掌握了中国的进出口贸易税收多年。德老太太有五个女儿，没有男孩。她的五个女儿和她一样，都能说一口流利的中国话。大女儿嫁给了韩纳根；二女儿嫁给了美国律师拉克，拉克后来任美丰银行经理；三女儿嫁给了俄国驻华公使馆的武官；四女儿嫁给了英国人那森，那森任开滦矿务局总办；五女儿嫁给了英国驻华公使馆的武官。

她的一家和女婿们，几乎都是风云人物，在中国军事、政治、经济各个方面，都能起到弄潮的重大作用。这时候，德璀琳已经病故，德老太太也年过八旬了。

高星桥带着韩纳根的信来到了德璀琳公馆，拜见了德老太太。老太太原是德华银行的股东，也很有经济头脑，对江湖上的事门儿清。见信后，马上就明白了是怎么回事。为了帮她女婿的忙，便慨然允诺，当场写了一封回信，嘱咐高星桥尽快去北戴河，面交韩纳根。

高星桥当天就往北戴河赶。可是下火车后，正值倾盆大雨，又是半夜。韩纳根的别墅在石岭，离车站足有20多里。车站没有旅馆，也没有交通工具，高星桥只好步行。

他饥寒交迫地走到别墅的时候，周身已经湿透了。韩纳根的大管事赵鸣銮听见外面有动静，就起来了，在走廊上见到韩老板的"南波万"竟然如此之狼狈，吃了一惊，忙拿出一套干衣服给他换上，又给他弄了一些吃的。可惜没有多余的房间，他只好在走廊边上的藤椅里靠了半夜。

第二天早晨，韩纳根见状，感动得一塌糊涂，觉得这个年轻人太难得了。

看完德老太太的回信后，对高星桥笑着说："高先生，我向你道喜！"

高星桥不明就里，不知所措。韩纳根又说："你已经是井陉矿务局津保售煤处的总经理了。德老太太在德华银行为你担保了10万两银子，你太幸运了！"

高星桥大喜过望。接着，韩同高星桥在走廊上共进早餐，并把今后的安排和工作方法说了一遍。闲谈中又说道，北戴河这片地方作为京津两地要人避暑休养的首选，地价将来必定要大涨。

很有经营头脑的高星桥立马就明白了这是个难得的商机，等于是接受了洋恩人的第一笔见面礼。数年后，他在这里买了许多土地，建了很多楼房别墅。当然，这都是后话。

由于韩纳根的提拔，高星桥得以充任售煤处的总经理。原来伺候韩大人的当差们，如赵鸣銮等人，也都改称高星桥为"高二爷"了。韩纳根死后，高星桥修建劝业场对面的交通旅馆，赵鸣銮还当了该旅馆的副经理20多年。

"养家别治气，好容易看见了饭，别弄出毛病来"

在与韩纳根接谈妥当后，高星桥当天就返回了天津，与韩纳根的翻译萧玉苏联系，办理接任及订立合同等手续，着手组织津保售煤处的机构。

消息传出去后，原来介绍高星桥认识魏信臣、再由魏转荐高进入井陉矿务局的邢品一，认为高星桥得了便宜就翻脸不认人，冷落了自己，便带着他的混混七弟，手持木棍短刀，赶来售煤处大骂不止，要闯进账房，并在外面叫喊："你发财，就把我忘啦！你先得让我干几天。"

高星桥听见动静开门出来，说："邢大哥，你看这么着行不行？我当经理，你当副经理，所有的账房收入，咱们哥儿俩，一人一半，行吗？"

邢品一听了这话大感意外，没想到高星桥这么爽快。原来是想来大闹一场，就算是撕破脸，我得不着，你也别想发财。见高星桥这么个态度，脑袋一时有点懵，糊里糊涂就点了头。

多年以后，高星桥对别人说起当年邢品一与他争执这件事，说自己当时寻思，要是讲打架动武，"潘家五虎"都是我的手下败将，邢家兄弟二人根本就不是对手。继而又想，倘若打起来，抓破脸，那今后怎么去见恩人韩大人？

高星桥做生意有句口头禅："养家别治气，好容易看见了饭，别弄出毛病来。"

却说韩纳根从北戴河返回天津，在合同上签了字，紧接着就打电报向柏林皇室报告。皇室回电同意任高星桥为售煤处总经理。这天是清宣统三年七月十二日（1911 年 9 月 4 日），也是高星桥儿子降生的那一天，高星桥时年 30 岁。为了纪念"双喜临门"，就给儿子高渤海起了个乳名叫作"柏林"。

井陉矿务局津保售煤处热热闹闹地开了张。自此，高星桥正式走上了买办的道路。他认为这完全是韩大人一手栽培的，必须肝脑涂地报答韩纳根。

津保售煤处的总经理是高星桥，副经理是邢品一。售煤处还在一些大城市设立了分支机构。天津经理是翟耀庭，上海经理是尹献亭，汉口经理是张锡三，保定分销处经理是苗小波，石家庄分销处经理是朱小庭，北京分销处经理是王幼章。

为了打开销路，高星桥先到山西矿区，看现场，下矿井，实地研究了一番。归来后，在技术上、工作上、交通运输上，向矿务局提出不少改进意见，大部分都被韩纳根采纳了。

正在这时，由矿区到井陉县不远的一座大桥，忽然坍塌了。这是矿井煤炭运出的咽喉通道，如果半个月内不能修复，矿务局的经营就要受到严重损失。韩纳根召集局内所有的德国工程师开会讨论，议定由德国工程师哈克门承包下来，规定 20 天内竣工，工料费 5 万元。

而高星桥到矿区视察时，仔细看了这座坍塌桥梁的工程，就向韩纳根拍胸脯说："10 天内可以完工，但是需要经费 10 万元。"

韩纳根很惊奇地问，"你怎么能把工期压缩一半呢？"

高星桥笑了笑，说："很简单。你们德国工程师只是白天组织施工，晚上就休息了。如果交给我，我组织的中国工人将分成几班，日夜工作。"

韩纳根非常高兴，要他马上亲去现场负责督促办理。果然，10 天一到，大桥通车了。

高星桥精于算计，这次承包工程中，他给付的材料费和付给工人的工资只用了 5 万元，剩下的 5 万元钱，他装在自己的腰包里了。这是他平生第一次赚了这样大的一笔钱。

由于桥梁修复迅速，他更是得到了韩纳根的宠信。

接着，他带着手下到火车上和日本的三北、三井等轮船公司的船上，以及天津各租界的电灯房，亲去实验井陉煤炭的火力及生火过程，以便证实井陉煤炭的耐火力的确比开滦煤强两倍。接着又嘱咐手下到各处去宣传推销，甚至小工厂、小作坊也不放过。经过这样一个阶段，井陉煤炭的牌子创出来了。

当时井陉矿务局有个规定，煤炭出矿后装上火车，每节车皮装 62 吨，到天津交货时，可以按 60 吨的装载量收账，其中两吨作为沿途损耗。但井陉矿的大砟是整块的，不同于开滦原煤是零散的，甚至是末状的。井陉矿的煤哪怕就是零碎的大砟，也比开滦的原煤末大得多，因此损耗量很小，基本上可以忽略不计。到天津卸货时，高星桥私下里还是按 62 吨结账。这样一来，在第一年年终结算时，就多出了 3000 余吨煤。

高星桥明知这是经自己私下运作的售煤处的利润，但为了对洋人表示忠诚，就把多出原数 3000 多吨的货款两万余元，如数上交给洋账房。韩纳根得知后，大为感动，觉得这个中国的年轻人和他接触过的其他喜欢贪小便宜的中国人大不相同，如此之诚实可靠厚道！便对账房吩咐："这笔款子矿务局不能收，这是售煤处应得的利益，原数退还。"

高星桥从一个穷苦的小职员，爬到这样的地位，又在不到一年中，赚到这两笔大钱，对洋人的感恩戴德，就不必说了。他认为有了这些钱，要坚决实行自己的"只赚钱，不花钱"的原则，而且也不急于扩大经营，第一年大部分的经营范围，仍然只限于华北。

转眼到了 1912 年，中国国体改变，但这并不影响井陉矿务局的开采权。津保售煤处在经济上已经有了基础。那时天津金融界的权威魏信臣，对高星桥的看法也不一样了。他们逐步成了莫逆，在互相倚重下，想把推销范围扩大到长江流域一带。只是津浦铁路南北接轨，刚刚通车，车皮有限，不能南运，必须用轮船运输，因而命尹献亭去上海，与天津同乡张锡三联系。

这个人在上海做煤炭生意有二三十年了，一向是用麻袋装上等大砟，租招商局的轮船从天津运到上海，卸在浦东码头，在南市青遵阁推销。由于经营得法，成本低廉，每吨可得纯利二两银子。和张锡三联手后，高星桥又大赚了一笔。

第一次世界大战给他带来了滚滚财源

转眼两三年过去，1914年，第一次世界大战爆发了。

但这却没有影响德国人经营的井陉煤矿，相反，生产和销路出乎意料地兴旺。这时候，原先在石家庄井陉煤矿的代理负责人庞松年，在石家庄建立了小型焦炭窑十余座，但所炼的焦炭质量低劣，加之经营不善，产品无人问津。有人警告他说，如果不赶快脱手，将来非倾家荡产不可。

公司的德国总工程师哈克门看到了这个不可多得的商机，便向韩纳根提出建议，说焦炭发展前途远大，应该接办这些焦炭窑。韩纳根便授意高星桥，要他去运作。

这一下，又燃起了高星桥的欲望，即按价如数把庞松年经营的焦炭窑全都收买过来，仍安排庞为这个焦炭窑的经理。又亲自到石家庄督导一切，将原焦炭窑附近的地皮收买，扩建了炼焦窑300余座，比此前庞松年经营的规模要大得多。有六七百名工人昼夜分班，而且得到德国矿师的指导，在技术上、生产上大加改良。这样生产出来的清水焦炭，质量大为提高，符合出口的国际质量标准。

清水焦炭虽然大量产出了，但销路仍然是个大问题。

这时候，日本鉴于欧洲各国自顾不暇，便谋取独占中国利益。高星桥经营的清水焦炭，在天津堆积如山，日本洋行的走街发现这些焦炭货色、品质俱佳，便开始订购。但这些订购开始的时候都是零星的，不足以让高星桥的焦炭畅销。

日本的三井洋行有一个走街叫太田，是个女人。她看到这些滞销的焦炭，非常敏锐地感到这是一个巨大的商机，便开始运作。经她斡旋，三井洋行和高星桥双方签订了包销的长期合同。三井把这些清水焦炭运到日本，再转卖给日本八番制铁厂，获利甚丰。八番是日本著名的重工业企业，也是日本制造武器军火的重要军事企业。这样，每月都有十余艘轮船装运大砟和焦炭运往日本。

这是高星桥开始积累巨额财富的主要来源。这一年也是高星桥最忙的一年。

第一次世界大战开始的时候，华北各省的德国侨民为了表示"爱国热忱"，在天津德国人俱乐部里，纷纷认购德国战争公债。高星桥随着韩纳根认购了这项不是他的国家的"爱国"公债150万马克。虽然这时德国因战争关系，货币贬值，但折合中国银币，仍然相当于现银5万元。

在战争开始的头一年，韩纳根便托高星桥代德军赶制冬季御寒的高统毛皮马靴20000双。制鞋和高星桥经营煤炭的业务风马牛不相及，他也根本不懂那方面的技术，但是，他连个哏都没有打，就一口应承下来了。

接下来，他就找了几家鞋厂，和他们研究这款军靴的制作工艺。很快，产品就生产出来了。众所周知，德国是个极为重视质量的国家，对产品的品质甚至到了挑剔的地步，但高星桥的这批样品却得到了德国人的一致认可。后来，高星桥还接手了更大批量的订单。

这些马靴早期是由西伯利亚铁路运往柏林的，德军在东部战场进攻乌克兰时使用上了。后来因为沙皇对德宣战，铁路不通了，就改由中立国轮船运往德国。

除了军靴，高星桥还生产过其他的战争物资，这些费用都由井陉矿务局拨付。这个时候的矿务局和津保售煤处，实际上成了德军的"后勤部"。

黄皮肤的"德国"贵族，而且是唯一的

高星桥的这些特殊表现，深得当时的德国皇帝威廉二世的嘉许，便颁发上谕和奖状，恩赐高星桥全家为"Von"（冯）的封号。

这样的殊恩宠遇，在中国人方面是从来没有的。高星桥根本就没有想到会有这一出，相当受宠若惊，一时甚至不知所措。

韩纳根特地为这件盛事替高星桥举办了一场祝贺酒会。在酒会上不仅正式给高星桥颁发了德国皇帝的证书，还当场说明威廉二世之所以要封赐高星桥先生为德国贵族的原因，即以此激励海外的德国人"忠君爱国"。

封号证书是由德国驻天津的总领事面交高星桥的。在酒会上，自韩纳根以下，矿务局的德国高中级人员均与他握手、拥抱、亲吻，场面非常热烈。

以一个售煤经理人，一跃成为德国贵族，他所差的只是办理入籍德国的手续罢了。

所有在天津的德国总工程师、工程师、大小矿师、技术专家，甚至连德国总领事都是普通的德国公民，只有韩纳根是贵族。所以他们把高星桥的这份"尊荣"，看作是他们一辈子做梦也得不到的"喜事"。

不久，德皇威廉又通过韩纳根，寄给高星桥一个铁桶装的礼物。高星桥打开一看，竟然是中国全国铁路待修计划的蓝图！德国皇帝还在谕旨中说："德国军队有信心在世界上战胜它的敌人，将来要废除俄国的西伯利亚大铁路。到那时，中国铁路之包修，完全由贵族高星桥先生主持，委任他管理全中国铁路的事宜。"

德国计划修造的是由柏林通过巴尔干、土耳其等地到达伊拉克巴格达的铁路，将来再接通中国铁路。

但是，德国没有想到的是，自己竟然会战败。

"想发财就得散财，要不哪来的朋友？没朋友发什么财？"

高星桥经营售煤处的第四、第五两年，开始向江南各省推销煤炭。先计划在上海发展，于是和天津三北轮船公司签订了长期租用轮船的合同，装煤南下。当时三北轮船公司的规模远不及招商局，只是经营国内沿海的航线，不能到南洋，但到上海是绰绰有余的。有这样一笔生意，三北公司当然是求之不得。

高星桥通过三北公司经理李正卿的介绍，和上海闻人虞洽卿联系上了。因为要想在上海发展，就必须有这个商业界的龙头大哥首肯，否则在上海根本就站不住脚。由于有了虞洽卿的这层关系，又结识了上海商界巨头黄楚九、煤业大王刘鸿升以及江湖大佬黄金荣。当然，为了结识他们，银子花得像流水。

高星桥心里非常明白，今天这些钱花出去了，明天就会成倍地赚回来。

"想发财就得散财，要不哪来的朋友？没朋友发什么财？"

得到了这些人的帮助，高星桥就在上海大同路新康里设立了井陉矿务局上海售煤处，留尹献亭长期驻留上海。在后来的几年中，井陉煤逐渐打开了销路，生意盛极一时。

上海分销处从设立到后来停业，共得纯利 21 万两银子。而在经营井陉售煤处的 5 年中，高星桥个人名下更是积存了 40 余万两银子。如果按今天的比价，这已经相当于 2000 多万元人民币。

劝业场是他给自己立的一块碑

高星桥几次去上海，除了结交当时的沪上闻人外，在与这些人的周旋中，还悟到了更多让自己财富增加的手段。为了守住自己的财富，并让它们增值，高星桥开始在天津投资房地产。

1917 年前后，他先在河东渡兴庄盖了自己的住宅，并为每个分销处的经理都盖了一所住宅。原来大家都是穷光蛋，地无一垄房无一间，这时各人不仅腰包鼓起来了，还有了自己的宅子，当然是皆大欢喜，对高星桥更是死心塌地了。

后来他又在河东旺道庄盖了 1000 多间平房，取名为积庆里、辅庆里；又修了浴池，取名为辅庆澡堂。这些房产都是收租的。这是高星桥"吃瓦片"（天津把养房产收租叫作"吃瓦片"）的开始。同年又在北马路买了大观园茶园的旧址，建筑天津商场（现在的天津影院）；又在北门里修建华昌金店用的楼房一所。不久后，又在河东大狮子胡同建了一座四合院，作为自己一家人的又一住处。

1928 年，高星桥与他人合股斥巨资建了一座商厦——劝业场。建成后的劝业场犹如北京的王府井、上海的大世界、汉口的新

天津劝业场

市场（后来的民众乐园）一样远近闻名，生意兴隆，不啻高星桥为自己立的一块碑。

劝业场由法籍工程师设计，主体五层，钢筋混凝土框架结构。转角的七层上面还建有塔楼，由两层六角形的塔座、两层圆形塔身和穹隆式的塔顶构成。

劝业场的匾额，为清末高官、近代天津著名大书法家华世奎所书。由于地处旧法租界，劝业场开业前曾拟名"法国商场"，因场内挂着"劝吾胞舆""业精于勤""商务发达""场益增新"四个条幅作为办场的宗旨，便改名为"劝业场"。

当年的劝业场是集购物、休闲、娱乐于一身的大卖场，类似今天许多大城市包罗万象的商城。场内设有天华景戏院、天乐戏院、天宫影院、天会轩戏院、天露茶社、天纬台球社、天纬地球社、天外天屋顶夜花园，合称"八大天"。

劝业场的"八大天"以其独有的魅力，将中西文化交融。每天这里是丝竹之声余音绕梁，戏曲之韵清雅入耳，巨商大贾川流于此，文人骚客唱和其中，不仅为商业聚集了人气，也带来了不菲的收入。

1936年，高星桥又与前清的庆亲王载振合股兴建了渤海大楼。这座建筑由法商永和营造公司设计，大楼建成后由高星桥之子高渤海经营，所以取名"渤海大楼"，是当时天津最高、最新式的大楼。该建筑为钢筋混凝土框架结构，外墙面贴褐色饰面砖，颇有现代建筑的风格。

高渤海是高星桥的长子，而他们父子俩又都是京剧票友。高渤海从14岁起就喜欢上京剧了。劝业场里的天华景戏院一开业他就如鱼得水，放学以后常在前后台乱窜。

他16岁那年，就和父亲商量，想在天华景戏院组织个京剧班子"稽古社"。高星桥很支持他的想法，前后拿出20000多元钱作为经费，让儿子去历练。

渤海大楼现为天津市级文物保护单位

后来成为武生泰斗的张春华、张世麟和张云溪等一大批京剧名角，当时都在稽古社的子弟班学艺。高渤海还重金聘请了上海著名的编剧陈俊卿，请他编写《西游记》剧本，后者写了一个 24 本的联台戏《孙悟空大闹天宫》。在戏中利用了幻灯背景和西洋乐器伴奏，并且有舞蹈动作出现。这可以说是中国第一出加入西洋艺术元素的京剧改革剧本。在天华景演了第一场以后，一下子就轰动了天津。接下去连演了 3 个多月，场场爆满。据说，渤海大楼就是用这些演出的收入盖的。

可以说，高星桥、高渤海父子为天津商界的繁荣做出了不小的贡献。

花天酒地的巨贾沙龙

高星桥尽管生财有道，为人也算是仁义、大气、厚道，但他毕竟是个唯利是图的商人，在商场上打拼，也不得不与那些挥霍无度、穷奢极欲的朋友们交往。

他见上海商人都有帮口，有公会组织关系，各个行业互相支援，经济上互通有无，所以上海工商界闻人遇事都兜得转、叫得响，因此就想加入天津帮的行商分所。

正金银行华账房买办魏信臣是行商分所的组织成员，与他有金融上的往来，又有交情，他便不断与魏联络，请他吃饭，称他为六哥（魏排行第六）。魏信臣当时的朋友，不外是当地的富商巨贾。魏时常把高星桥的事业发展情况，向他的熟人夸赞。这样就替他扩大了影响，使他和越来越多的同行成了朋友。

高星桥为了让这些人能接纳自己，也为了炫耀财富，在北戴河保六路三号购地 12 亩，建筑了一所堂皇富丽的别墅。每到夏天，他就邀请行商分所的各位成员到那儿去避暑，花上一大笔钱，招待他们食宿，陪同他们去游山逛景。

遇到年长的，他自称晚生后辈，三节两寿，必定亲携重礼，登门祝贺。这样逐渐赢得了老财主们的垂青，对他有了好印象。再加上魏六哥的吹捧，说高星桥在正金银行的存款非常了得，大大有名，可算是百万富翁。

　　高星桥通过各种方式的拉拢，得到了分所成员们的承认，终于加入了天津行商分所，成为新成员。

　　天津行商分所作为一个垄断金融的机构，在天津的商界是可以操纵一切的。所以外埠的大商人或买办，通过行商分所的某一成员，就可以挂上钩加入进来，在这里面调度资金。例如中国银行的卞白眉，麦加利银行的冯商盘、徐朴庵，中兴煤矿的庄乐峰，永兴洋行的叶星海等，都是民国以后相继加入的人物。

　　而那时的成员，对老一辈过了时的大为蔑视；而老一辈的成员，对新户同样也是瞧不起，无形中就分成了新旧两派。

　　这个组织参加者的条件是：第一，暴发户（新财主）不准参加；第二，个人财产必须超过百万元。但最重要的，还必须要多数赞成，对该人有好感。

　　这个天津行商分所是天津洋行买办的组织，在清末民初成立。一些有钱有闲的买办人物，为互通信息，互相扶植，需要时常见面碰头，于是发起组织了这个分所。行商分所的所址设在天津日租界和中国地界接壤的地方，主要是为了吃喝嫖赌方便，中国官厅和日本警察署都管不着。

　　行商分所的成员不一定完全是天津老财主，有很多是后起之秀。他们之所以能进入行商分所，也不外是像高星桥那样，或是拉关系钻营，或是用钱砸。

　　这些人每天下午6点左右，就纷纷到这儿来寻欢作乐。这儿设有账房、门房、茶役、守卫等管事，还有十余名职工。这些人赌博一般都不带现款，输赢的大小数目均由账房于耀臣（于老八）代为记账，事后清算，或者三节收账。于老八干这行儿是财运亨通，吃水（抽头钱）、道喜（某人赢了钱，笑脸相迎，说声道喜，赢者即慷慨给他小费），都是来钱的门道。他从中搞钱不少，很快地"家成业就"，变为小康。

　　分所内还备有中西餐及点心部，各种名酒菜肴应有尽有。如果遇到这些老爷们儿有喜庆事，就叫饭庄送餐，如叫义和成、聚和成、全聚德、会芳楼（是一家清真馆）等高档的饭庄来所伺候，大摆筵席。也可以带着亲友去分所吃喝玩乐。

　　比如李全泰有一次过生日，大家为他祝寿。这天用的是义和成饭庄的

"八八上等席"，即 64 道菜，要几十元钱一桌，而且一摆就是 20 多桌。那时候，一袋 50 斤的面粉才 2 元钱。老百姓过日子养活一家人，一个月有八九元钱就能过得很滋润了。

那天来宾吃了后，都说红扒鸭子和红烧鱼翅做得好，赞不绝口。寿星老李全泰听了后，笑逐颜开，大为高兴。因为次日是中秋节，李全泰就把义和成老板叫来说："大家爷们儿都说今天菜做得好，明儿个照原样给做，还是 20 桌，仍请今天的原班人马在这里吃饭。"这一下，李全泰花了 8000 多块。

行商分所的成员和在朝在野的军阀、官僚、政客，都有一定程度的关系。例如民国初年以后，担任了很长时间天津警察厅长的杨以德与他们往来就很密切，因此分所里的烟赌两项极为安全。又如，亲日派的曹汝霖和魏信臣因为有日本正金银行的关系而互相勾结。在曹任总长时，在向日本银行借款方面，魏帮过曹的忙。曹下台后寓居日本租界，行商分所如果有了与日本租界当局的纠纷，只要请曹出面就可以解决。所以说，无论换了哪个日本总领事，行商分所的经商安全均有保障。而安福系或其他的军阀政客，也都与这些洋行买办有着千丝万缕的关系。

"九一八"事变后，由于中日关系逐渐紧张，行商分所设在日租界附近的地址已不适宜，于是停止了几年活动。后来又迁移到法租界的蓬莱春饭庄后面。又因时局的演变，再加之成员们衰老死亡，仅存者十几个人，不过时常来打打牌而已。到太平洋战争爆发时，日寇接收租界，这个机构也就消亡了。

"我这辈子赚的钱全仗着韩大人的提携，没有他咱家还是穷人"

第一次世界大战时中国政府对德宣战后，所有在天津的德国侨民都惶惶不安。韩纳根老谋深算，把井陉矿务局总办一席，让给他的表亲内弟、英国人德璀琳的侄儿沙摩。当然，这不过是借这个英国亲戚暂时做个幌子，一切仍然是他自己操纵指挥。

1918 年，德国战败的消息传到中国，韩纳根等德国侨民被遣送回国已经是板上钉钉的事。韩在回国前，原本想把矿务局全部财产手续携带回国，后经高星桥劝阻，就把井陉矿产的全部契约手续，交由高负责保管。并由他出面牵线，把天津德华银行的财产、"起士林"以及其他德国侨民的产业，统统都交给高代管，让他继续经营。

这个时候井陉煤的销路已经在华北激增，井陉煤已经是家喻户晓，到了冬季成为居民取暖的必需品。售煤处门庭若市，大有应接不暇之势。

韩纳根这时被中国官厅看管在北京西城的一座寺庙里，由天津警察厅侦探长丁振芝监视保护。这年秋季，他以德国侨民公会会长的身份率领一批德国人率先回国。高星桥亲自到上海去给他送行。

两年后的1920年冬天，韩纳根又回到了天津，仍然住在德国租界的住宅里。和韩纳根见面的时候，高星桥把他委托自己代管和保存的井陉矿务局及所有德国财产的契约文书等，完整无缺一一点交还给他。

高星桥的这一举动让韩纳根大为感动，而且觉得，这世界上最守道义的人，就要算是这个中国人高星桥了！自此，他们之间的私人感情比以前更为亲密。

他这次回到中国，是作为德国侨民在中国居住，不过问井陉矿务局的事，一切由他的英国舅爷总办沙摩替他办理。

这时，退居天津的前总统黎元洪，就住在德租界德国总领事馆对门。韩同黎本来就有水师学堂的师生之谊，此时便过从甚密。黎元洪每天早上到海河边骑马，路经韩纳根花园住宅时，必定勒马驻足，韩纳根也必定等在阳台上举手和他打招呼。

仗着韩纳根和黎元洪的师生关系，高星桥又狠发了几年财。

1922年6月，黎元洪复任总统，韩纳根又想重整旗鼓。高星桥也由自己少年时在城里济生社善堂读书时的同学王性甫介绍，与内阁的陆军总长张绍曾有了交情。韩纳根授意高星桥，用了一笔款子向黎、张打通关节，得到总统批准，井陉矿务局由娘子关起修建了一条铁路支线，大约110公里，得以更方便和大量地把煤运出来。

然而好景不长，1923年6月，直隶省长王承斌的亲信陈星楼给他出主意，要王收回井陉的矿权，王就委托陈出头办理。原来，陈星楼是要为曹锟贿选总统筹措经费。如果把矿权收回，当然是一笔巨额的经济来源，直系自然支持这一计策。

但这一动作，就必须首先搬倒高星桥。于是，一面让天津警察厅长杨以德以"通敌罪"通缉高星桥，同时又将高在石家庄经营的 300 多座炼焦炭的窑没收，再经外交途径接收矿务局的财产。

韩纳根看到中国政局将变，便躲起来不敢出头露面。秋后，韩纳根答应交出矿权，并开始办理移交手续。当陈星楼接收全部井陉矿务局和津保售煤处各地财产后，售煤处内部也开始清理账目，总经理高星桥和副经理邢品一的账目交割也开始进行。

这天，邢品一亲自带着他的七弟，各携匕首，到账房查账分款。

10 年多来，自从高星桥接任经营，除去一切开支及职工遣散费外，共得利润 155 万元。按当初约定，这笔钱应该平均分配，即高邢两家各分得77.5 万元。

天津经理兼总司账翟耀庭按照合同把应分数目告知邢品一时，话还没有说完，这邢老七上去就抽了翟耀庭一个大嘴巴，又掏出匕首，向桌上一拍，大骂不止，非要多分 50000 元不可。也就是说，他们要 82.5 万元。

高星桥说："行！按照他们说的办，如数分给他们。"邢品一多拿去50000 元，这才罢休。

邢品一在生活上非常糜烂，不到几年就一无所有，全部输光。高星桥却不吸烟、不喝酒、不养外室，更不赌博。"只赚钱，不花钱"，既不乱花，又调度有方，利上加利，除去修建住宅和养房产外，财产仍然有 150 多万元。

1924 年，韩纳根已经 78 岁，日趋衰老，又患了食道癌。病重时，由他老婆电告高星桥病情，高星桥立马到医院探望。

韩纳根去世后，高星桥花了 10 万两银子定做了一具水晶棺材，将他恩人的遗体运回了德国。

韩纳根死后许久，高星桥还念念不忘，常对家人念叨："我这辈子赚的钱全仗韩大人的栽培提携，没有他咱家还是穷人。"

第四章

无处不在的礼和洋行和它
无所不用其极的买办

从缝衣针起家的冒险家

自从清朝末年起，直到抗战开始时，袁世凯"新军"的装备乃至国民政府军队的武器弹药，多是从军火制造大国德国进口的。而这一现象，就始自德国的礼和洋行。

礼和洋行是德国的一个合伙组织，总行设于汉堡。自 1845 年起，即开始在中国进行贸易。

在这一年，一个叫卡罗威治的德国人只身来到中国，在广州开设了一家洋行，名为卡罗威治洋行。业务逐步扩大范围后，又设行于上海、天津，汉口、青岛等地。自 1887 年起改名为礼和洋行，并以上海礼和为中国的总行，但仍受汉堡总行管辖。

第一次世界大战爆发后，礼和的德国人大部分被召回国。德国在战争中失败后，礼和洋行的财产由中国政府收回。

《凡尔赛和约》签订后，礼和洋行在买办的帮助下得以将部分财产骗取到手，重整残局。

在这一段时期内，礼和洋行除原有机构上海、天津、汉口、广州、青岛等行均已逐渐恢复营业外，又在中国其他各地先后设立分支机构，计有北京、大连、济南、哈尔滨、奉天、吉林、太原、郑州、南京、长沙、万县、重庆、香港等地。

这些分支机构的规模，虽不及原有的 5 个机构大，但其作用相同。礼和所有组织机构的权力均操于德国人之手。礼和洋行德国的主管人员共约 200 人，连其眷属在内约有 400 人。

此外，礼和在世界各大城市还设有代理店，如在美国纽约有宾亨洋行，英国伦敦有奇时洋行，法国巴黎有法兰佛利公司，在加拿大渥太华、澳大利亚悉尼、巴西的圣保罗也设有代理店。

第二次世界大战后，礼和洋行在华财产全部被中国政府没收，礼和洋行从此成为一个历史名词了。

说来颇为难以置信，卡罗威治在 1845 年只身到广东时，只是随身携带了一只手提箱。箱内装的是德国亨达利厂出品的样品。而这些所谓的样品，却只是微不足道的缝衣针。

卡罗威治其人非常认真执着，不以缝衣针为小，反而大事宣传，凭着三寸不烂之舌努力向中国商人推销。

那时中国的工业不发达，缝衣针产量少，质量差，价格高，与德货比较相形见绌。中国商人见此德国货质量上乘，缝衣针又是家家户户的必备品，便趋之若鹜，争相购买。但因卡罗威治只带了样品，没有大量的现货，所以一时不能成交。

他眉头一皱计上心头，立即与亨达利厂订立合同，使自己作为该厂在中国的总经销，以垄断市场。而亨达利厂见有利可图，便与他一拍即合，按照该厂的出厂价格加上由德国运至中国的费用作为在华交货价，货物起运后 4 个月内付款。

而卡罗威治与中国商人签订的交易条件则为定期交货，签订合同后，先收定金三成或五成不等，货到以后，收清全部货款再行交货。而其价格却远远超过厂方与他商定的在华交货价。

当时既没有电话，也没有电报，信息不通，中国商人不明就里，只能任凭他忽悠，便一一依从。于是，卡罗威治不仅从中攫取了大量的利润，而且骗取了大额现金，由穷光蛋一跃成为富翁。

中国商人将缝衣针在大城市批发，也是获利颇丰。缝衣针再由小商小贩转售到农村，再次加价。中国地广人众，需要量甚巨。缝衣针虽小，但批量一大，利润也就很可观了。商人对此种买卖均视为发财致富之途，于是争相与卡罗威治的洋行联络，请客送礼，都想当这款缝衣针的包销商。

卡罗威治见有利可图，又乘机大肆敲诈，借口包销责任很大，要求立即签订包销合同，提出由包销商付给自己的洋行数以万元计的保证金，保证履行合同。在合同期内，此项保证金归该行掌握运用，只给商人以极少的利息。如包销商不能照合同执行，除保证金由该行没收外，还保留其追索权。条件虽然如此苛刻，但商人们惑于利润，仍然是群起争逐，一时间，包销德国的缝衣针成为商界的一大风气。

该洋行的"三圈牌"缝衣针后来被上海商人开的锦章号包销，"三义牌"缝衣针被汉口商人开的"群兴号"等4家商号联合包销。

卡罗威治洋行在进口缝衣针业务中，除将现金源源不断地存进德国银行以外，还在中国各地建仓库、置厂房，并一再扩大其经营范围。

无处不在的洋行大鳄

1887年，卡罗威治将自己的洋行改名为礼和洋行，而且将贸易品种大大扩展，再也不在缝衣针"这一棵树上吊死"了。

该洋行一方面与其本国厂商及其他欧美国家厂商签订代理合约，在中国各地倾销其进口商品，同时又大肆廉价搜罗中国的各种原料，开辟出口业务。

于是原料去，成品来，业务大增，赚了不少银子。根据这种态势，礼和内部就划分出了进口部与出口部。

礼和洋行进口商品的品种，除德国亨达利厂的缝衣针外，逐步发展到德国克虏伯厂的铜铁件、机器、五金等，还有蔡司厂的各种光学仪器，拜耳厂的各种西药，瑞士山多士厂的各种颜料、染料、化工原料，美国古德立厂的各种车胎，史敦生厂的各种石油，飞利浦厂的各种电器和电料，以及其他国家的各种纸张、棉毛织品、钟表、香料、饮料等。

也可以说，礼和洋行的业务是无所不包，唯一的宗旨就是"有钱可赚"。

该洋行的各地分支机构也都经营进出口业务，其中以上海总行为最大，天津次之，汉口排第三。

汉口礼和洋行的进口业务分由三个部门经营：

机器部　专营钢铁、铜、机器以及五金、车胎、电器、电料、车辆等，由买办负责推销。其主要销售对象有汉阳兵工厂、河南的巩县兵工厂，主要进口品种为军火原料，如制造枪炮的钢材、制造枪弹的铜；向工矿部门如大冶炼铁厂、煤矿等主要推销的品种为炼铁和开矿用的机械；向京汉铁路局推销的主要品种为机车、钢轨等；向纺织厂、面粉厂推销的主要品种为纺织机器、磨粉机、五金零件等。

在北伐时期，北洋军阀刘玉春的部队被围困在武昌城时，给北伐军造成重大伤亡的高射炮就是向礼和订购的。

光学部　专营望远镜、显微镜、照相机、软片和医疗用的太阳灯、检验设备、眼镜片以及其他仪器，由跑街员推销。主要销售对象为医院、学校、机关、商店。

进口部　专营以上两个部门不经营的商品，由买办推销，其销售对象主要是厂家、商店。但也有些报馆、军阀的部队来购买印刷报纸用的卷筒纸、滑油、军毯等。

汉口礼和洋行每年进口的营业额约为银币200万元，上海礼和进口的营业额较大，每年约600万元，加上各地礼和洋行分支机构每年进口业务的收入，总金额不下1200万元。其利润平均约为30%，可见仅在进口业务中，每年就有300万元至400万元的净收入。

礼和经营出口的品种有畜产、矿产、杂粮、蛋制品、油脂、油料及其他土特产品。出口货经出口买办向中国商人收购，经过加工整理后包装出口。各地的礼和洋行按当地出产情况经营出口，品种不完全一致。

上海总行出口的品种主要是蛋制品、猪鬃、牛羊皮、杂皮、草帽辫等；天津分行出口的品种主要是蛋制品、牛羊皮、兽毛、大豆、花生、桃仁等；汉口分行出口的品种主要是桐油、蛋制品、皮油、漆油、牛羊皮、芝麻、蚕豆、豌豆、五倍子、苎麻等。

其他如青岛、广州等地的分行出口品种为数也不少，同时也有少数支行仅作采购，不直接经营出口，如万县和长沙的支行，专为汉口礼和采购桐油与矿砂。

洋行经营出口与经营进口一样，也不自备资本。从外表上看，汉口礼和洋行有蛋厂、牛皮厂、芝麻厂、漆油厂、仓库、办公室、住宅等，占地六七十亩，似乎资本不少，但事实上这些产业完全是从其进口业务中攫取的利润，并非自己投资的。

礼和洋行的买办在购买出口原料时，除挪用中国商人所付的进口货定银和保证金外，又将其产业向外国银行抵押借款，用来偿付出口货的货款。汉口礼和对出口原料既买现货，又买期货；既买毛货，又买净货，但以期货与净货为主。

如买毛货，在中国商人将货物送至其仓库验收以后付款；买净货，则在毛货进仓后先付货款80%，待做成净货后，再找尾数。由毛货做成净货，由礼和自己加工整理，费用也由礼和负担。礼和在货物进仓以后，即以打包货款标准向银行押款。押款金额至少为货值的百分之八十。待货物出口以后，礼和就将出口单证按照对外售定的出口价格向银行结算（按当时的外币汇率折合中国货币结算）。收回的货款除偿还银行押款外，还实收一笔现款。

由此看来，礼和洋行经营的出口业务，自始至终都是无本生意，做的是"空手套白狼"的买卖。

礼和与其他洋行一样，在收购土产过程中当然不会循规蹈矩，往往借口有其他口岸和其他国家竞争、国际市场价格下跌等，压价压秤。而中国商人由于对国际市场情况不了解，唯一的选择就是上当受骗，任其宰割。

其一，例如汉口桐油市价曾一度由每担50元压低至30元，五倍子由每担50元压低至25元，鸡蛋由每担18元压低至13元。礼和收购出口原料一般虽为净货，但从汉口运至欧美各国，路程远，时间长，途中必有自然损耗，对外销售时又以到岸的重量为准。因此，礼和在报出价格时，都要加价1%～5%不等。而实际上货到彼岸时缺秤根本没有那么多。

其二，买办和中国商人所订的合约，其内容并不与他们和礼和洋行所订的合约内容相同。经常低于礼和所给的价格，以便他们从中吃差价，在货物进仓时又往往压秤。因此，除完成礼和洋行的合同以外，年终结算时买办自己都大有赚头。

其三，中国商人向农民收购出口原料是以低价来，高价去，小秤进，大秤出，这又是一笔不菲的收入。

汉口礼和洋行每年的出口营业额约为银币 300 万元，加上其他各地礼和洋行的出口营业额，每年约为银币 1000 万元，平均利润约为 15%。

礼和洋行除经营进出口业务外，还代理外国船舶运输与保险业务。

汉口礼和洋行是德国汉堡轮船公司的汉口代理人，代理该公司由上海至欧洲的转口船运和由汉口至欧洲的直接船运。在长江浅水期间，即每年的 11 月至次年 4 月，汉口的出口货物先由内河轮船运至上海，再在上海转海轮出口，称为间接船；在涨水期间，即每年 4 月至 11 月，海轮直接驶入汉口港装卸进出口货物，称为直接船。汉口礼和代理汉堡公司的间接船每年约 15 艘，直接船约 10 艘，每艘船的载重量为 5000 吨至 6000 吨。

礼和按运费收取代理费 5%，每年可得约 30000 英镑。此外，汉口礼和洋行还代理英国望赉保险公司、明珠保险公司、挪威合众保险公司，承保火险与海上运输险，按照保险收取代理费，每年可得约 2000 英镑。

在出口业务上，中国贸易商行对外发货价格较为合理，而包括礼和在内的外国洋行见有华商对外发盘，有利可图，就将自己的出口货物的售价故意报低，甚至不打利润，迫使中国商行不能与之竞争。从表面上看，礼和因竞争牺牲了利润，实际则不然。由于礼和将该项出口货物装在自己代理的船只上，投保自己代理的保险公司，仍然有佣金收入，足以抵消其降价损失，甚至绰绰有余。

呼风唤雨的商会

当年，在中国的各家外国洋行组织了众多的商会、波罗馆（总会）。这些组织不在中国政府注册登记，美其名曰保护其本国侨民利益，实际上是为了形成商业垄断。

礼和洋行在汉口的德国商行中规模较大，其历任经理中如罗禄克、哈柏茨、陶利等都担任过德国商会的会长。商会的组建，更加利于洋行的贸易。

汉阳兵工厂每年需要的钢、铁、铜等金属材料数量甚大。当时由于中国冶金工业不发达，大部分材料都要依赖进口，主要是向德国礼和、美最时、禅臣等洋行订购。该厂为了防止洋行暴利，便于1930年向洋行订货时采取了投标方式，以报价最低者得标成交。

而这几家洋行却在德国商会的策划下相互勾结。他们作了秘密安排，破坏投标办法，内定了谁家先得标、谁家后得标，然后由各家分头向该厂投标。其实内定先得标的洋行所报的价格虽然很低，最终得标成交，但成交后，在履行合同的过程中，还会以各种理由增加费用。因而汉阳兵工厂所定的投标办法根本起不到制约洋行攫取暴利的作用。

汉口万国商会是在汉所有外国洋行与银行的组织，规模较德国商会为大。凡各国商会遇到难以解决的问题时，就由万国商会出谋划策。

有个中国商人叫阮文忠的，是汉口元顺运输公司的老板。他在京汉路沿线均设有分店，规模也不小。1925年，他见洋行经营蛋制品出口获利颇丰，其原料鲜鸡蛋绝大部分都是从河南采购的，元顺公司在河南的时间较久，信用也好，运输又有优越条件，于是决定在许昌开设元丰蛋厂，专门加工干蛋品出口。

当时，汉口的英商安利英、德商礼和、美最时等洋行均经营干湿蛋制品，与元丰公司的矛盾很大。于是，它们就在万国商会的策划下准备打击元丰蛋厂。虽然元丰对组织鲜蛋出口有较好的条件，但它的制蛋机器却非依靠洋行进口不可。由于元丰资本不多，与国外又缺乏联系，洋行便看准了这一点向元丰发难。

他们先是由安利英与礼和两家洋行向元丰提出承供全部制蛋机器，并同意元丰一部分货款可延期偿付。

它们企图在进口制蛋机器的过程中大捞一笔，同时又在出口蛋制品的过程中欺负元丰国外没有关系，可以压低价格收购，一举而数得。提供的机器可以用部分现款、部分赊销成交。赊销部分由元丰按照银行供款负担利息。

元丰开工以后，两家洋行承诺其产品由其收购，但所给的价格非常低，只有市场价的8折左右。情急之下，元丰连忙询问其他洋行，结果几乎所有的洋行出价都不相上下。元丰这才知道，洋行联起手来给他挖了一个坑，逼他往坑里跳。

元丰心有不甘，阮文忠就派他的亲戚张某到美国纽约设庄直接推销蛋制品，希望能与其抗争。谁知张某到美国后，既受当地商人的歧视和排挤，也因为张某自己初到美国受不了花花世界的诱惑，挥霍浪费贪污舞弊，使元丰的生意赔得七零八落。

这时，安利英与礼和洋行见元丰中了招，就变本加厉落井下石。一面向外造谣中伤，一面向元丰催逼设备的欠款。

元丰这一下是雪上加霜，加之受国内战争影响，铁路运输时有中断，蛋厂停工，资金也周转不灵，最终以蛋厂抵偿两家欠款而宣告关张。

奢豪的买办和被歧视的职员

1907 年以前，汉口礼和洋行的出口买办是韩登堂。1906 年，国外需要大量芝麻。当时中国商人鉴于礼和出价过低，又估计芝麻收成不佳，内部运输又不畅通，不敢抛空，结果未能成交。因此礼和对韩登堂不满，责骂韩某无能，大有更换买办之势。韩登堂为了保住职位，竟不惜孤注一掷，向礼和抛空芝麻数千吨。到了交货日期，市上到货很少，价格上涨一倍有余。韩无法交货，洋行又日催夜逼，韩走投无路，只得服毒自尽。他所有的现金财产、房屋，俱被礼和夺去，落了个人财两空。

1907 年，胡苞水继韩登堂当了汉口礼和洋行的出口买办，每年都能在收购出口货物中获得佣金四五万元。此人不仅过着荒淫的生活，而且凭借洋人势力无恶不作。

1909 年，胡苞水的哥哥胡大为了争风吃醋，在汉口海国春西餐馆大打出手，打伤了人，捣毁了餐馆的东西，被当时英租界巡捕关进了巡捕房。胡苞水闻讯即向礼和洋行的德国人求救，德国人打了一个电话给巡捕房，不到一个小时，胡大就安然无恙出来了，而被害者则是有冤无处申。

第一次世界大战时，胡苞水又兼任了汉口美商友华银行的买办，一时更为显赫。

礼和洋行的德国人每月薪水颇高，经理1800元，一般职员在500元以上，最低者如初来的练习生也有200元上下，而且每年加薪，年终还分红。

而华籍职工每月工资最高者不过105元，一般都在四五十元，最低者仅10元，既不每年加薪，更无分红一说。

礼和洋行在汉口有精致的里份住宅（为另一个著名买办刘歆生所建）多所，均为德国人居住，而华籍职工则要自己出钱在外找屋居住。即使为了工作，部分华籍职工必须要住在行内时，也仅仅是给一些阴暗狭窄的小房间。

礼和洋行在庐山还有数栋别墅，每逢盛夏，洋行的德国人就能享受两个星期的假期，轮流前往庐山避暑。

夏天礼和洋行里还备有冰箱、汽水，专供德国人解暑。而华籍职工在武汉的酷暑中却连一杯冰水也无权享受，更谈不上到庐山避暑。只有个别能力较强的华籍职工，能享受秘密增加工资的待遇。增加的工资，都是每到月终由德国人用其他支出科目私下交给这些人的，以防更多的人知道。

礼和蛋厂每天在收工时，对男女工人一律搜身，所谓防止夹带。对华籍职员需用的文具，必须凭旧换新，如凭旧钢笔尖换新钢笔尖，凭旧铅笔头换新铅笔等。

加班加点在礼和洋行司空见惯。忙时往往工作到深夜，既无加班费又无夜餐费。节日放假，则无合理规定，全凭经理喜怒。

伸向东方的条顿剑

天津礼和洋行五金部进口生意最主要的一项就是军火。

它不仅大批进口枪炮弹药及军火原料钢、铁、铜等，还进口成套的兵工厂设备，进而使其成为中国军阀混战的主要军火供应者（其他德商禅臣、世昌、瑞记等洋行也都是军火贩子）。

当时的中国人非常迷信德国的武器与操典，致使大量德国军火得以流入，助长了军阀穷兵黩武。

从李鸿章、袁世凯至段祺瑞、徐树铮、张勋等，都是礼和洋行的军火老主顾。阎锡山统治山西时期，其军队武器也多是礼和洋行供给的。山西兵工厂的设备与器材，也是经礼和洋行进口装备起来的。

为礼和推销军火的买办，先有冯昌盘、王铭槐，后有米禄斋。米经常奔走于天津与太原间，与阎锡山及晋军政要员交往密切。阎锡山还特地在天津设置了山西省采运处，专责办理军火采买、运输事宜。

清末，雍剑秋一度担任过礼和洋行的军火买办，替克虏伯及艾哈德兵工厂推销武器。段祺瑞执政时，徐树铮曾在克虏伯厂购买了一批大炮，又在艾哈德厂购买了一批炮弹。

礼和总经理海尔的办公桌上常陈列的样品，有的是盒子炮，有的是勃朗宁袖珍手枪。那支勃朗宁袖珍手枪全身电镀，相当精致。这些最新的货样，深受中国军人欢迎，销路极广。

1933年，山西订了一批克虏伯厂的步枪。报关员办完报关手续，在礼和开箱检验时，发现箱内还附有蔡司牌望远镜，这在那个时候是先进装备。箱内的步枪是克虏伯厂出品，望远镜则是蔡司厂出品，两厂的产品配套运来，说明军火生意在德国是经过统一策划、统一安排的。它们为了支持中国军阀打内战，便想方设法满足买主的好奇心和需要。

天津礼和洋行轮船部代理亨宝轮船公司远洋运输业务，计有远洋货轮10余艘，分汽轮（烧煤）与机轮（烧柴油）两种，另有35000吨的邮轮芮苏路特号。芮苏路特号每年4月到秦皇岛，旅客乘小火轮下船到秦皇岛车站，再换乘火车到天津、北京游览。

第二次世界大战开始时，芮苏路特号停办了环游世界的业务，船主吉波则转任德国海军司令，邮船改装为意大利航空母舰，在西西里岛战役中被英国海军舰队击沉。

礼和洋行总经理海尔，原为柏林大学教授，第二次世界大战开始以前被调回德国，由弗瑞姆·海恩继任礼和总经理。一年后，海尔出任柏林市长，据说后来在苏联军队攻克柏林时被打死了。

第二次世界大战初期，希特勒采用闪电战术，对邻国波兰实施突然袭击。某日，在天津德国球房内放映德国军事纪录片，场门外站立6个身穿带有德国纳粹黑字臂章军服的人，来宾要先敬纳粹军礼，再喊"海尔希特勒！"（即"希特勒万岁"），然后才让进。

看这场电影的洋行职员们惊奇地发现礼和洋行轮船部的德国大班甘仙，竟然是这帮人的头目，在现场指手画脚地主持电影招待会。他们这才明白，礼和洋行当时的主要人员竟然都是纳粹分子。

无处不在的礼和天津行

上面已经说过，天津礼和洋行的进出口业务几乎是无所不包。

五金部进口货品有机械、钢、铜、铁、电料、车辆（以汉勃自行车及零件为主，其他还有铁路机车、轿车以及器材等）；光学部进口货物主要为蔡司依康照相机、望远镜、显微镜、胶卷、医疗照明灯、电影放映机、眼镜及镜片、反光镜等。

这些货物在中国大量销售，其中蔡司依康照相机曾长期垄断中国市场。美国康太斯照相机进入中国市场后，蔡司依康各式照相机及各型号的胶卷仍然在市场上占上风。

颜料部专门经销德国山德士牌各色染料。德国颜料当时非常受老百姓的欢迎，农村妇女与城市厂商都争相购买，独霸中国市场最久。

医药部专门经销拜耳厂的产品，如阿司匹林粉剂和片剂、安息香酸咖啡因、606注射剂等。其中606注射剂最为畅销，医院、药房、医生都视其为治疗花柳病的特效剂。礼和洋行也因倾销拜耳厂的药品，获利最大。

出口部主要是经营土特产，计有蛋制品（蛋黄及蛋白）、牛羊皮、兔皮、獾皮、小马皮、猪鬃、草帽辫、大豆（红白二种）、花生仁、核桃仁、杏仁（苦甜二种）等。

礼和在买办操纵下压低牌价控制行市，迫使农牧民按时按价供给产品，任其宰割。由于各洋行串通一气，收购价格绝无抬价的可能。

礼和出口部的买办黄季才经营出口业务多年，对控制土特产进价有丰富的经验。他每天中午在华账房里备置两桌酒饭，专门招待外地来的老客，看似非常热忱，其实早已勾结各行买办做好了圈套让老客们自己去钻。

天津礼和轮船部担负进出口货物的运输任务。有些土特产受时间限制，不能全由本洋行的轮船运出，只能借助美最时洋行代理的北德航线船只承运。其中须经某国转口的货品，则需要到某国驻津领事馆注册。如由马赛转口的货品，就要向天津法国领事馆注册，并交纳手续费 50 两，由领事馆派员到舱口打上火印，签发转口证件；要经巴塞罗那转口的货品，就要到西班牙领事馆去办同样的手续方可转口。

礼和代理的亨宝轮船，在新河有仓库及码头，但它的船只都是万吨级远洋轮，不能进港靠岸，必须要靠大沽驳船公司用三北码头仓库存转，用驳船送出大沽口装船。

各地出口的土特产在天津集中，经过加工、捆扎、打包，然后装上驳船运往大沽口再装上海船。礼和加工部使用英商隆茂洋行的加工车间，专门备有各种土特产加工用具和捆扎、打包的设备。核桃仁、杏仁、花生仁的挑选分类以及包装捆扎工序，统由隆茂的熟练工人操作，礼和仅出加工费。中国男女工人昼夜不息地劳动，每月所得工资极微。

礼和每月土特产的货款平均数为四五十万两，进口部光学、颜料、西药三项月结平均额亦达 50 万两。进出口货物每年在 1000 万两以上，可以净得纯利 300 余万两。至于军火交易，利润更是惊人。

礼和洋行代理的保险业务提取 5% 的佣金，却不承担任何风险。它与荷兰的利德公司、巴鲁士公司和西班牙巴达维亚公司都有关系。这几家公司在欧洲很有名，信用可靠。保险范围只限火险，不保水险及兵险。保险户如遭受火灾，须经英商保禄公证行验查现场，签发证明，礼和再转保险公司照单赔偿，礼和从中白得一笔佣金。

礼和上海行买办自述

礼和上海行是德商礼和洋行在中国最大的分行。它在礼和洋行的生意中所占的份额也最大。它的买办在 20 世纪 50 年代曾经回忆过礼和洋行上海行的相关情况。

下面就是这位买办的自述，从中读者可以窥探到这家洋行惊人的黑幕。

上海礼和经营世界各国名厂的商品，大到船舶机车，小到缝衣针、木纱团，其他如大小五金、日用百货，种类繁多。它的总经理由德国汉堡礼和洋行总经理刘伦士·劳立克兼任，可见上海礼和洋行的重要性。

当时由德国运来的精密仪器仪表，在长途运输中时有损坏。中国的用户碰到仪器仪表损坏，一般都托上海礼和洋行代修。但礼和既没有修配设备，又没有技术工人，只得转托大华科学仪器制造厂代修，因此礼和洋行和大华科学仪器制造厂在业务上有了密切关系。

刘伦士和我哥哥刘佐成相交甚好，我当时在上海开设贸易行，专营汽车零件进口业务，对外贸业务较熟悉。我就在我哥哥刘佐成处认识了劳立克。

他希望我代他们奔走，推销商品，而我也可以乘机通过礼和向外国订货。

当时，我代礼和洋行向国内兜销的商品，主要是精密的显微镜、美国"古特立"汽车胎、德国"也得西拉"公司蛇牌卫生医疗器材、德国的"伊默克"化学原料等。

我第一次到南京推销时，既无门路，又无目标，盲目地与内政部卫生署署长刘瑞恒接洽，推销精密显微镜，不想一谈就成功了！真使我做梦也想不到那么便当，立即签订了合同。他订购的各种精密显微镜达300架左右，约值美金5万元。

这一炮打响，大大鼓舞了我的信心。我认为南京方面大有可为，就在南京新街口兴业里租赁了一幢房屋，成立了福昌贸易行。同时与上海礼和洋行订立合约，由我代理经销它们的商品。但福昌贸易行不负经济上的责任，仍由买卖双方各自负责。

1930年10月，我到财政部与宋子文接洽，签订了财政部税警总团所用的各种军用光学器材合同，包括测距镜、炮队镜、瞄准镜、望远镜等。接着又和内政部卫生署签订了合同，供应南京中央医院和军政部军医署用的一批医药卫生器材，如外科手术用的无影灯、爱克司光机器等，生意越做越大。

这时我唯一的困难，是对这些军用物资和科学技术器材一窍不通。有时订购的机关提出了技术上的问题要求我解释，我无法答复，只得商请上海礼和洋行派一个德籍的技术人员长期驻在南京，帮助我解决技术上的问题，因此营业逐步发展。

生意好了，事务多了，南京新街口兴业里的房屋不敷应用，就暂时借用南京中央饭店为临时办公处。

从1930年8月起到年底的5个月时间内，从内政部卫生署、财政部、中央军校等机关先后做到的生意总值约500万元金马克。我的佣金虽然只有2%，金额却达金马克10万元左右（当时一个金马克合法币一元左右）。

1931年，劳立克见到我在5个月内做了这么多营业额，认为同南京国民政府方面的生意大有可为，就企图限制我的收入。借口要发展业务，在南京方面必须成立礼和洋行办事处，我所得的佣金也要酌情降低。

经过再三考虑之后，我同意他们提出的建议，在南京成立了礼和洋行办事处。这时由于南京房荒严重，于是我就在南京中山北路购了两块地皮，造了两幢花园洋楼，出租给礼和洋行作为办事处。

这栋新房子当时挂了红底黑字的德国纳粹旗，大门外钉上了南京德商礼和洋行铜质招牌，和外交部大楼一南一北，非常引人注目，无形中就做了广告。

当时在南京的洋商中，礼和洋行独树一帜，场面不小，其他洋行无法比肩。行内雇用了中文和外文秘书、打字员、夫役、汽车司机。南京地域辽阔，交通不便，行内还备有小汽车两辆，作为交通工具。

每月由上海礼和洋行拨给法币600元，供南京分行的勤杂人员开支。

南京礼和洋行正式成立后，刘伦士对我说："我们礼和洋行主要是代表德国克房伯炼钢厂，前年礼和洋行曾向沈阳兵工厂做过5000万元金马克的生意。现在南京国民政府所辖的兵工厂很多，在规模方面，虽然不及沈阳兵工厂，但是综合起来，要比沈阳兵工厂大得多。我们今后的营业目标，应该转移到兵工材料方面去。"

在1931年至1937年的6年，国民政府通过礼和洋行经手，向外国订购军用物资、品种、数量约计如下：

由财政部宋子文订购的有：

（1）卜福斯七生五口径山炮十门，每门美金16000元；七生五山炮弹

36000 发，每发美金 20 元。

（2）卜福斯七生五高射炮 36 门，每门美金 30000 元；七生五高射炮弹 18000 发，每发美金 35 元。

（3）移动式十生五要塞炮 12 门，每门美金 35000 元；十生五要塞炮弹 6000 发，每发美金 35 元。

（4）军用光学器材（测远镜、炮队镜、瞄准镜等）约值美金 300 万元。

（5）AEG 制造的直径一公尺半的探照灯，连发电机约 100 套，每套美金 18000 元。

由军政部兵工署订购的有：

（1）各种机器设备车床、磨床、钻床，以及其他工具，值美金几百万元。

（2）钢材器材数字无法记忆。

（3）TNT 炸药、卜福斯炸药等。

由军政部军械司订购的有：

（1）七九口径步枪 20000 支，每支 30 元；七九步枪弹有几批，细数我记不清了，每百发美金 5 元。

（2）毛瑟木壳手枪，数量也记不清了，每支美金 25 元。

（3）勃朗宁手枪，数量记不清了。

由卫生署军医署订购的有：

（1）精密度显微镜 800 架，每架美金 300 元。

（2）外科用医疗器材，值美金几十万元。

由铁道部订购的有：

（1）克虏伯机车 36 辆，每辆美金 35000 元。

（2）机车零件及钢轨，约美金 300 万元。

由资源委员会订购的有：

（1）矿山机器 15 部，每部美金 8000 元。

（2）开山钻头及零星机械材料，约值美金几十万元。

另外，南京紫金山天文台订购了该台的全部设备，包括气象台用的精密仪器仪表，约值美金百万元。

中央军校、炮兵学校、步兵学校以及其他单位订购的摩托车、军用器材约计美金 10 万元。

军政部订购了美国古特立 32×6 卡车胎 3000 套，每套美金 40 元。

南京礼和洋行在这 6 年当中，经售各种军用物资约计总价值 2.7 亿元金马克，折合美金 9000 余万元。

礼和洋行经理各厂商品，厂方给礼和的利润，一般按价值的 25% 到 30%。数量大的交易有的是 5% 到 10%。

福昌贸易行代理礼和洋行做交易，所得佣金按货价 5% 到 10% 计算，每年可以做到一二百万元的营业额，年可得佣金 10 万元左右。礼和洋行给我个人的佣金，以军用物资来说，数字在百万元以上的，一般是 0.5%，在百万元以下的给我 1% 到 2%。我与礼和的佣金并没有固定数字，要看情况而定，有时候为此还有争论。

上海四川路桥头的礼和洋行办公大楼，上下共有 5 层，楼下是各种样品陈列室，二、三、四楼是各部门的办公室，五楼是机密室。只有经理劳立克和鲍伟尔（克虏伯分厂经理）及我 3 个人可以随便进出，其他中外籍职员都不准进去。

机密室专供商议军用物资交易、计核厂方成本和设计应付与国民政府进行交易的细节之用。军用物资交易的账目，全部控制在五楼机密室之内，与礼和洋行其他部门的账目完全分开，因此有关军用物资的账目和礼和总会计处风马牛不相及。这是因为礼和洋行有规定，每到年终，年度结算的盈余，各级职员都要分红利，特别是德籍职员，要按百分比计算，把军用物资部账目划出，便可以不把这部分红利分给他们。

1930 年，上海礼和洋行受美国商人委托，在中国收购贵重皮货，如紫貂、狐皮、灰背等。由华北几个分行收购，交上海礼和出口运往美国纽约，总价值约达美金 200 万元。但次年货到美国时，正值美国经济萧条，工商业相继倒闭，工人失业，面临经济危机，托办皮货的商行临时无法收货付款，便借口所办的货物不合规格，拒绝收受，全部退货。

因此上海礼和洋行外汇积压，一时周转发生了问题，负责人恐慌万分。虽然电报往返，反复交涉，但没得到结果，货款分文无着，反而花费了不菲的电报费用。而这年幸而与国民政府做了大批军用物资的生意，才使礼和洋行渡过了严重的经济难关。

国民政府所聘的顾问和一部分留德国学生向外国订购军用物资和科学器材时，一般都要德国货。而且，他们还习惯性地要指定名厂名牌制品，这对礼和洋行来说虽然条件优越，但内部没有人通风报信还是不行的。所以必须千方百计地想办法，走门路，打进去，拉出来，才能达到目的。

运用"打进去"的方法，曾经使我们一度遭受过打击和失败。有一次，我们托了外交部部长王正廷备了书信，介绍给实业部一位次长，然后由这位次长交代他部下主管的人员接洽。主管人员迫于上级交办，对我不能不敷衍，口头上说得很漂亮，说尽可能给我帮助和方便，可是这主管人员心里却另有一番打算，对我存在着顾虑。结果不但生意做不成，还由于他对我有戒心，反而断了和他做生意的门路。事后我才了解到，他们鉴于我和他的上级有关系，唯恐自己手脚不干净会惹出是非，倒不如不做交易为妙。

经过这次弄巧成拙得到的经验教训，我们就不再如此打进去，而将方法改变，即由我凭着德商礼和洋行和克虏伯炼钢厂驻华代表头衔的名片，单枪匹马向各机关主管部门进军。

对方和我接洽的，既不是上级人员，也不是下级人员。由于上级人员地位高，不大过问具体事项，下级人员地位低，无权过问，向中级人员个别接洽，结果证明都很顺利。这类级别的国民政府各主管部门的主管人员，碰到洋行代表要求接见，都很愿意同我们接触，尽量同我们通关节、讲方便。只要第一批生意做成，让他们尝到甜头，就铺平了道路，以后再做生意就十拿九稳了。

当然，个别的部门必须托人介绍。例如财政部方面，订购军用物资必须由宋子文亲自接洽，但他不是轻易可以见到的。他忽而上海，忽而南京，行踪不定。宋子文过去订购军用物资不愿与洋行代表接洽。于是，我要见到他首先便得通过他的机要秘书邓勉仁和张远南二人。

有一次，我有桩重要业务必须与宋子文当面谈，多次直接请求接见未成，接着，走了邓勉仁的路子，还是碰了钉子。后来与张远南商洽，他是日本士官学校毕业生，是宋妻张乐怡的胞兄、财政部税警总团团长，我与他的关系是由张远东的介绍而建立的（张远东是个建筑师，我因为要建造房子，与张远东经常有往来）。张远南性情爽直，立即答应陪我去见宋子文。

这次会见的地点不是在财政部办公室，而是早晨八点以前在宋的"官邸"。在接见时，我以瑞典卜福斯炮厂驻华代表身份，与他洽商订购山炮和高射炮的事宜。结果谈得非常顺利。

合同签订后，张远南对宋子文说，今后我还时常要来求见。宋认为我是卜福斯炮厂代表，与上海洋行无关，便答应我以后要见的话，事前可先通电话，约定接见地点和时间，仍以早晨八点前在官邸见面为宜。后来我与宋子文多次见面，便提前一天用电话约定，有时约定在上海，有时约定在南京。

有一次，瑞典卜福斯炮厂代表龙贝格来华，要见蒋介石，在沪宁二地等候了两个多月之久也没有见到。

我一度托蒋介石机要秘书毛庆祥介绍，毛庆祥怕受嫌疑，拒绝了我的请求。后来改托励志社总干事黄仁霖。黄在美国哥伦比亚大学毕业，和我有同学关系，由他陪同我和龙贝格去见了蒋。这次谈话内容，主要是为了订购山炮、高射炮，希望蒋通知宋子文从速签订合同。

在铁道部方面，当时的部长顾孟余患有肺结核，长期休养，部务由次长曾仲鸣代理。曾是汪精卫的心腹，汪当时任行政院院长。我们了解到曾仲鸣唯利是图，易于对付。我几次和他见面，曾仲鸣都没有同我谈佣金，却指定潘友声全权代表他和我密谈。通过潘友声议定了按总价值5%的回扣率。我们认为羊毛出在羊身上，对我们不会有太大的损失，便答应了他。佣金谈妥后，在报价不超过其他与我们竞争的洋商的原则下，他给我们以便利。对于潘友声，我们则另支付给他一笔特别费，约美金8000元。

在军政部军械司方面，我是直接与司长陈隐冀接洽的。谈到佣金，他并不假手于别人，公开地同我谈，而且争论高低。他说："我也有我的用场。"这句话意味着另有人在要钱。他是有背景的，估计那个人是何应钦。陈所取佣金一般是3%，有时5%。这些开支，我们都会打在货价之内。

在其他各机关，我都用自己的名义分别请求接见。所做交易，有的收取佣金，有的没有。对于没有佣金的这些主管人员，依然送些礼物和纪念品等。

总而言之，我们洋商同国民政府做交易，主要靠佣金，正是所谓的金钱万能。其次是私情。当时自上而下，多数人都要好处，如门房传达、值日员等。每到节日，都要一笔开销，有的收现金，有的接受礼品。这笔开支都由我个人掏腰包，正所谓无官不贪、无吏不污。

当国民政府内部决定要向外国订购军用物资和材料时，各级人员早已相互钩心斗角、争先恐后，争夺经手权，求得亲身与洋行接洽的机会。一朝经手，便积极地同我们通声气、提回扣。他们的目的，无非是希望做成交易，得到一些好处。

礼和洋行兜售军用物资的手段，除前面讲到的以外，还有一种是其他洋行无力办到的。这就是厂方不惜以巨大的费用来满足买方的兴趣和要求。

有一次，礼和洋行了解到国民政府要扩充炮兵部队，需要购买山炮和高射炮。在1934年，礼和所经手的瑞典卜福斯炮厂送来了说明书、图样、照片，以及有关大炮优点的参考资料。我们就转交给了兵工署兵工研究委员会，同时要求发给进口护照，声明愿意运送七生五山炮4门、七生五卜福斯高射炮2门，并配备炮弹若干来华试放，供国民政府和军事技术人员实地观摩参考。

大炮运到后，就在南京汤山射击场试放。军政部、参谋部、炮兵学校、中央军校，以及其他各军事机关、军事学校都派员参观，何应钦、朱培德、俞大维、邹作华等一百五六十人应邀莅场。

当时由卜福斯炮厂代表龙贝格亲自指挥。他是欧洲有名的炮兵射击专家，试射时弹无虚发，百发百中。一共试放几十发炮弹，射击目标准确，证明杀伤力强，操作灵活，移动轻便，得到了一致好评。

试放结束后，龙贝格还当场亲自分送纪念品，如刻有卜福斯大炮形象的金表等，并以茶点款待他们。这次试炮，厂方花费了一笔巨款，约合法币80余万元，最后做成了一笔大生意。国民政府向卜福斯炮厂订购了第一批七生五口径山炮260门、高射炮24门，连同AEG探照灯在内，总价值达美金千万元以上。炮厂试炮虽然花了巨款，实际上还是大赚了一笔。

中国沿海的重要口岸，如吴淞、江阴、江宁、镇海、马尾、虎门等地区，清末都设有炮台，炮台上有大口径的要塞炮。但几十年后，要塞上的设备和大炮上的零件等都已经残缺不全，不堪使用了。

1934 年，国民政府想重新整备，但限于经费，无法另购新炮。于是在德国顾问的建议下，就原有设备加以修葺，添配零附件。但国内无法配制，必须向礼和订购。礼和认为这些 60 年前制造的要塞炮，厂方早已停止生产，零配件也无法配制，便电邀克虏伯炮厂从德国派技术人员来华先作检查。

经过检查后，肯定大多数零配件必须更换。这些零配件原是克虏伯炮厂生产的，其他厂商无法仿制，于是便乘机大敲竹杠，漫天要价。

当时我了解到按照克虏伯炮厂估价，礼和要加上利润二倍以上。而且还假惺惺地对国民政府说："这些要塞炮原是德国克虏伯炮厂制造的，现在要添配零附件，我们有义务配制完整。为了增进彼此友谊，在所报材料工本费上，九折优待。"既敲了竹杠，还做了人情。

这次要塞炮配制零件，总计美金 200 万元左右，而利润竟然高达 120 万美元。

礼和洋行经营的德国机器，如车床、钻床、磨床、刨床等，都是德国名厂名品，凡属礼和经销的，上面都钉有礼和的双钱牌商标。过去中国人向礼和订购机器仪器，往往只认这个双钱牌商标，不太注意制造厂商和质量，这是中国人对礼和的信任。可是礼和并不自重，相反却认为这样就有机可乘，经常利用双钱牌商标，把商品改头换面，欺骗中国人。

碰到礼和所经销的名牌机器缺乏现货时，就向上海其他洋行搜罗式样相同质量较次的货品，再钉上双钱牌商标顶替。有时甚至向上海制造机器质量比较好的中国厂商，如大隆机器制造厂收购国产机器，换钉商标，冒充德国制品再高价出售。

1934 年，财政部长宋子文向瑞典卜福斯炮厂订购了一批七生五口径高射炮。按当时手续，财政部只管订购，货到时归军政部接收、验收。但在这批武器到华之前，财政部与军政部双方既没有联系，也不作准备。

原因是双方存在矛盾。订购军火原属军政部主管，但此时财政部越俎代庖，军政部方面就难免责难。于是财政部订货付款之后，便算完成任务，其他就一概不管；而军政部方面，事前既没得到财政部的通知，也就不作接收准备。以致这批高射炮运到中国，才由礼和通知军政部提货，军政部匆促派员提运，就谈不上妥善计划准备了。

之后这批高射炮转运到杭州，存放在笕桥飞机场，既没有炮房，又没有遮盖，摆在广场上日晒雨淋。在到货两个月后，这些高射炮和零配件，尤其是高射炮的瞄准具等，都是非常精密的东西，已经部分生锈损坏了。

1935 年，宋子文又向卜福斯炮厂订购了移动式十生五要塞炮 12 门，一部分于 1936 年运抵江阴，准备安装在江阴要塞。当时要塞既不开箱检查验收，也不进行安装，原箱堆存。直到 1937 年日寇发动侵华战争，要塞炮仍没装上，也没在日寇进攻江阴前将炮运往后方。结果在江阴沦陷后，这批武器全部落入敌手。

第五章

美最时洋行的日耳曼大班和中国买办

"芝麻开门"的诱惑

1862 年，明清四大古镇之一的汉口镇被迫开埠通商。

明朝中后期以后，作为中国内地最重要的货物集散地，汉口一直是一个非常繁华的通都大邑。它吸纳四方物资，又将它们分散发往东西南北各地。

19 世纪 60 年代时，一个叫密斯汀的德国商人来到中国旅游，经过汉口时，马上就被它的繁华和物资的丰富惊讶得目瞪口呆！想不到在这个古老国度的内地竟然还有这样一个让人眼睛一亮的去处。

他几乎是马上就决定了，要在这个近乎是被"芝麻开门"的咒语打开的大门里干一番自己的事业。

汉口当时的大宗贸易是牛羊皮、兔皮、蛋品、桐油、芝麻、五倍子、烟叶、麻、豆油、蚕豌豆等类。随即，密斯汀开始在武汉经营出口贸易，将汉口的大宗货物运往德国，卖给美最时公司，获利致富。

后为扩大经营，密斯汀投资加入了德国美最时洋行，在汉口设分行经营，这是美最时公司在华开始经营商贸之始。

美最时洋行的总行设在德国柏林，在英、法、意等国也都有代理店。在中国设行后，又逐渐在上海、天津、青岛、广州、香港等地开设分行，归上海分总行管辖。

该行是一个合伙组织，总行或分行的经理（即大班）大都是股东，有代表全行的权力。上海总行以经营钢铁、五金、机械、颜料等进口为主，以收购药材和杂粮等山货出口为辅。每次出口原料，就有一式七份的通知单寄到各地分行（包括德国总行和美国分行），载明原料品种、数量、价格及出口日期等，作为非常保密的内部参考资料。

青岛分行原先经营葡萄酒、白兰地、威士忌和啤酒等进口；后来开设了"崂山啤酒厂"，利用山东崂山矿泉水生产各种汽水、橘子水、果子露和青岛啤酒等，销路很广。

天津分行则利用合伙的华人出面，到中国内地采办各种皮毛，如山羊毛、绵羊毛和虎、豹、狐皮等运销出口。

广州、香港分行，则以经营进出口货为主要业务。

汉口分行由于交通便利，为中部九省农特产品的集散地。德国人将汉口视为收购出口原料的最佳市场，以经营出口为主，进口为辅，并经营保险和经理轮船等业务，另外还设有电灯厂一所。

第一次世界大战爆发后，汉口美最时的德国人大都被召回国，所有财产委托荷兰总领事馆代管。《凡尔赛和约》签订后，德国卷土重来，仍托荷兰总领事馆向北京政府联系，先贿赂官僚，再由汉口美最时原任大班林达门串通美国商人投资，以公司属美国产业为理由，向当时"敌产管理处"申请，得以将财产赎还。据传说，当时赎还的这批财产价值有 300 万两之多。

此后，又将"汉口美最时洋行"改为"美最时中国合作公司"，恢复了原有的组织机构。仅仅过了 3 年，美最时又恢复到了原来的实力。

当时德、美两国之间矛盾甚深，争夺激烈。最终，德国人迫使美国人拆伙退股。至此，又把"美最时中国合作公司"的牌名恢复为"汉口美最时洋行"，继续营业。

自从美最时各级组织机构在中国设立后，总计从事经济活动的德国人连同家属在内达 100 余人，其中仅汉口美最时洋行的德国大小职员就有十几个。

第二次世界大战爆发后，汉口美最时洋行的德国人又大都被召回国，仅留少数人在汉口看管财产。日寇盘踞武汉末期的 1944 年，美国飞机不时飞到武汉上空扔炸弹，美最时的华籍职工住宅和该行的蛋厂、电灯厂以及各栈房均被炸毁，损失惨重。

当时德国柏林的美最时总行也被美机炸毁，消息传到上海，分总行的大班小考夫（德国总行经理考夫之子，系德国柏林大学经济学博士），因受到极度刺激而去世。

德、意、日三国投降，同盟国胜利后，汉口美最时洋行的 3 个大班，都被国民党政府遣送回国了，同时美最时洋行的财产也被国民政府没收了。

从此，这个在中国经营了大半个世纪的"美最时洋行"被彻底画上了句号。

汉口成了施展拳脚的巨大平台

让我们再回过头去看看汉口美最时洋行的规模和它的经营方法。

汉口美最时洋行是分行之一，于 1862 年开业，首任经理是由德国来汉经营出口贸易的密斯汀。此人对于中国商情颇为熟悉，很有经验。他就任首任经理后，在汉口建厂房，设仓库，开辟专用码头，逐步扩大了经营范围。

可以说，汉口是美最时洋行施展拳脚的一个巨大平台。

美最时汉口分行的组织非常庞大，主要有进口部、出口部、保险部、轮船部、电灯厂等。

进口部　汉口美最时洋行进口的商品是由其本国或其他欧美国家输入的。其品种有德国克虏伯厂的钢材、大小五金件、机械和皮革；蔡斯厂的各种光学材料；飞利浦厂的电料；爱礼司厂的各种颜料、染料、化工原料；拜耳药厂的各种药品、香料等。

特约经营的品种有三马牌毛绒线，照明用的手提灯、保险灯以及洋针等。此外，如瑞典火柴、纸张和英国的呢绒、布匹等，也都由买办向外推销。

中国各地的美最时分行均经营进口，其中以上海分行为最多，广州、香港分行次之，汉口排第三。

在进口业务方面，汉口美最时发展较为缓慢。因为进口营业额小，利润也小，因此每年收支不能平衡，甚至有时要亏本倒贴。汉口美最时洋行认为无利可图，且难与礼和等大洋行抗衡，遂于1925年起将进口部撤销，并将进口业务无条件转让给礼和洋行经营。

但在抗战期间，国民政府军政部向上海美最时分总行订购了德国克虏伯工厂制造的一批军火，通过贸易贷款的方式结算了。

美最时洋行当时还联络了礼和、开利、嘉利、福来德等德国洋行大量收购中国蛋品、矿砂、牛羊皮等。当时汉口各洋行大班听命之后，即开始在中国内地大量收购上述各类物品，把每批货的提单、码单、保险单和清单等不通过银行做押汇，而是交给汉口美最时径寄上海分总行汇总抬价，直接向国民政府以收购物品之款抵偿，所有货物由汉口装运出口。

军火进口是由德国轮船公司的海轮直接在镇海、广州两口岸交卸的。与此同时，国民政府军政部被服厂又向上海分总行订购了军毯20万条，每条英镑4先令，限期交货。

南京失守后，国民政府迁到武汉，上海分总行就把该项订货移转到汉口分行办理，到期交货，提供国民党军队之用。

当时和德国进行的军火交易既是中国政府的高级机密，德国对此也是讳莫如深。因为德国和正与中国交战的日本同是轴心国，一旦这笔交易泄露，肯定会有不小的麻烦。

实际上，直到中国和日本打得难解难分的时候，唯利是图的德国军火商仍然在向中国军队出售武器装备。孔祥熙去德国出访时，还曾受到希特勒和戈林的接见。

直到1939年德国突袭波兰，第二次世界大战正式开始后，这些生意才逐渐停止。

出口部 汉口美最时洋行经营的出口业务比礼和洋行大，每年要做到800万两的生意，其中每年的蛋品出口即达370万两。出口的品种有牛羊皮、蚕豌豆、芝麻、五倍子、茶叶、烟叶、桐油、皮油、漆油、豆油和蛋制品等，均由买办经手，向中国商人收购或直接出庄到内地各处收购而来。购进后经过加工整理，包装出口。

在出口部之下，还设有几个加工厂，分别为：

蛋厂　汉口美最时蛋厂是光绪十三年开办的，以德国人华而塔为主任兼技师，华人王纪财为老大（即头佬），工人有十余人。开始时规模不大，每日产量仅五六担。后来因为制蛋利润成倍增加，便逐渐扩充规模，产量激增，每日需要原料鲜蛋一二千件，这样一来必须扩大货源才能满足其需要。由此，即向武汉的中国蛋商整批进货，有时还需要预先订购。

美最时春季旺产时每天平均有 1200 件（鸡蛋每件 850 枚，鸭蛋每件650 枚，一件为 60 斤），秋冬 1000 余件，全年 40 万件之多。每担收购价为15 元上下。在正常情况下，以 30% 的利润计算，每年可得净利润 100 万元左右。

美最时与同和公司订有进货优先权（礼和次之，安利英又次之）。每当成批鲜蛋运到，即派专人先作外观鉴别，分析品质的好坏，好的则收，坏的不收，而后过磅进厂，依其品质制成各种蛋制品。

厂内置有风干机、蛋黄机等设备，每日产量达到四五吨。收购来的鲜蛋都要加工分类，将鸡蛋的蛋黄和蛋白分开。德国人是视质量为生命的，成品经过极严格的质量检查后，才能分别按照品质、规格进行包装，并在每一件产品的包装上印注"M"字样，表明为"美最时正牌货"。

一般售价每磅在 1 元上下。其中的"糖黄"销往英国，"飞黄"销往美国和加拿大，"飞白"销往法国，剩余的则运销至其他欧洲国家，在国外市场上均有很高的信誉。

此外，美最时还直接出庄派人向河南一带华商的蛋厂收购水蛋黄和干蛋白两种制成品，用木箱包装，以 250 斤为单位，平均价格在七八十元，全年约有 5000 担，称为副牌（河南货），装运到天津转海轮销往德国。

美最时历年以低价收购蛋品，掠夺高额利润。据传，美最时建一家新厂的建设费约 500 万元，但一年就能捞回成本。

芝麻厂　芝麻有黄、白两种，主产于河南的驻马店、漯河、明港、确山和湖北的襄樊、荆沙、沔阳、嘉鱼一带。销往英、日、美 3 国较多，德国次之。

在第一次世界大战前的一个时期，由于德国积极备战，则以输往德国为最多。汉口美最时由买办经手，向中国商人经营的杂粮号订购芝麻。在订约时，先付20%定金，交货时，再按8折付款。每年收购的芝麻数量约有20000吨，收价每担最高时可达18元，一般在10元上下。但是美最时每次收购进厂之前，须经华人职员薛洪儒先行看样认可，再过磅进厂，否则不收。

中国的杂粮商户如元丰、永昌元等，认为这个薛某从中留难，曾经提出要求换人，厂方当然不肯同意，因此一般商户都不愿意和美最时交易。同时由于美最时的6部风干机为当时的先进设备，每天可风净芝麻一百吨。一般商户把100斤芝麻（毛货）卖给美最时，经过该厂"先进"的风干机除去毛皮，只能得到净货80斤，而把同样100斤的芝麻卖给礼和或安利英两家去做，可以净得82斤，少受两斤损失，所以也都不肯与美最时打交道。

这样一来，美最时对外就无法收到芝麻了。经与买办王伯年商议，想出了由王某出资、美最时提供流动资金在汉口开设"慎记杂粮号"（以下简称"慎记"）的"换手抠痒痒"的馊主意。

议定"慎记"经营盈亏（包括每一百斤的两斤损失）与美最时无关，"慎记"只对美最时负提供芝麻之责。"慎记"开设后，即派专人到河南驻马店、漯河、确山、西平、周口等地设立分庄，大量收购芝麻。各地分庄每天都有信息汇报芝麻行市，美最时需要收购多少，就由买办王伯年指示各地分庄向产区收购多少。货款用汇票方式向汉口"慎记"收清，如果有资金周转需要，则由美最时调拨。

美最时每年通过"慎记"向产区收购的芝麻约有20000吨。买办王伯年明知道他供给美最时的芝麻每百斤要受两斤的损失，但是如果不这样做，他做买办可赚的佣金也就赚不到手了，所以宁可在表面上把可赚的佣金不赚，以此来贴补其中的损失，而实际上自从"慎记"开始收购芝麻后，他就利用收购行市暗中提高一点价格。因为批量大，这比做买办赚的佣金要多得多。这是"明吃亏，暗便宜"的一种生意秘诀。

有一次，王伯年在河南一带以贱价5元一担收购芝麻约有3000吨。由于军阀混战，铁路运输中断，不能装运来汉，王伯年急得火上房。谁知否极泰来，不久芝麻竟然涨价到10元一担，王某就以多报货价和扣佣金的办法，从中大赚了 10 多万元。

第一次世界大战爆发时，汉口美最时芝麻厂中已经过加工风净包装好的芝麻有 4000 余吨，价值 60 多万元，此为德国油厂向美最时总行所订之货。但是由于欧战紧张，海路不通，德国轮船也断航了，不能及时运往德国，被延误了数年，以致芝麻受潮生虫。

到战争将近结束时，英国轮船通航了，汉口英商安利英洋行买办欧阳惠昌就与王伯年联系，把这 4000 余吨生虫的芝麻，以每担三四元的低价拍卖给英商安利英洋行，再雇用女工把芝麻中的虫拣出来，重新风净打包，装运上英国轮船运往欧美各国及日本分销。

尽管每担三四元远远低于原来的出售价格，但总算是没有损失殆尽，王伯年也算是松了一口气。

战争结束后，上海美最时总行的大班林达门去武汉，得知以前存储的芝麻已被低价拍卖，便要追究责任。王伯年私下塞给了林达门 10000 元钱，这才平息了事态，不了了之。

牛羊皮厂　汉口因地理位置适中，交通便利，由此出口的牛羊皮较其他任何口岸都多。

汉口经营牛羊皮的有山货行及皮号，前者向各地收集牛羊皮，将货运至汉口卖给皮号，再由皮号卖给洋行出口。牛皮以德国和意大利为两大主顾，而羊皮则运到英、美、法等国为多。

汉口美最时洋行收购的牛皮以黄牛皮为主，水牛皮为辅。黄牛皮每年达 3000 余担，每担价格为银子约 70 两；水牛皮 200 余担，每担价格银子 40 多两；羊皮 500 余担，每担 100 多两；兜皮 200 余担，每担 100 多两。

收购牛羊皮分为老牛羊皮、中牛羊皮和小牛羊皮 3 种，均系毛货，交易的规矩是先付八成或九成，经过将毛货做净（割去头、角、爪）再行过磅找尾。货品的选择和货价的评定，全由洋行操纵。待货进厂后，把净货牛羊皮分别制成为每张 2—6 磅、6—10 磅、10—15 磅、5—20 磅等不同的规格。其中以 15—20 磅的价格较高，运销美国。其余则运到德国制成各种皮革用品。例如美最时进口的名牌产品"纹皮"，就是用中国原料制成的。

美最时向中国运销商收购牛羊皮时，要求他们做到所谓的"三不合"，即品质不合不收、规格不合不收、货价不合不收，非常挑剔。例如对客户大批货物涌到求售时，则尽量压低收购价格，客户遇到"货到地头死"，不卖不行时，只得忍痛吃亏，低价抛出；货源不继，客户应交数量无法收齐时，也有中国客商被美最时逼得赔本倒贴，甚至破产的。

但在 1931 年，美最时与华商牛皮行订立抛盘合约，预购牛皮几千担时，却吃了一次亏。那次订约后，因货源稀少，价格由每担四五十元涨到六七十元。华商牛皮行无法支付给交付牛皮的散户如此高的价格，便不肯负担这样大的损失，联合不交货。美最时德国总行一再来电催交订货，多次交涉客户无果。

当时美最时的大班雪利福为人生活放浪，终日以跑马取乐，既无业务经验，又不肯钻研，弄得无法应付，此事只得暂时搁置。

与此同时，另有一家德商福来德洋行也与牛皮商订有同样的合约，到期时客户也是拒不交货。但是该行大班铁托司召集客户商议把前订之约取消，就照上涨价格收购，只要有货就收，越多越好。于是，客户都把所有牛皮卖给该行运往德国。

后来德国美最时总行获悉福来德在这次牛皮涨价中所收进的牛皮还是赚了很多钱，打来电报追究汉口分行大班雪利福的责任，给予了撤职的处分。

油厂 桐油质量较亚麻仁油为佳，中国开埠以后，美国首先采购了中国的桐油，随后英、法、德、日等国也都开始纷纷争购，桐油遂成为大宗出口物品。

桐油分红、白两种，红色专属内销，而白色则供出口。每年交易季节为 1 月至 8 月，由贩运商在产区收集后转售给外商洋行。

汉口美最时为了经营桐油出口，设有各种炼油、储油、检验等设备。其桐油的进货，主要由买办王伯年在汉阳开设"慎昌"油行经办。"慎昌"为八大油行之一，从事收购襄樊一带和四川下运的桐油，每年 500—1000 吨。同时"慎昌"又在荆州设庄收购皮油，每年 200—500 吨，漆油为 100—500 吨，豆油为 100—300 吨，转售于美最时装运出口。

此外，美最时还设有杂货栈、茶栈，大量收购蚕豌豆、五倍子、烟叶和茶叶等，每年均有大批输出。

"无缝也要插针"的业务

俗话说"见缝插针"，指的是做生意的人无孔不入的经营理念。然而美最时洋行却是"无缝也要插针"，只要有利可图，便不遗余力地钻营。除了上面提到的诸多行业，美最时还投资了保险和航运业。

保险部　汉口美最时撤销进口部后，即从事代理保险业务，认为这种业务比进口贸易获利更多，更能吸收中国的资金。最初，美最时仅代理英国望宝公司和荷兰的保险公司。

以上两公司在上海均设有总代理处。汉口的公司承保水火二险，只与上海联系，不与国外发生关系。至1936年，为了扩大业务，又开始代理德国汉堡勃里门保险公司。

该公司在上海也设有远东总代理，由德国人施纳德负责，其业务联系也与上述两公司相同。在代理保险业务方面，除了自己投保本行财产如房屋、仓库、设备、货物外，又承保其他公共财产，如德国波罗楼、万国医院等。本洋行出口物资的海洋险则与外国订有特约，不属代理保险范围之内。

从1936年开始代理汉堡勃里门保险公司后，美最时曾雇用了几个经纪人即所谓保险捐客，广为招揽生意。由于对保险业务缺乏经验和承保不慎，在1936年夏季承保汉口宝庆码头一带的房屋有近50户，保额约为5万元，不料一场大火，将这些房屋完全烧毁了。经三义公司评估，有的半赔，有的全赔，总计付出赔款近30000元。此后，公司汲取了这次的教训，不敢放手大做了。

当时一般的房屋保险，按照保险业公会的规定，每千元为10.50元，八折再对折收费，即每千元实收4.20元。但是由于同业竞争激烈，甚至暗中放盘，仅仅实收2.10元，还要扣除经纪人的佣金20%、代理人的佣金20%，保险公司实际收入每千元只有1.35元。每年收入的保费，还不足以抵付一次火险的赔偿，洋行便认为风险大、收费低，不宜多做。

因此，美最时在火险业务上并无多大的发展。但在水上保险方面，按照保费收取代理费20%的比例，每年仍可有2000英镑左右的收益。

轮船部 美最时洋行经营德国北德轮船公司在中国长江的航运业务，在汉口建有轮船专用码头和货栈，开辟有申汉与湘汉航线。

北德轮船公司为德国轮船业中的巨擘，拥有轮船 200 余艘，有定期的客船和不定期的货船行驶于世界各国。航行申汉线的轮船有美大、美顺、美利 3 艘，每艘载重为 1500 吨。由于这 3 艘轮船设备齐全、马力大，经营相当不错。

但跑湘汉线的船因客货不旺，营业不振，无利可图，于 1908 年停航，并将该航线的船卖给了华商某轮船公司。

美大、美顺、美利 3 条轮船于第一次世界大战时被中国政府没收，至此申汉线也停航了。

由欧洲到汉口之间的船只，则属于不定期的货船。每年春夏之交，4 月涨水期开始直接放船来汉口装卸货物，至冬季 11 月枯水时期停止。每年有七八只船由德国来汉，多寡视江水的深浅而定。

所载的进口货物为钢铁、五金、纸张、肥田粉、靛青、颜料等物，出口为牛皮、猪鬃、肠衣、桐油、五倍子、苎麻、蛋制品、蚕豆、芝麻、茶叶、矿砂、纯锑等。前往的港口为埃及的塞得港、意大利的热那亚、法国的马赛和勒哈佛、比利时的安特卫普、荷兰的鹿特丹和德国的汉堡、不来梅等。

货船除装载上述停靠各港口的货物外，也装载由上述港口转口的货物。每次来船在汉口停留时间在 10 天左右，除美最时的全部出口货物外，其他德商如礼和、嘉利、福来德洋行等，也指定装自己国家的船，使利权不致外溢。

每次来船装载的货物，运费多的时候可达 6000 英镑，少的时候也有约 2000 英镑，总计每年可收运费 40000 多英镑。美最时代理佣金，对运往直接口岸的货物以 4% 计算，转口的则以 3% 计算。每年 11 月至翌年 1 月，因无直接船只来汉，为了使客户便于在汉结汇，只要他们将货物装上长江轮船，取得长江轮船的提货单，向代理外洋轮船的公司换取外洋提单，就可向银行结汇。美最时这样的业务，每年的水脚费收入约有 10000 英镑，佣金也是按 3% 计算，两项相加，美最时在轮船业务上每年收入的佣金为 20000 英镑。

此外，美最时还代理北德轮船公司在汉口三阳路口设置的仓库和货船，并向汉口市政府租用沿江码头以堆放货物及停靠船只，除自用外，还对外营业，以增加收入。卢作孚的民生轮船公司，也曾租用该公司的码头和趸船停靠来往船只。

当时，各洋行代理外洋轮船业务的有 10 余家，竞争甚为激烈。美最时表面上是按照公会规定的水脚章程收取运费，暗地却按照所收运费金额以 10% 退回客户作佣金，分别于 6 月底、12 月底两次付还客户。美最时对客户极为迁就，只要客户开口，是有求必应的。

例如客户对国外订约的货物应于 4 月装船交货，但客户恰恰到期无货可装，而 5 月则有货可装，于是就会向轮船公司倒填提单的日期，比如说 5 月 1 日装的货，可以出 4 月 30 日的提单。

银行对提单是根据信用状的规定，一般要求无疵提单。如客户在装货完毕取回的装货单上批注有"破烂""雨湿"等情况，轮船公司就根据装货单上所批注字样给以加注。这样的提单，银行是不接受的。但是只要客户自己出具一张保单说明"如有意外发生，概归客户自理"，也能向美最时取得无疵提单。

此外，美最时还对新客户倒贴，如驳船费、小工力资等费用；对老主顾则贴佣金，甚至巧立名目来迎合客户的心理。总之，美最时在业务竞争上的手段是花样百出的，使其他洋行无法与之匹敌。

美最时为了发展轮船业务，曾于 1926 年租了两艘挪威船，一艘名为"莱克"，一艘名为"利文斯顿"，行驶在长江航线上。这两艘船除了装载本洋行以及其他德商的出口货物之外，也承运华商的货物，以杂粮为大宗，如黄豆、小麦等。

当时行驶在长江上的船只，有太古、怡和、日清、三北、宁绍等 6 家公司所有，组织有工会，称为正规公司；对美最时这类非会员的船只称为"野鸡公司"。因此美最时对外兜揽货物极为不易，水脚必须低于那 6 家公司，才会有货物可装，否则只能放空。

那 6 家公司为抵制竞争，遇到有美最时船开驶之时，就指派一艘船与美最时的船竞争，水脚照美最时的定价收取，甚至低于它的定价。于是美最时就在提单上不写明费率及水脚数字，只写明"按协定办理"字样，使那6家公司无从查考。但是日本的日清公司看到美最时这样做有利于水脚收入，竟与美最时商订密约，即分装美最时船的货物并暗中给它5%的佣金，以现金支付，使其余的5家公司无计可施。

美最时除代理北德轮船公司的欧洲航线之外，在1935年以后，又代理了一家挪威的"密斯克公司"的船，行驶于美国的口岸，但不来汉口。凡是在上海装货的客户，只要将货物装上长江轮船或者铁驳，所取得的提单，就可向美最时换取外洋提单。

所装的货物以散舱桐油为大宗，每次二三百吨不等，每年水脚收入不到1000美元，代理佣金为5%。后来由于竞争激烈，矛盾重重，美最时认为难与其他6家公司抗衡，因而知难而退。不到两年，就将长江航线停航了。

电灯厂 汉口开埠后，最先开放的是英租界，继而有德租界、俄租界和法租界，到最后有日租界。

英租界开办有汉口电灯厂供电。俄法两租界的用电，也由汉口电灯厂供应。日本租界办有民用电灯厂。德国租界则由美最时出银三四万两，开设电灯厂供电。厂址在德租界二码头，占地五六亩，名称为汉口美最时电灯厂，以德国人英格尔为主任工程师，华人高某为师傅，职工有20余人。

电灯厂中安装发电机两部，各有500马力，电流性质为直流，电压为110伏，每月发电量为7500千瓦。德租界内的商号居民如需要照明用电，须先向业务部填写申请书，经调查后再给安装电表。电表押金每只收20元，并加收电表租金每月0.70元。用电每度收费0.18元，按月收取，不得拖欠。如3个月不付电费，就断电拆表。

除以押金抵偿电费外，不足之数，就由德国巡捕房勒令限期缴纳。3个月不交，即捕人交保，甚至有被拘留法办的事。被断电拆表的用户，如仍需用电，则不予供应。这样一来，就迫使用户不得不多方托人从中疏通贿赂，或者改名换姓以及请别人出面申请，才能再供电，一般用户莫不叫苦连天。

当时住在德租界一带的居民有四五百户，该厂每年收入的经理费用为数可观。在武汉沦陷期间，美最时将电厂的两部发电机卖给了日军，电厂就此停办了。

该厂于 1908 年开办，到第二次世界大战时为止，前后有 32 年。每年纯利收入约为 12 万元，32 年总计盈利 380 余万元。

千人赴宴的百桌酒席

汉口美最时洋行的历任买办，先为胡听潮（正）与胡芭水（副），后为李梅堂（正）与李尊一（副），最后为王伯年、王芸卿（正）与张竹如及陈志西（副）等。其中以王伯年任职较久，前后达 30 余年。

王伯年为人圆滑善变，心机多，手腕狠，深得德国人信任。第一次世界大战时，美最时的德国人大都被召回国，全部财产在表面上虽托荷兰总领事馆代管，而实际上都是交给王伯年经管的。王即利用经管该行的芝麻厂，一度将之改为"慎记"堆栈，由王出面经营，代客加工风净芝麻和蚕豆、豌豆等业务。据估计，一年收取的加工费用即达 15 万元之多。第一次世界大战结束，德国重来汉口，仍以王伯年续任买办。

有一次，洋行大班林达门嘱咐王伯年出面在汉口怡园酒楼包酒席 100 桌，发请帖邀请洋行的往来客户千余人吃酒看戏，联络感情。由此足见美最时洋行的实力，也说明王伯年在汉口商界兜得转，吃得开。

作为买办，王伯年虽然借机中饱私囊，发了横财，但对德国主子来说，也还算是忠心耿耿。他去世的时候，德国人甚为惋惜，并嘱咐美最时洋行的行旗降半旗，以志哀悼。

王伯年死后，由其子王芸卿继任买办之职。王芸卿是个公子哥儿，完全依靠蛋厂的管事徐继才搞业务。王伯年死后，买办的席位本应轮到徐继才和管厂主管二人中的一人。这二人都是王伯年的亲信，是由王一手提拔起来的。但二雄相争，必有一伤，故二人干脆退出竞争，力保王芸卿继任买办，也算是报答王伯年提携之恩。

在职务上，徐继才是"上街"，实际上大权独揽。美最时最大的业务是蛋品出口。当时有一家中国的同和公司，大肆拉拢徐继才，每月送车马费，年底分给红利，为的就是和他做成这些大生意。徐继才见有利可图，就在王芸卿面前摆父辈的老资格，要王芸卿不要再出庄收蛋，而是专与同和公司建立生意关系。

待遇悬殊的中外职员

汉口美最时洋行华籍职工有 20 余人，工龄长的有几十年，短的也有十余年，工资待遇与德国人根本无法相比。德国经理每月薪水高至 1000 元，工作过 3 年就可入股美最时。一般德籍职员的薪金也在五六百元，每年递增，并有年终奖金和分红。

而华籍职工每月工资最高者仅为 150 元左右，一般的仅有 50 元上下，也没有奖金分红，只是年终每人发给一个月的双薪表示照顾。美最时在汉口购买了数栋职工住宅，宽敞奢华的多为德国人居住，狭小的则分给华籍职工。

洋行的工作时间虽然以每天 8 小时为原则，但华人经常加班加点，休息与休假及福利待遇都不能与德人相比。华籍职工尽管受歧视，但和其他行业的中国人相比，在洋行做事已经是高人一等了，所以限于生计，也都敢怒不敢言。

美最时对各厂的工人更加刻薄。工人分长短工，长工系长年雇用，短工系临时招聘。短工中有男女工之分，总计 50 人左右。男工每天的工资 6 角，女工仅 3 角，每星期凭折子发工资一次。女工在放工时，还要受到一次搜身的侮辱。如果违抗，即遭解雇。

在伤病津贴方面，长工照发工资和医药费，短工则仅给少数的医药费，不给工资。但工人仅在因公受伤时才有医药费及津贴，平常患病则一概置之不理。残废津贴或死亡抚恤，则无具体规定。

德籍职员与华籍职工之间不仅待遇悬殊，在日常交往方面，德国人也是仗势欺人，傲慢无礼。

美最时轮船部有个德国人叫爱林的，对人态度非常粗暴。有一次因为轮船结关时间已过，他叫负责报关的华籍职工前去结关。华籍职工回答说时间过了，去也无用。他就破口大骂"你这个畜生！"，并拿起茶杯朝这个职工砸过去。又如各个轮船上的华籍厨工每月都要调换，原因是爱林说他们揩的油水太多了。他发脾气动手打人是家常便饭。

爱林每月的收入已经相当高了，但因为花天酒地，仍然不够用。缺钱就向买办伸手借，如果不答应，就不许买办私带客货上船。买办往往为了贪图小利，只得应付他。当然，他借的钱是从来不还的。有一次，某华籍职员与朋友在宿舍里聊天，过了就寝的时间，被他看到了，就用一面盆冷水倒在职工头上。

汉口美最时洋行用人的总原则是要能"起作用"，都是雇用会交际、对市场熟、做生意有经验的人，对德国大班要听话、不犯行规等。如果会做事但不听话，或者听话而起的作用不大，则有随时被解雇的可能。

一般的华籍职工即使工作到年老也没有退休的优待办法，老年生活都无法保障。工人的生活更为困苦，日工资仅够一天的伙食费。一到夏季休工，则分文不发。

1927年4月，由蛋厂工人发动了为改善当时不合理的待遇，向行方要求增加工资的工潮。洋行拒绝了工人的正当要求，还威胁说："有工做，有饭吃，就不错了，不然你们可以回家去。"由此激起了工人的愤怒。接着，美最时的码头工人也为了要改善生活而响应了蛋厂工人的要求，与洋行进行谈判。

谈判破裂后，双方工人联合举行了为期3天的罢工。后来洋行看到形势不利，才逐步软化态度，答应蛋厂男女短工日工资各加2角，长工每月加5元；同时，对码头工人也相应地增加了工资，暂时满足了工人的要求。这次罢工的斗争，算是以胜利而告结束。

第六章

步步为营的美孚洋行买办

　　石油是亿万年前微生物的遗体埋藏于地下，受到地热和压力的影响，历经漫长的年代之后产生的。因此，它并不是某一个人的发明，不存在所谓的"发明者"。古代人偶然得到这种物质，并开始了使用。

　　据记载，古希腊时期人们就已经使用石油产品了，当时人们称为"石脑油"。

　　1859年8月27日，在美国宾夕法尼亚州靠近泰特斯维尔城，一个名叫埃德温·德雷克的工程师钻的一口找油井涌出了油流。美国乃至国际上都把这件事看作世界石油工业的开端。

　　在不到两年的时间里，美国用于开采石油的大型油田就已经增加到了340个。1870年，美国商人洛克菲勒创立了美孚石油公司。它是第一家专门经营石油的大型企业，并一举发展成为世界最大的跨国石油公司。

　　自此，石油作为人类社会的一种最主要的能源登上了历史舞台。

　　19世纪末，让石油进入中国市场的就是这家大名鼎鼎的美孚公司。

　　石油进入中国，就像在很大程度上改变了人类生活模式一样，它也改变了中国。

　　美孚公司总行设在美国纽约，号称煤油大王的洛克菲勒即该行的董事长。它的分支机构遍布全球。

"无缝隙覆盖"的石油销售网

美孚的中国总行当时设在上海广东路，直属纽约总行的远东部。总行之下，辖东北、华北、华中、华南4个分行。东北分行设在辽宁，华北分行设在天津，华中分行设在汉口，华南分行设在广州。

"九一八"后东北被日本侵占，东北分行就被撤销了。郑州以北广大地区隶属天津分行，九江以下各大城镇划归上海总行直接管辖，湖南衡阳以南划归广州分行。黄河以南，南岭以北，九江以西至四川广大地区，均属汉口分行经营范围。

汉口分行由上海总行指定外国人负责，称为大班。先后任大班的有贺金斯（该大班后调任上海总行任总经理）、杜古德、杜伦斯、索斯等人。分行内部设有营业、机油、运输、账务、统计5个部。其中营业部亦称煤油部，运输部称船头部，各部负责人均为外国人（后也有华人充任的），称为主任。各部职工大都是中国人，一般通称写字，职位较高的则称大写。

另外，分行还在汉口丹水池建了一个大型油栈，湖南的城陵矶和四川的万县各设立了一个转口油栈，分别转运湖南和四川的煤油。油栈的业务还包括制造机器、木器、油灯、油汀、油箱等。

分行为了开展业务，扩大销售面，还在沙市、宜昌、重庆、长沙、常德、津市、老河口等处，设立了7个小型分行。在汉口市区内，分布了正大、美大、裕康3户经销店和正大分销店，亦由汉口分行直接管理。

各小型分行由汉口分行委派经理，划定一定的经营区域，并在各辖区内的大中城镇，设立了若干经销店。

经销店的负责人，在抗战前统称经理，抗战胜利后改称经纪人。无论大中小型经销店，均分别按区域隶属于各小型分行，并接受汉口分行的双重领导。

至于根据经销店的需要，伸展到农村集镇而设立的分店或三等经销店，则更是不计其数，形成了一个极为细密的经销网络。

汉口美孚分行只经营对中国的进口业务。主要商品为煤油，先后有美孚、虎牌、鹰牌3种商标，并出售部分汽油、机油、滑润油、飞机用油、柴

当代的美孚石油公司总部

油、蜡烛、白蜡、凡士林，以及煤油灯、凉气灯、草帽灯、罩子灯等。

油的来源，部分从美国运出，部分从中东各国调拨。油的价格由纽约总行根据各地总行汇报行情，并结合销售情况统一规定，各地总行和分行都没有直接定价的权力。

美孚公司的大型油轮有美川、美滩、美峡、美泸等，航行于小河和应付各滩干水浅的支流的船有美云、美鹰和拖轮美1号至6号。而且每年还与中国的杨裕太船行订立合同，由该船行供应帆船若干只，装载散油或油柜，径直运往各经销店以应急需。

沿铁路线的油池，美孚行还筑有专用的铁路支路，便利油罐车装载散油，直达油池旁边，通过油管输进输出。

因大量煤油输入，逐渐改变了中国广大农村使用植物油照明的习惯。广大农民逐渐抛弃了豆油灯、棉油灯，而改用既经济、亮度又高的"洋油灯"。这样一来，自然使中国农村的油料作物如芝麻、黄豆，以及各种植物油显得过剩，也为这些油料作物创造了更多上市交易的条件，更是大大便利了美商对中国农村土特产品的收购。

1934年前后，美孚行曾经将汉口丹水池1500吨的油柜和万县油池租给美商施美公司储存桐油。与此同时，还与施美公司签订了合同，施美的油轮回程空舱时，以低于市面1/3的运费，在万县装运专替施美公司收购桐油的买办商行义端行的桐油。

步步为营的美孚洋行

美孚洋行在中国经营方式的演变过程，大致可以分为以下几个阶段：

试销阶段 这一阶段自1890年前后起，至1911年止。这时美孚还没有在汉口设立分行直接推销，而是邀请中国的商店和外国的商行代为效劳。当煤油最初进入汉口市场时，由汉口的叶澄衷经营的顺记广货店独家经销。

当时，煤油由上海总行直接运到武汉，顺记就根据自己的销售能力造出计划，交给美孚总行。美孚总行即按计划发货给顺记广货店，并于每月结算时，按照实销金额的 2%—3% 给予佣金。

由于那时中国城乡使用的煤油照明用具还极为简陋。一般都是制成一个白铁圆盒，盒中灌油，盒盖上留一个圆孔，伸出一个圆管（后来有人加成四个管子，称为满堂红），管内放入一束灯草或棉芯，利用灯芯燃烧发光照明。但时间用久了，灯芯就会碳化，灯光就会逐渐暗淡，这时就要把灯芯拉出来一些，才能让灯光复明。

这种照明灯具，老百姓已经使用了许多年，虽然亮度不够，也不安全，但习惯使然，很少有人会想到更换另一种方式照明。而且，老百姓一到天黑，把晚饭吃了以后，除了家里有读书人，也很少点灯熬油了，因而外国煤油一时无法普及。

顺记对这种局面一时也是束手无策。

这时候，一个叫丁慎安的人想出了一个推销煤油的法子。他建议，为什么不给那些买煤油的顾客送上一盏新式的煤油灯呢？这样做看起来是暂时吃了亏，但是顾客用了新式的煤油灯，知道了这种灯的好处，以后不是会经常来买我们的煤油吗？再说，奉送的灯钱，在以后大量推销煤油的时候可以成倍地赚回来。

美孚洋行觉得这是个不错的主意，于是运来了大批煤油照明用具，有凉气灯、草帽灯、罩子灯等，在卖煤油的时候一并赠送，便利消费者的使用。

果不其然，没有多久，这种"洋油灯"就在中国大行其道。老式的灯盏逐渐被淘汰了。

1885 年前后，美孚洋行在销售原有的美孚老牌煤油之外，又新增了"虎牌"和"鹰牌"两种商标的煤油。这时，它更是迫切地需要开拓更大的市场，于是就把顺记一脚踢开，转而委托在汉口的德商咪吔洋行代为经办。

咪吔洋行同时也采取了一些新的措施：

一是利用张贴或油漆广告，或赠送煤油商标彩画进行广泛宣传。

二是物色可靠的经销店，规定一定的经营区域，让其独家经销（如汉口市区的美大油店，外埠的樊城、老河口，外省的许昌、郑州等处都有经销店），按照经销店预计的销售地址先行落账，随即以当时的行价作为预定期货，不收押金。

三是在出货时如果遇到油价上涨，经销者可以按原来的价格付款提货。如果遇到行情下跌，就按跌价计算，甚至对未销出的存货其跌价部分也由咪吔洋行负责，不让经销者受损失。

四是每月根据各经销店的实销金额，结合不同地区和不同的销量，分别给予2%—5%的手续费。

这种稳赚不赔的交易，当然会让中国商人大感兴趣，争取经销的经销店日益增多，因而美孚在中国内地的销路，也就日渐开拓了。

从开业到1937年抗战开始，是美孚煤油在中国销售的黄金时期。美孚先是通过中国商人的顺记打开销路，接着又通过德商咪吔洋行占据了中国内地的几乎整个市场。

咪吔的一套办法，让美孚大赚其钱，但它并没有就此满足。业务虽有进展，而成效并不显著。约一年后，美孚把曾在行里充任过写字的美国人南宁升作大班。在南宁主持下，采取了其他欧美各国在中国商行所惯用的买办制度，雇用了中国人丁慎安担任买办，将所有的商品以佣金方式，统归丁慎安负责包销。

买办棋高一筹

丁慎安为了扩大推销，增加收入，把美孚洋行的煤油全部承包之后，就在原咪吔推销方式的基础上加以改良。

他以买办机构作为总经销机构，取名"正大"。一方面在汉口集家嘴、武昌汉阳门、汉阳双街设立了3处正大煤油店，分别以自己亲信丁梅庭、邹辉庭、蒋经年3人担任经理，扩大在市区内的销售网；另一方面保留外埠原有的经销店，只是在名称上改为正大分店。为了避免同一名称相互混淆，又在"正大"二字的后面，加上各分店经理名字中的一个字。如安陆经理黄季荪开的分店的招牌，即为"正大荪"以资识别。

分店的一切开支均归正大负责，经理和业务人员按月支取工资（根据地区销量等不同情况，经理工资30—50元，一般业务人员10～20元不等），不负企业盈亏责任，但不许越界推销和兼营其他国家的煤油。这种制度使丁慎安获利不少。

1915年前后，美孚洋行总结了过去的经验，制定了一套新的销售办法，其特点是：

1. 沿用了咪吔铺网推销的办法，在长沙、重庆、常德、老河口等处，设立了7个小型分行，在经销店之下增加了经销分店，或三等经销店，把推销网铺得更广更密。经销店的经理必须具备下列3个条件：在地方有一定的势力，遇事能吃得开；为人比较正派，不扯烂污；有推销能力。

2. 在中国商人有利可图、乐于接受推销的情况下，实施经销店按每月销售的油量，比照油价预缴押金的办法。押金分现金（银元）和汉口房产契约或美孚股票两种，但以现金为主。美孚分行收到押金后，每月除按照全部押金总和折成煤油（每一万元约折合煤油1500箱）给予推销外，并给以年息5厘。如遇经销店推销能力强，美孚分行还可以在超出押金之外供应油量，以资鼓励。因此，一般大的经销店一年即可获得万余元的收益，中小经销店也有几千元的收益，形成了销售网上下皆大欢喜的局面。

3. 鉴于正大店原有的工资制度不能充分发挥经销店推销的积极性，便实行代销手续费，即煤油按实销金额九五扣佣，其他各种油类，按九八扣佣，不给工资。同时代销扣佣也非常灵活，如销路好销货多的店，扣的比例可以压抵，反之如销路没有打开，或者确有其他实际困难，扣的比例也可以适当放宽一些。总之让这些大大小小的经销店有利可图，安心推销，不致转营其他业务。

4. 无论经销店或经销分店、代销油点，凡是因为运输或其他原因，如因天灾人祸遭受意外损失，油没有售完，概归美孚分行全部负责。如因买方亏空倒闭，拖欠全部或部分价款，也可以书面报告美孚分行，由美孚分行通过美国领事与中国地方官府交涉。该经销店或分店享有勒令买方如数偿还，或变卖产业优先偿还的权力。

通过以上办法，可以看到，一方面，美孚洋行抓住了经销店推销美孚煤油有利润可赚，甚至将在美孚工作视为铁饭碗的心理，实际上是增加了对经销店的压榨，掠取了大量押金供自己的洋行周转。同时又利用美孚煤油上过保险，并在中国享有不平等条约赋予的特权的双重保障，以不让经销店和分店担负天灾人祸损失的办法，巩固了经销店和分店大力推销的信心。

另一方面，由于各经销店和分店乐于推销，想加盟美孚经销网络的经销店日益增多，因而油的销量也就与日俱增。据估计，当时东抵九江，北达郑州，西至重庆，南及衡阳，在这广大区域内分布的大中小型经销店曾达 35 户。年销油量约 27288000 加仑（约为 120000 吨），形成了美孚洋行在汉口销售煤油的鼎盛阶段。

但要说明的是，这个销售的惊人数字，因为当时的机动车甚少，所以仅仅是老百姓们点灯等日常消耗的煤油。

美孚的煤油由于卖得好，以致在一段时间内竟然脱销了。这一阶段是自中国 1937 年抗日战争爆发开始，至 1945 年抗日战争胜利时止。

淞沪战役爆发后，中国先后封锁了长江要塞江阴和马当，国内外轮船运输完全断绝。在这种情况下，美孚的油源只能依靠香港或广州分行，调拨部分通过粤汉铁路运往武汉，再给丹水池、城陵矶、万县等油栈原有存油进行接济，但货源时断时续。加上各经销店也害怕战争蔓延，危及生命财产，提出申请退押停止推销者也不在少数。因此煤油销量日减，形成了半脱销的状态。

1938 年武汉沦陷以后，美孚分行为了维持营业，采取了与日本亲善的办法。一方面通过日商丸善公司代为运输，赖以疏畅货源；另一方面又在东京雇用了一名日本人野田充当分行经手人，专门与日本军方联络有关业务事项。除了给这个日本人发工资以外，还按每月销出油量的总金额，给他提 2% 的佣金。这么做，就是想在日本人的庇护下扩大推销。美孚分行虽在人事上尽了很大的努力，但油的销售仍难维持。

1941 年太平洋战争爆发后，美日两国由友邦变为敌国，汉口美孚分行只好听凭日本军方任意摆布。

先是日本人要美孚分行大班琼斯将账册交出，全部财产由日本人接收；继而宣布在洋行的中国职员停止上班，所有美籍行员一概驱逐，移交给圣教会禁锢；最后又将美籍行员送到上海集中。

至此，汉口美孚分行就由日本人取而代之了。美国的油源全部断绝，市面货源奇缺，演成油价步步上涨的混乱现象。

当时一些稍有存货的经销店，不仅要价高，而且不轻易出手，囤积居奇。当时油价每桶为 5 元，在同业成交中，会要到 7—8 元，至于黑市就要10 余元。因此，部分经销店反而在这时的煤油交易上获得了暴利。

但随着中国形势的变化，美孚的煤油又经历了一个压销的阶段。这一阶段是自 1945 年至 1949 年。

1945 年 8 月日本宣布无条件投降后，工商业者纷纷返回武汉复业，美孚分行也在美货大量倾销的浪潮中卷土重来，把原汉口分行改称汉口美孚公司，并在很短的时间内，就恢复了原有的内外机构，着手开展业务。

首先，恢复了华籍员工的工作。其次，因为太平洋战事爆发以后业务陷于停顿，分行与经销店有好几年的脱节，除积极清理过去的交易手续外，并通知原经销店的经理，根据当时法币折合银元的牌价计算，强迫收回押金，一律以现金交易；如不前往办理退押手续，即以停止供油相威胁。同时还将原经理人改为行纪人，货物成交后，遇有天灾人祸概归行纪人负责，与公司无关。

但随着国民政府的军队在各个战场上的节节失利，美孚分行的推销范围也日益缩小，不得不压缩销量。

新中国成立后，美孚公司不甘心退出中国市场，在 1950 年秋季以前，仍企图卷土重来。直到 1950 年秋后，看到中国革命政权日益巩固，国民经济亦迅速恢复发展，攫取超额利润的时代已经一去不复返，这才决定遣散所有的华籍职工，撤销了机构。

华籍职工的境遇

美孚公司鼎盛时期，雇用的华籍员工在 200 人左右。它要求职员必须有一定的文化水平，并懂一些英文，能够忠于职守，按照大班和各部主任的要求办事。在 1930 年以前，每雇用一个较重要的职员，还需要找一个殷实的铺保，要缴纳 500 元的保证金。

1930 年以后，上海银行开办了对机关企业工作人员发生意外的损失保险后，所有重要职员才由公司统一投入保险，把原有的保证金取消。

在美孚洋行，中外职工待遇的差别非常悬殊。外籍职工工资高，而且按美金计算，华籍职工工资低，而且以银元计算；外国人工作 3 年以上，就能够获得为期半年的探亲假，往返美国的旅费概由公司负担，但华人职员没有这种待遇；外国人每年放春假两个星期，华人只有一个星期；外国人因病住院的医药手术等费用，均由公司支付，而华人职员除医药费外，均须自理；外国人眷属使用的家具器皿，概由公司供给，华人眷属则不能享受；外国人出差，可以在旅差费以外，报销所有其他的费用，华人则仅是每人每天给差旅费 1.2 元，没有特殊情况，不得超额报销。

美孚洋行雇用的职工，进入公司的第一年月薪 40—80 元，每超过一年，即根据大班和各部主任平日对工作人员的考核调高一次。但没有固定标准，而是由大班和主任根据考核的情况，以原工资的 10%—20% 增加。工人则是日工资 1—3 元不等。因此，每位职工在公司干得愈长，就愈能得到公司信任，工资就拿得愈多。但如果得不到大班和主任的信任，就有随时被开除的可能。

第七章

聚福洋行和强华公司的巨贾买办

靠"天字号"起家的盐商

清末民初的洋行大多集中在天津、上海、广州、武汉等地，内地四川的洋行为数甚少。而聚福洋行的起家、发展，由兴至衰的过程，则演绎了当年重庆这段跌宕起伏的传奇。

聚福洋行的黄氏传人黄瑾莹将这个曾经依附于法国洋行的家族企业一直支撑到了中华人民共和国成立初期。

黄瑾莹的父亲黄锡滋是个旧式商人，他继承黄瑾莹祖父黄慧轩与外祖父杨文光在聚兴仁商号（即聚兴诚银行的前身）分伙后所得的30000余两银子，连同祖辈的遗产共有资金10多万两银子，于1911年开始单独开设"天字"商号，经营盐、糖、油、疋头、棉纱、山货、钱庄等。

黄锡滋为扩充业务，将"天字号"分设了母号与子号八九个。他把较多的资金投放在母号天锡生，把其余的资金分别投入天锡硕、天锡公、天锡永、天厚祥、福兴玉等子号，并为使商业资本逐渐转向工业资本而谋取更多的利润，抽出部分资金投入天福、天诚丝厂等工业企业。

在积累资金方面来说，以经营食盐为主的天锡生和福兴玉，极盛时期就曾赚得银元40万元，所获的利润超过原投资总额的三倍以上。

但黄锡滋却不是个十分精通商业的人，实际上是一个"跷脚老板"。从13岁起就抽上了鸦片烟，他的找钱方法主要是利用封建关系拉亲戚、"打亲家"等来笼络人，想让他们好好地为他效忠找钱。每天夜里，这些人就来向他报告生意情况，他则在烟榻上给他们指点方法。

他不去结交官宦，更怕同军阀发生关系。他的生财之道，主要是把力量摆在亲戚朋友的关系上面，竭力培养一批"手统在袖子里"的角色，企图打进商会，利用商会力量，在他的头上少摊派捐税，便于获取更多的利润。

他曾用了很大的力量，支持对自己忠实的"伙友"如李奎安、曾禹钦、李鑫五等当上商会的副会长。又选择可靠的伙友如陈丽生、李泽敷、李鑫五、杨伟臣、林寿山等分别担任"天字号"的掌柜，为他建立一个商业经营体系。

但是，在当时四川军阀割据的混乱局面下，摊派在他头上的名目繁多的苛捐杂税并未得到减免。在钩心斗角、尔虞我诈的情况下，大量资金仍然被他认为忠实可靠的伙友们侵吞。

例如 1931 年母号天锡生的掌柜陈丽生，由于利用天字号的关系私自经营盐号和丝厂失败，最后由黄家负连带责任，赔偿了 54 万元，以致不得已而结束了该号的业务，甚至使陈、黄两门亲家不欢而散。

接着福兴玉盐号也发生了问题，黄家又赔出了 40 余万元而结束了业务。

黄家经营"天字号" 20 多年，其间虽然有盛有衰，但毕竟使绝大部分商号获得了厚利，积累了大量资金，这就为他们以后扩展其他业务打下了有力的基础。

由于封建保守的经营方式和它的局限性，天字商号的发展是有限的。黄锡滋为了实现自购、自运、自销，达到能赚取更多钱财的目的，在天字号经营的时期，开始把方向转到轮船和煤矿业务，这就是后来正式创立"聚福洋行"专营航运，以及创立保证供应轮船燃料的"三才生"煤矿。

及时"转舵"，开辟"黄金水道"

在黄锡滋经营天字号期间，四川军阀混战频繁，军匪纵横，交通梗阻。当时四川境内既无铁路，又少公路，水路方面轮船极少，主要靠木船运输。

天字号经营的商货多系棉纱、疋头以及油、盐、糖、山货等。货物运进运出装载起卸困难，木船运输风险又很大。

黄锡滋为了操纵市场、战胜同业和运输上的稳妥安全，决定自购、自运、自销；同时又可以在市场疲滞时多装运别人的货，快销时抢运自己的货。他便邀约亲友童继达、李择敷和天字号各家掌柜以及旧商会的一些老相识赵资生、曾禹钦、温友松、古绥之、汪云松、李奎安等，筹集资本银30万两，于1920年冬季创立了"福记航业部"，以天锡公掌柜李泽敷担任经理，首先购买了"嘉定"旧轮一艘，行驶在叙（宜宾）泸（泸县）航线上。

而他最初的打算，只不过是为了便利天字号各家商号的货物运输，而不是开拓、发展川江的航运业。不久后，为了在川江下游载货运输，又卖了"嘉定"轮，陆续添购了福源、福来、福同大小3艘轮船行驶在渝宜航线上。从此，福记航业部的航运业务开始初具规模。

经过1920年、1921年两年的经营，总计获利31.6万余两。当时的川江航运业十分红火，曾被称为是黄金水道，经营者获利甚厚。

但那时经营川江航运也是困难重重。四川军阀割据，重庆是四川唯一的大商埠，是军阀争夺的重要码头。货进来要收钱，货出去也要收钱，而且还经常抓船拉差。

黄锡滋为了抗衡这种恶势力，保障福记航业部的生存，只得把命运寄托在外国人身上。于是通过重庆海关帮办、天主教徒童继达与法国人接近的关系，与法商永兴洋行的经理罗德和大班协商，在轮船上悬挂法国旗。

协商的条件是每年送给法方"挂旗费"银子30000两，按月支付2500两。自此以后，黄家的轮船俨然成了在川江上航行的一艘"法国商船"。同时，他们还与法国人合伙，成立"聚福洋行"。

虽然冠以"法商"二字作为对外的招牌，实际上法国人并不参加黄家航业部的经营管理，对于业务的盈亏也不加过问，每月只是干拿"挂旗费"进而"保护"这家中国公司。

从此，原来的"福记航业部"只是作为对内的名称，而"法商聚福洋行"就成为对外的招牌了。

拉大旗作虎皮

他们的航运业务虽然得到了洋人的庇护，毕竟还是"好事多磨，好景不长"。1927年，四川境内的军阀混战不已，轮船随时要被拉官差。而且，他们的轮船经过几年的航运，机器设备已经逐渐老化损坏，于是就把福源、福同、福来3艘航轮驶往上海修理，兼避兵差（后来，福来轮发生海事沉没，只剩福源、福同两轮了）。

不料，轮船在上海停修期间，法国政府竟然提出永兴洋行与黄家经营的聚福洋行不符合法商对外投资的规章，必须根据当时国民政府与法国政府签订的"中法商约"的规定，应有法商1/3的股份才算"合法"组织，才准许立案注册，才能得到法方的"保护"，否则不能悬挂法国旗，并将扣留轮船不予放行。

聚福洋行别墅现为重庆区级文物保护单位

在迫不得已的情势下，为了顾全生存，只得接受法方提出的办法，为所谓符合"中法商约"改组聚福洋行，改为法方投资1/3股本的"中法合资"公司的组织形式。经过磋商，订立了公司章程，法商代表人也由永兴洋行改为吉利洋行，并以沙礼出任法方经理。

而法方却另有企图，不愿以现金入股，仅将法国人在重庆和汉口的不动产地皮、房屋等作为投资1/3的股本。正式向法国外交部立案注册后，黄家对外就以"中法合资"的"法商"聚福洋行的名义进行经营了。

但是，他们双方还有私下缔结的一纸内部"合同"，实际上那是一张不可告人的经营"密约"。

这张"密约"是以黄锡滋、李泽敷、童继达出面与法方吉利洋行总经理安勃罗和沙礼于1921年11月26日所签订的（以后每隔二三年又续订一次，直到1942年结束聚福洋行为止）。

"密约"的主要内容是双方承认法方以地皮、房屋作为投资1/3的股额

（假定资本总额 21 万两，吉利洋行占 7 万两，沙礼占 5000 两），但这都是虚股，黄家不得享受法方地皮、房屋所有权的变卖、抵押以及其他处理的权利，法方也不得享受股份的赢利分配的权利，而且不负业务上亏损的责任。实际履行的唯一条款，只是由黄家每年付给吉利洋行挂旗费银子 3 万两，按月支付 2500 两。这种"密约"显然与所谓中法合资公司的组织章程大有抵触，否认了公司章程的内容。

法方凭借这个"密约"，历年吸去的雪花纹银就达 60 多万两。另外黄家还得支付沙礼等私人生活上的开支，如云南漂烟、白兰地名酒以及其他生活费用等。不仅如此，后来他们还凭借这个"密约"，对黄家不断地刁难、榨取，并以这个密约作为日后企图霸占黄家的财产的依据。

黄家这种忍辱求利的做法曾经受到同业的鄙视、唾骂，嘲笑聚福洋行是"挂羊头卖狗肉"。

但黄锡滋却看到了经营川江航运业获利丰厚，前途大有可为。当福记航业部在 1928 年底结算，总计获利 31 万多两银子之后，他就开始策划独揽经营。曾于 1929 年 6 月，邀集原来的伙友进行"批簿子"手续（即撤伙签约），将绝大多数的股东一脚踢开，福记航业部就此解体。

而由黄家与李泽敷、童继达后来组成的"法商"聚福洋行，资本也增加到了 40 万两银子。除李、童投资 10 余万两外，80% 以上的资本为黄家所有，便仍选定李泽敷担任经理（1940 年改由黄瑾莹任经理），授权与法国人"合作"经营航运。

就这样，黄家在法国吉利洋行的庇护之下，过了十多年的好日子。

"法商"聚福洋行既是所谓"中法合资"的公司组织，表面形式上就不得不装扮得像样一些，才能掩人耳目。

法国人每个月拿了黄家的"挂旗费"，也势必要出面为他们撑一下场面。在这样的情况下，吉利洋行除派沙礼担任法方经理外，船长也是由法国人来担任，每艘船上还派了法国水兵五六个人担任护航队。

船上挂着法国的旗子，有法国兵护航，还在船上涂写了"法国商船不装士兵"的字样，而且不许中国乘客走上轮船的三楼。在匪患猖獗时，黄家的轮船得到这样的掩饰、庇护，得以在内河畅行无阻，甚至可以任意开辟航线，如把"福源"轮驶入未经开辟为通商口岸的泸县、叙州等地。

但这种做法却为外国商船侵入内河在中国开了先例。他们觉得虽然花了若干"挂旗费"，但换来了法国人对他们的"保护"，很是划算，使他们能够依靠外国"势力"享受若干特权，避开了军阀的压榨和宰割，并在与同业进行角逐时占了上风，抵制了他们的吞并企图，牟取了巨额利润。

当时聚福洋行处理内外事务的做法是：对外有法国人出面交涉，内部事务则由李泽敷全力经管。举凡对外发生较大的事件，就把法国领事搬出来应付，小事就由沙礼出面处理。而且他动辄就声言"要惹动外交"，恫吓与他们发生纠纷的对方。这在当时的确也吓唬了不少外界不明真相的人，不敢与聚福洋行硬碰以免惹是生非。所以，凡事只要"洋人"出马，就可烟消云散。哪怕是黄家内部的一些事情，一经他们出面，也能迎刃而解。

例如，当天锡生掌柜陈丽生投资的致和长商号亏折失败后，债权人为了清算业务要到聚福洋行查账，沙礼立即出面制止，并且威胁说："要查账就到法国领事馆去查！"居然把前来查账的债权人吓退。

李泽敷在经管的业务上，"圆滑机变，善于处理"，因而能为聚福洋行赚来很大的一笔资金。其实这些资金的积累，一方面是依附法国人，另一方面是剥削职工的剩余劳动。

聚福洋行共有船员、水手、职员近300人。船上的总领江、大领江等人不仅工资高、津贴多，而且李泽敷还给他们送烟、送酒、送钱，对他们收买分化。

聚福洋行在10多年的经营当中，资金积累的最高额曾达到500万元之巨。

从川江运自贡的食盐出川，过去一直是由木船装载转运宜昌、沙市（所谓楚岸运销）。他们为了贪图更多的运输业务，曾与当时的军阀官僚联系，破例将运出川的食盐交由福源轮装运。当即就引起了木船船户、船工的大为不满，认为"抢夺了他们的生意和饭碗"。因此，满载食盐的福源轮一次在南岸玄坛庙码头正待启航时，便被聚集起来的几百名木船船户、船工阻止，不许开航。随后，船户、船工上船捣毁轮船锅炉，杀死了三领江颜永林。

事件发生后，法国兵船立即开来"保护"，驱散聚集的船工和群众，后又护送福源轮开到上海修理。善后事宜则由法方向外交部提出交涉处理。

聚福洋行凭借这块"法商"招牌，在四川军阀混战的时代，的确减少了许多麻烦。10多年中，轮船从未被拉过兵差。在那个时期，有所谓营业税、直接税、二五税等名目繁多的苛捐杂税，但聚福洋行从建立到结束，从未纳过任何一项税捐，因而避免了军阀的压榨。但是，军阀并未放过他们，处处借故生事。

在何北衡任四川二十一军航务管理处处长时，有一次坚决要聚福洋行的轮船为川军运兵。

黄家的轮船上早已标明"法国商轮不装士兵"，可是在那个形势下不被拉兵差不太可能，而装运了军队，又有失法国人的体面，事成僵局，进退两难。

后来李泽敷想出了一个变通的办法。他命人在旧货街买了许多旧的蓝布衫，让川军士兵穿上，乔装为一般乘客上船，所带武器则交给法国人保管。一场风波这才算平息。

这种掩耳盗铃的办法，既顾全了双方的面子，同时也不伤外国商船的所谓"特殊"和"尊严"。

黄家经营聚福洋行的那段时期，航运业务的竞争是异常激烈的。在川江航运业的兴衰过程中，许多轮船公司都被当时资力雄厚的卢作孚的民生公司在统一川江航运的计划下吞并了。民生公司虽然也极力想吞并黄家的企业，但由于黄家资本雄厚，经营得法，自始至终与它抗衡，没有被它吞并，并且一直经营到后来改组为强华公司。这不能不说是由于他们投靠法国人的结果。

既要依靠法国人发财，就得拉拢和亲近他们。平时除了与沙礼相周旋，聚福公司还要巴结法国领事迈达。经常把他请到南岸玄坛庙黄家来小住，并将他的女人收为黄锡滋的"干女儿"。

由于黄家有法国人居住，在抗日战争时期，屋顶上就铺上了法国国旗，避免了敌机轰炸，并借此来保护黄家的财产。

至于法方经理沙礼以及船长罗尔礼等，只不过是为聚福洋行装点门面、摆摆架子的普通外国人。事实上，沙礼只是一个流落在重庆的法国无业游民，早先在重庆只会"嗨袍哥"、吸大烟。那个船长也是不学无术的人，对轮船技术知识全然不懂，完全是聋子的耳朵。

沙礼虽是经理，却常年在鸦片烟榻上吞云吐雾，只在每次轮船开航时，到船上晃一晃了事。像这样乌烟瘴气的内幕，多年来竟躲过了外界的耳目。同时，这一帮法国人也给黄家种下了无穷的后患。

玩弄法国老板于股掌

聚福洋行一帆风顺地经营到 1937 年，走上了"黄金时代"。他们买码头、添设备，兼以抗日战争初期，客运货运猛增，水脚运费提高，客观形势促成了聚福大发"国难财"。

当时他们的财产除不动产以外，现金已达 300 万元法币以上，可以说这是聚福洋行的极盛时期。

然而，"树大招风，财多累己"。外国势力想霸占，国民政府相刁难，官僚资本在垂涎。总之是内忧外患接踵而至，兼以抗战的形势每况愈下，业务不断遭受波折，从此，黄家开始陷入险象环生的境地。

抗日战争初期，聚福洋行的业务直线上升，引起法国人的垂涎，有了侵占聚福财产的企图。1939 年，巴黎吉利洋行总行派吕丹为代表，到中国来清理吉利洋行在华资产和业务经营情况的同时，曾到聚福洋行视察。他拿出吉利总行的授权书，把过去黄家所签订的合约装模作样地拿去检查，要李泽敷交出聚福洋行的账目和盈亏情况。随后，吕丹飞往越南河内去巡视那里的法国产业。

李泽敷认为吉利与聚福的关系十多年来都是按照"密约"履行的，双方从无异议，故置之不理。可是吕丹一再逼迫，而且通过法国领事再三书面通知李泽敷交出资产负债表，否则就要聚福洋行停业。形势如此，黄家不能不去河内与吕丹进行谈判。

几经磋商，他们将聚福的轮船估价为美金 10 万元，作为聚福的财产，编造了资产负债表，连同过去双方缔结的"密约"，派黄瑾莹、童遇春和王德郅携往河内交涉。

他们到了河内与吕丹进行谈判，并出示"密约"为据。不料吕丹竟矢口否认"密约"，而且说根据"中法合资"的公司组织章程，法方应该占有1/3强的股权。同时，又以法商代表人的身份，对他们提出的资产负债表一再挑剔。迫不得已，只得叫童遇春回渝请示，并另行编造资产负债表到河内，与吕丹继续交涉。

经过一个月的谈判，在双方十多年履行内部"密约"的具体事实下，吕丹自知狡赖不了，才不得不承认法商对聚福洋行过去实际并未投资。

可是法国人不死心，仍然想方设法要侵占黄家的权益，于是就根据黄家估算的10万元美金的资产，要求他们按国民政府"官价"外汇补交13万元，折合美金2.6万元，作为法方的股本。黄家也怕揭穿聚福洋行的西洋景，只好委曲求全接受法商的要求。

1940年以后，聚福洋行的处境已经十分困难。

当时的抗战形势急转直下。国民政府的军队节节溃败，日寇长驱直入。当黄家的代表从河内与吕丹谈判返回重庆时，汉口、宜昌已经相继沦陷了。

由于时局动荡，聚福洋行的业务一蹶不振。主要困难是航线日益萎缩，营业收入锐减。福源、福同两轮只行驶了两趟万县之后，就不得不停泊在白沙沱躲避敌机空袭。这时，又遇到国民政府航政局的胁迫，以正式公函致重庆海关，要求停止福源、福同两轮结关。

他们所持的理由，是福源、福同两轮只有法国驻渝领事签字结关的手册和船舶检查证书，而没有航政局核发的正式检查证书和外国轮船通行证书。还说黄家的轮船"对锅炉气压限制以及客位等均无规定，船上污浊不堪，乘客漫无限制，拥挤异常"等。

所以，饬令黄家必须依照"船舶法"的规定呈请检验认可，在未办妥各项手续之前，停止福源、福同两轮结关。不得已，黄家只得函请该局先准福源、福同轮船航行一次后，再行申请检查，备办手续。但未得到准许。他们的轮船就此停航，抛下"老锚"！

同时，国民政府外交部也饬令黄家必须呈请立案注册才准开航。事隔一个月，航政局又给他们送达了"哀的美敦书"，说聚福洋行的资本除少数系由法国人所投资外，大多数皆属中国人的资本。根据所谓"海商法"的规定，要黄家申请法国领事将福源、福同两轮改为中国轮船，将"法国聚福洋行"改为中国轮船公司。

这样一再逼迫，弄得黄家焦头烂额，只好仍把希望寄托在法国人的身上。但此时法国驻渝领事也因法国国际地位已渐低落，无力为他们出面应付解决。

他们只得致电驻香港的聚福董事长吕丹，请他出个主意。后来得到他的复电，决定在香港召开董事会共商办法。黄家的股东黄瑾莹、王德郅、徐寿寅、龚善白等代表出席了会议。经过协商讨论，提出了两项办法。一是法商退出聚福洋行，将股权转让给聚福，由他们自己组建中国轮船公司，善后事宜由中方处理；二是将聚福洋行改组为中国轮船公司，仍由法方投资 26000 元美金作为法方股本，以应付当时的环境。

但是吕丹见国际形势和中国国内时局不妙，深恐聚福"偷鸡不着反蚀一把米"，想要捞回他们的"本钱"，不让黄家得到一点好处。所以他不同意第二项办法，黄家只好忍气吞声地根据第一项办法执行。

协议既经达成，就由黄家先付给他们一部分股本 6000 元美金。

1941 年，当黄瑾莹参加了香港董事会回到重庆以后，聚福洋行的业务已经越来越困难。轮船长期停泊在白沙沱，公司开支照旧，却又无一点收入，维持现状深感不易。同时，国际形势越来越严峻。他们从外交特派员吴泽湘那里得到消息，法国已被纳粹德国占领。不久，还发生了珍珠港事变。从吉利洋行方面又传来消息，说聚福洋行的法商股权将移交给其他法国人接管。同时，国民政府方面的人也在与法国人相互勾结，企图在混乱局势中"接管"他们的轮船。另外，同业中的民生公司也正企图吞并聚福。

对聚福洋行来说，一时内外夹攻，雪上加霜，难于应付。

根据当时的情况，黄瑾莹认为，依靠外国人显然是不行了，必须另谋出路才能守住自己的财产。

因而他们就转向投靠官僚资本，积极准备独立组建他们自己的轮船公司，即后来的实业股份有限公司。经过短时间的策划，筹组中国人自己的强华公司的时机业已成熟，他们做好撵走法国人的一切安排和准备工作，终于在 1942 年 6 月 13 日向法国人"开火"。

　　当时，黄瑾莹根据聚福洋行香港董事会提出的第一项办法，一方面，利用国民政府粮食部长徐堪的权势，以即将成立的强华公司的总经理的身份，分别具文呈送国民政府外交部、交通部、航政局、公安局等有关机关备案；另一方面，于某夜 10 时，由童遇春领队，偕同轮船领江二人和水手、船员等前往白沙沱将福源、福同两轮的法国旗子扯下，换上了国民党的青天白日旗和强华公司的旗帜，立即将两轮升火开到南岸玄坛庙码头。

　　此时，东方甫露曙光，法国船长李安耐、韩安利等还都在吉利洋行里酣睡未醒。在他们得知风声起床赶到码头正待上船时，船上已由黄家串通了的警察驻守护卫，不准他们上船。同时，又把事先准备好的书面通知递交给了李安耐。

　　书面通知的内容大意是："本行福源、福同两轮及其他一切资产，根据 1941 年 9 月在香港召开的董事会议上法股转让与华籍股东的协议，现已改组为强华公司，业于本日移交竣事，并已函知法国驻渝领事暨吉利洋行。"

　　黄家采取的这种迅雷不及掩耳的措施，大出法国人的意外。李安耐这帮法国人对他们也无可奈何，只好俯首听命，最后黄家补给法商股本 2 万美金了事。

　　"法商"聚福洋行结束后，黄家即正式改组成立了"强华实业股份有限公司"。

位于重庆"黄家巷"的强华公司旧址

回光返照，曲终人散

　　强华实业股份有限公司的主要业务还是经营轮船航运，主要是投靠官僚资本。

　　由于国民政府粮食部长徐堪为首的官员为他们撑腰，所以很快就办妥了公司立案注册的批准手续。强华公司最初的资本暂定法币 500 万元（其中聚福洋行全部资产作价 400 万元，另外增加股票 100 万元），选任中央银行重庆分行经理杨晓波为董事长，黄瑾莹为总经理。董监会的董事和监察人选多数也是与他们有联系的官员。

这样，强华公司当时在官僚资本的掌握下，表面上就成了一个"强而有势"的公司组织形式。

在抗日战争期间，国民政府迁来重庆以后，经过亲友杨晓波的介绍，黄家得以首先认识了粮食部长徐堪。后来又先后结识了财政部长宋子文、外交特派员吴泽湘、后勤部长俞飞鹏、交通部长张嘉璈、招商局总经理徐学禹、中央银行副总裁陈行和业务局长郭锦坤等一伙官员。对这些人，除了送给住宅、馈赠金钱而外，还曾派专轮为他们运输私货，代做生意，赚钱归他们，蚀本属黄家。

此外，黄家还捐赠给国民党"伤兵之友社"10 万银元，结识了该会的总干事黄仁霖，得以觐见宋美龄。后来她颁发给黄家一个奖章。随后，又觐见过孔祥熙。

黄瑾莹曾和他的长兄黄明鬉（当时担任三才生煤矿协理，后任强华公司副总经理、总经理），在南岸大宝山上当面向徐堪表示"誓死效忠徐部长"，而徐堪也声言"要扶持一批四川人出来搞一番事业"。黄家曾向他行贿 15 万元法币，同时还将强华公司 1/5 的股本（干股法币 100 万元）赠送给徐堪以及他的亲友们。

自从依附官僚资本后，可以说是要钱有钱，要货有货，要生财设备就有生财设备。这主要是依靠了徐堪的势力、招商局的支持和中央银行的协调。有了这几方面的关系，强华公司的业务就无往而不利。

1945 年日本无条件投降，抗战胜利结束，长江畅通，客运货运应接不暇，强华公司同其他轮船公司一样，也曾出现过一段繁荣的景象。

那时，强华公司的流动资金并不充足，但由于徐堪的关系，曾得到大量运输粮食出川业务的便利，而且事先预借了巨额运费，使他们可以扩充自己公司的生财设备。凭着徐堪一封信，他们就顺利地向中央银行一次借到了 5 亿元法币，甚至还曾为中央银行运输过钞票。

黄家与国民政府招商局的总经理徐学禹也是相互利用的关系。徐学禹为黄家兜揽生意，利用预借的运费向招商局买进了几艘铁驳船，还租用了它的登陆艇。后来，招商局还把沙市、宜昌、万县、重庆的航运业务交由强华公司代理。由于与中央银行有关系，所以他们借款方便，提款迅速，当时同业中的民生公司也比不上他们。

抗战胜利后的那段时期，强华公司放手搞业务。在人事组织方面，万县、宜昌、汉口、上海分公司以及南京办事处相继恢复成立，职工由原来的 200 多人增加到了 780 多人。在扩充生产设备方面，陆续添置了华康、华泰、华硕等大轮（原来的福源、福同改名为华源、华同），和华渝、华宜两艘小火轮，还有一、二、三、四号铁驳，以及木驳、囤船数十只。上海等地分公司还买了小汽车 6 辆。

但强华公司的基础并没有那么好，要扩充业务，资金又有限，只能靠预借运费，利用贷款，赊入生财设备作为资金周转。强华公司所处的这种境地，正是官僚资本乘机侵入的好机会。官僚资本愿意贷款给他们，日后当然是要他们付出代价的。

譬如黄家在业务掣肘时，就给一些贷款。而实质上凭着一张转账借款支票就可以转拨为他们的投资，以大压小来吃掉黄家。徐堪为了直接控制强华公司，曾派他的亲信王孟范来担任总经理，操纵公司的大权。在压力下，黄瑾莹只得退居副总经理的职务。

在王孟范进入公司以后，尽量安插自己的人，尽量扩大场面，扩充机构，使机构臃肿，开支庞大，加之内部贪污腐化，公司又受恶性通货膨胀、物价飞涨和高利贷的影响，经济状况愈加严峻，业务上日益处于困难的境地。

仅仅几年光景，强华公司就已经处于风雨飘摇、朝不保夕的状态。

1952 年 5 月，黄瑾莹向新中国政府申请公私合营，得到政府批准。强华与合众、华中轮船公司合组成立了公私合营的川江轮船公司。

1956 年，全行业公私合营高潮以后，公私合营的川江轮船公司并入了长江航务局。

第八章

太古洋行的三代掌门人

"日不落帝国"在东方的左膀右臂

自 19 世纪末至 20 世纪 70 年代,莫氏家族的名字在香港商界如雷贯耳。

自莫仕扬于 1870 年出任香港太古洋行远东总行首任买办开始,至 20 世纪 30 年代香港太古总行取消买办制度为止,莫藻泉、莫干生、莫应桂等三代相继,担任香港太古总行的买办共 60 余年。直到 20 世纪 70 年代,莫氏家族侄孙辈在香港太古洋行服务的还有不少人。

太古洋行是英国著名财阀集团约翰·史维亚股份有限公司的所属企业之一,1867 年在上海设立太古洋行分行。1870 年,英商又在香港设立了太古洋行总行。

上海和香港的太古洋行成立初期,主要业务是代理蓝烟通公司的客、货运业务,并经营一些杂货生意,如从中国运出南北杂货,从英国输入洋货、布匹等。

蓝烟通轮船公司成立于 1866 年,初期只经营英国至远东的航运,其航线是从伦敦、欧洲、南洋至中国。这个公司在第二次世界大战爆发以前,已发展到拥有自建及租入的各种远洋轮船近百艘(绝大部分为自有,租入的只占几艘)。战后只剩下 41 艘,后来虽然又新建了一些,但数量仍未恢复到战前的水平。

这家公司最大的船吨位约为 11000 吨,但这种万吨级的船只所占比重不大，只有尤里西业号等两三艘，其余的都在5000—7000吨。5000吨级至7000吨级的船只各占一半左右。

这个公司经常来往于中国各口岸的船只通常保持在5艘左右，最少时也有3艘。据一些曾在蓝烟通公司工作过的老职工回忆，

清末天津海河上的外轮

新中国成立前，蓝烟通公司的轮船在中国沿海口岸出现得很频繁，能够说得出船名的，大概就有康皮拉斯、纽斯顿、民宁等30艘。

这些船只从欧洲运到中国的货物，每艘船平均3000—5000吨，其中多为棉织品、机械仪器等。凡是在中国出货的，所收的运费，都根据中国水脚出口章程的规定收取。参加水脚章程协定的，只限于大英公司、蓝烟通公司等几个大轮船公司，一般新开设的小公司都不能参加。至于从欧洲或其他口岸运进中国的货物的运脚，则由发货口岸规定。

蓝烟通公司在中国的业务得到发展后，在上海、香港等口岸都有自建的码头、仓库。

1872年，太古洋行的首脑人物看到中国沿海各口岸之间的货运日益增多，以远洋航运为主要业务的蓝烟通公司的船只因吃水较深，不能在沿海口岸停泊，就在当年成立了黑烟通轮船公司，在英国建造了一艘载重两三千吨的轮船，专门跑中国沿海各口岸，以补蓝烟通公司轮船的不足。

另外还建造了一些小船，航行在中国的内河。当黑烟通公司建造的轮船初次来中国时，因在英国接不到向中国出口的货物，只好从伦敦运来一批红砖，用以建造香港渣打道英国海军船坞附近太古洋行的远东总行大厦。

当时，香港太古总行因要开展业务，急于物色中国人做帮手，曾多方委托在香港的英国人代它物色买办。

这个叫莫仕扬的人在英国侵占香港以前在广州经商，在广州十三行中

与洋商素有业务往来。英国人侵占香港以后，他的英国籍朋友曾力劝他趁香港仍处于开放时期，到香港去做些生意，必可获得厚利。

莫仕扬接受了他们的劝告，于 1860 年由广州到了香港经营建筑业，并兼营进出口的杂货生意。当时，香港地方政府鼓励商人投资建筑业，以每英尺一两银子的低廉地价批给申请人盖房子。

莫仕扬曾向香港当局先后买了不少地皮，现在香港摆花街的十幢房屋，以及卅间（香港的一条街名，因莫仕扬首先在那里兴建了 30 栋房屋而得名）的楼宇，都是莫仕扬当时所经营的置业公司投资兴建的。

1870 年，是香港太古洋行成立的第一年。这年，英国的史维亚公司因为莫仕扬对香港比较熟悉，与洋行又素有往来，便请香港英国商人中熟识他的人作中介，力邀他担任香港太古总行的买办。莫仕扬因本身在香港有不少生意，一时放不下，但又不想放过这个和英国资本合作的机会，再三考虑后，决定自己做挂名买办，实际业务则派一个账房先生名叫吴用伍的去负责。太古洋行方面当时只要中国人答应帮忙，便不计较条件，不仅答应由吴用伍去代理买办职务，而且没有向其收取保证金。

莫仕扬为了让 14 岁的儿子熟悉洋行的业务，也曾要他跟吴用伍到太古洋行学做生意。

莫氏入盟太古

吴用伍在太古洋行代理了 3 年，于 1873 年去世。

当时香港的建筑行业，因经营的人渐多，利润已经很薄，杂货行业也有盈有亏，光景同样不看好。而在太古洋行的公事房做事，不仅每笔生意可从太古洋行方面取得 5% 的佣金，收入本已相当丰厚，再加上无论经手什么买卖，都可另向中国商人收取回佣，两头都有利，远胜于经营建筑行业和本地杂货生意。因此，莫仕扬决定放下自己经营的业务，亲自去履行太古洋行买办的职务，全力以赴为太古洋行服务。

当时太古洋行所经营的进出口业务，无论是输出中国的土特产，或代中国商人从英国订货，都可以获得数倍于本钱的利润。而且，太古洋行因为有英国银行支持，出口的货物只要上了船，就可从银行取得押汇，用以结清中国商人的货款，实际上用不着拿出多少实际的本钱。只要买办能够替他们拉到主顾，便获利百倍。

因为莫仕扬在香港的商场中素有信誉，自1873年亲自担任买办以后，太古洋行的生意便蒸蒸日上。

在航运方面，黑烟通轮船公司最初开办时只有一条船。无论货运、客运，同样由太古洋行给予5%的佣金。在接载客、货时，则依照中国商场的习惯，按九八折返还给顾客。莫仕扬与各路商人本有联系，接载当然比较有把握，加上当时在中国沿海各口岸之间行走的船只不多，黑烟通轮船的舱位经常供不应求，因此获利很大。

莫仕扬画像

为了扩展业务，莫仕扬不断以所获的利润增建船只。仅在担任买办职务的7年间，黑烟通轮船公司便增加了两三艘新船，平均每隔两年左右，他们便可以再赚到建造一艘两千吨的新客货轮的钱。

1879年莫仕扬去世后，由其子莫藻泉继任买办。

莫藻泉接任买办的初期，黑烟通公司继续以平均每两三年增加一艘新船的速度发展。到1900年，黑烟通轮船公司已拥有客货轮10多艘。

为适应船只不断增加的新形势，莫藻泉在太古洋行公事房中的华人船务部（当时公事房内只分总务及华人船务两部分）之外，于香港设了一间南泰号，专门联络南北行的商人。

他们以南泰号的名义，用中国商场传统的方式和南北行商人打交道。此外，又派员和各地客栈联络，通过客栈介绍搭客，由船上给予回佣，因而黑烟通公司拉来了不少新的客运生意。至于货运，仍由公事房内的华人船务部负责，雇用了一批走街四出拉生意。为了照顾客商不懂英文，填写货单困难，还增雇了一些文员，专门代客填写。故货运业务也有相应的发展。

随着海禁的大开，沿海各地的南北货物交流非常活跃。作为华南咽喉的广州，每年均有大宗的食糖、柑橘、沙田柚、甘蔗、香蕉、葵扇、荔枝干、龙眼干等土特产需要经由海运销往华北一带。在广州沙基一带的三江帮商号，每年又要承接大批杂粮如芝麻、花生、绿豆及药材等货物由华北各口岸运来广州。

为便于联络南北客帮，并向华南内地发展太古洋行的业务，莫藻泉商得香港太古总行同意，于1881年在广州沙面开办了太古广州分行，派他的五弟担任太古广州分行的买办。

自开办时起至1930年止，广州太古分行的买办一直是听命于香港太古总行的公事房的，并由总行买办代缴保证金。

"黑蓝"公司的财源

这时，太古洋行已开始注意华南和内河航运。新建了一批小船（如专门行走于省内沿线的佛山轮等），专门行走于香港至广州和香港至江门两条航线，企图垄断广州至香港及香港至江门的客货运输业务。

随着华南业务的打开，太古洋行在这十多年间，又陆续在广东的汕头、福建的福州和厦门建立了分支机构。其后，又以上海为中心，把业务伸展到长江的中、上游，直至四川等地。后期经常行走于长江上下游的黑烟通轮船，计有黄埔、鄱阳、温州、重庆、武穴、芜湖等处共12艘，上海和武汉两地，每日上、下水各有一艘船定期航行。

天津太古洋行旧址

当时，中国各地太古洋行的分支机构的买办中，几乎都有香港总行派去的莫氏家族的成员。例如1912年，莫芝轩去担任上海太古分行的买办；1913年，青岛太古分行成立时，派出莫季樵去充当买办。直到1923年，莫季樵才被调回香港。

至于黑烟通轮船公司各种船只的船上买办，初期也全都是由太古洋行推荐的，大多也是莫氏家族的成员。按照太古洋行的规定，黑烟通轮船的客票、"唐餐"楼、官舱、大舱等部分，统由船上买办承包。

以航行在长江流域上的船只为例，每艘船承包的底数是每月 500 元至 1000 元（不包括货运水脚部分），西餐楼部分（每船只有 10—20 个座位）则由公司直接售票。另外，船上的旅客伙食亦由买办承包，茶房则由船上买办自己招人，并收取保证金。船上的买办可以利用这些资金和职权做私货生意，不须付脚钱，即运费，所以很容易发财。这样一来，奔走于莫家门下，谋船上买办职务的便不乏其人。

洋行的公事房在黑烟通公司推荐船上买办时，除收取保证金外，还从中收受黑钱。此外，凡担任船上买办的，还要经常给公事房里专管货运的华人船务部的主管人员送礼。

船上买办委托南泰号代售他们承包的官舱、大舱等客票，又须给南泰回佣。公事房在这些方面获得的利益很大。因此，后来上海太古分行的买办也向太古总行提出要求，由他们荐用一部分船上买办。

太古总行的外国经理为协调两方面的关系，曾作出规定：此后凡有新船下水，应分拨一部分船上买办的名额由上海分行的公事房荐用。

南泰号经售的太古洋行各条航线的客票，除直接售给南北行的客商外，一般都不直接售给普通旅客，而是交由各地的客栈代售。如设在汕头市的南记（南泰的分号），绝大部分客票均交由当地较著名的旅店，如宝华兴客栈（专做"猪仔"客，即去国外打工的"契约华工"的生意，是汕头著名的"猪仔馆"）、裕兴祥客栈等代售。一般旅客要搭乘太古洋行的轮船，一定要去上述客栈买票。这样，就使旅客多受了一层中间盘剥。

当时，自汕头至新加坡的太古船票，由南记售给各客栈时，每张票售价为 18 元。客栈一转手，即以每张票 20 元的价格卖给"水客"或旅客。自汕头至曼谷，南记交给客栈的票价为每张 16 元。客栈转售出去，价格也为 20 元。遇到船少客多的时候，南记售给客栈的船票，往往炒高至超出原价的二至四倍；如遇船多客少，则降价至只及平常售价的 1/3 弱（如曼谷船票曾杀低至每票仅售 3 元）。一涨一落，差距大得令人难以想象。

可见，一张票卖 3 元的时候，买办也可以保本。那么船票被炒成高票价的时候，买办能赚多少钱，是可以想见的。

当时，凡在汕头经营客栈的，都要到当地的交涉署（专管华侨出国事务的机构）领取营业牌照，并规定不准拐带妇女儿童及贩卖华工出国。但实际上，不少客栈都以经营"猪仔客"的生意为主。南记批发给较著名的客栈的船票，都采取记账的方式，不以现金交易。客栈则分别在清明、端午、中秋、冬至几个节日陆续完账，至春节前全部结清。

客栈赊到船票后，也转赊给经常来往于南洋、非洲等地的水客（水客的主要业务是带各地华侨的侨汇回来给国内的侨眷，并负责带引"新客"出国，每年来往于国内及侨居地三数次不等），也是在清明、端午、中秋、春节等节令回国时才结账。

太古洋行的客运业务，通过南泰和它的各地分号和各地的客栈、水客联结起来，因而得以顺利开展。

太古洋行的航运业务，经过 10 多年的不断开辟，至这个阶段的末期已经扎下了根，因此便先后在香港的石塘咀兴建了黑烟通轮船公司的仓库，在九龙邻近火车站的地段，兴建了蓝烟通公司的仓库。

货、客运大量增加以后，太古洋行看到货、客的保险（包括水险、水渍等）业务，是一笔营业额很大、利润很厚的生意，便又开办了保险业务。除自行承揽一部分外，还代理了英国多家保险公司的业务。

保险部成立初期，以承保海洋险为主。由于太古洋行是以航运业务为主做保险业务的，所以保险业务随着发展很快的航运业务，也得以快速扩张。

神奇的太古糖

这一阶段的中后期，太古洋行的业务有了一个很大的转变。当它的航运业务有了显著的进展、资本有了一定的积累以后，便放弃了进出口的杂货生意，将盈利全部用于建造新船和投资于工业。

1884 年，它首先从赢利中提出港币 500 万元，投资于当时获利最厚的炼糖工业，在香港兴建了太古糖厂。

　　太古糖厂以菲律宾及印度尼西亚（以下简称印尼）的原糖（即赤砂糖）为原料，采用甘炭滤法制炼绵白糖。这个糖厂有两套溶糖设备，每日能溶糖 100 吨，每月可生产精糖 12.5 万担。这个糖厂建立初期，曾一度独占远东精糖的市场。

　　当时，国内市场只有土制的黄糖销售。在华南地区，只有广东的惠州有少量白糖出产，但不洁白，质量也不高。因此，太古糖厂制炼的精糖，就钻了这个市场的空隙，攫取了惊人的利润。

　　太古糖厂所生产的白糖分为很多品级，有粗砂、幼砂等。比较细粒的称为"车糖"，用布袋包装，分为 5 磅装、10 磅装两种，外国人多用以拌和在红茶或咖啡中饮用。还有一种糖粉，专门供应中国制糕点的厂商，用以制作糕点的糖面。这种糖粉在中国市场出现以前，中国的饼商多采用粗砂糖做原料，制成的饼食因饼皮容易绽裂，不耐长期储存。太古的糖粉在国内市场畅销以后，饼商用它制作的饼食糕点，饼皮不容易破裂，一般可贮存半个月左右，故在华北一带极受饼商欢迎。

　　生产量最大的一种精糖名叫软幼砂，在中国市场销量最大。

　　太古糖厂生产的冰糖，产量虽不很大，但色泽洁白，远胜于当时国内市场上其他地方出产的冰糖，在华南及西南各省都很畅销。云南等地最欢迎这种冰糖，甚至在各种筵席上，也必备一碟太古出产的冰糖供食客开胃。

　　太古糖厂设立以前，渣华糖在中国市场占了主要地位。太古糖厂设立以后，其产品除供应远东其他地区外，大部分销入中国内陆，自华南至华北，占领了市场上的很大份额。以广东为例，那时广东每年销售食糖 50 万担左右。由香港输入的太古糖，占了 30 万担以上，基本上控制了广东的食糖市场。在正常市价下，太古糖厂大约在每担糖中可赚到 5 元的利润。

　　此外，制糖过程中所产的副产品橘水（甘蔗制糖的生产过程中，经各种工序之后，煮好的糖膏经分蜜机筛分出产品糖和糖蜜，糖蜜再次分离出来的为丙糖和丙蜜，丙蜜即俗称为橘水。橘水通常作为副产品出售，作为制造酒精的原材料），每月也可达数万担，亦成为香港及广州两地的酒商和酱油商的主要原料来源。在太古糖厂设立以前，他们所需的橘水除取之于本地的糖料外，主要依靠渣华洋行供应。但渣华的橘水质量不如太古糖厂的橘水好，故自太古糖厂建立后，上述厂商多转向太古洋行进货。

太古糖厂所获利润之巨，引起了另一英商洋行渣甸洋行的注意。因为在太古糖厂开办后不久，渣甸洋行也在香港开办了一间中华炼糖厂（香港及华南人士习惯称为渣甸糖厂）。这间糖厂除生产砂糖外，还生产方糖，以与太古洋行角逐中国市场。但因太古糖占领市场较早，在市场上所占的份额始终遥遥领先，比渣甸糖的销售量一直超出一倍左右。渣甸糖厂因无法争衡，后来不得不自行收盘，把部分设备顶给了太古糖厂。

太古糖厂开办后，食糖生意便成为该洋行最大宗的业务。除了在经手售出的白糖中赚取佣金外，仅此一项就占总收入的60%。当时市面上各个商号还纷纷向太古洋行订购食糖，行情好就转手以高价在市场抛出，行情不好则单纯赚取佣金，或囤积居奇。对于橘水，亦以同样的方式经营。

为了供应包装食糖所需要的蒲包，洋行还特别开设了一间昌记蒲包店，直接向蒲包的出产地广东肇庆采购草席加工供应，用了一个太极图作商标，取"源远流长"之意。后来，太古洋行所属各企业经营的商品，全都采用了这个标记。

为了替太古糖推广销路，莫藻泉费了很多精力。每逢春节就大量印制月份牌，样子如同现在的年画，画面上多是美人图，也有"富贵寿星""国欣家庆"等迎合当时一般老百姓心理的字样，免费分送给客户。这些月份牌仅印刷费一项，每年开支便超过1万元（以清末的物价水平，这是一个相当庞大的数字）以上。

当时广东珠江三角洲一带的人家，不管与太古洋行有无交易，家中多挂有太古洋行印制的这种月份牌。由此，太古糖亦便是家喻户晓。而与莫氏家族有往来的亲友，每逢过年，更是纷纷索取月份牌。市面上还常常出现炒卖太古洋行印制的这种月份牌的情况，供应最缺时曾抬高到每张索价几毫，这种价格在当时是高得难以想象的。因为几个"洋毫子"可以供普通百姓一家两三天的伙食了。

由于太古糖的招牌在市场上尽人皆知，华南四乡便有不少商人争着做太古糖的各乡代理。在华南各地，除广州、珠江三角洲一带由洋行公事房直接批发供应外，其余如广东的江门、海口及广西的梧州等都有船只直接来往于香港，都设有太古糖的代理商号。凡代理太古糖的商号，除可得到九八回佣外，每逢糖价有涨跌，公事房必定事先通知，尽量使他们能多赚钱，少亏本。所以这些商号都乐于做太古糖的代理。

广东以外，山东帮每年直接向香港购销太古糖也很大宗。历年运销华北一带的太古糖，可达数十万担，份额比运销广东的更大。太古糖在华北除直接由各地太古洋行的分支机构推销外，香港总行也在香港就地出售给从华北各地赴港抢购的糖商。

对于广州市场的供应，洋行除批售给广州的糖商（一般都在太古洋行经营的省港码头或客商指定船只的船边交货）以外，莫藻泉还投资在广州开设了一间大昌货栈，以大昌货栈的名义向太古洋行订货，大量囤积太古糖。

广州的食糖行市，每年照例必有数次涨跌。因为广东的土糖料，一般都是在农历冬至前 10 天开榨，次年清明后 10 天收榨。在这 100 多天的榨季内，因有大量土糖冲场，糖价照例必定大跌。

每年农历四月至五月，因当年糖量已定，糖制品亦开始行销，糖价便开始回涨。特别是农历六月左右，因饼商开始购进原料准备制造中秋月饼，糖价便上升到最高峰。其次是农历十月至十一月，民间婚嫁最多，糖价也随风大涨。大昌货栈在糖价低跌时囤积，市俏时抛出，往往在一涨一跌之间，便获利数万元。

食糖不像别的商品，是很"娇贵"的。如果囤积日久，便很容易回潮，即使仅仅是包皮潮湿，在正常的行情下，也要削价 2% 至 3% 才能脱手。为适应贮存食糖的需要，莫家特地在广州的琼花直街建造了一间专供贮存食糖的货仓。

这个货仓的建筑与设备和普通货仓相比要讲究得多。普通货仓要求通风，贮存食糖的货仓则要求密闭。广州经营糖业的商人一般都没有这种特备的货仓，货物多贮存在透风的地方，不能久存，囤积居奇便较为困难。太古因有特殊的储存设备，经常能把食糖存放到价格大涨时才抛出，获利当然比一般糖商更为丰厚，售价也比其他糖商的存货高出 5% 左右。

橘水的经营方面，除供应港、穗的制酒及制酱油的厂商外，莫藻泉又在香港开设了一间同利货栈，利用职权从太古洋行低价购入橘水，制成酱油及蒸馏酒外销，获利甚巨。此外，又由公事房假借各种商号的名义，向太古洋行购入橘水，转手以高价卖出。

自太古糖厂的橘水面市以后，广州的橘水商人都抢着向太古洋行要货。他们用自备的船只，把橘水灌入散舶内运回广州，批发给制酒及制酱油的厂商。初期，他们曾企图垄断太古橘水的市场，联合起来以不向太古洋行要货作要挟，迫使太古洋行杀价出售给他们。

他们知道，太古糖厂每月所产出橘水数量很大，如不及时清理，日子一久，因没有贮存的地方，便无法处理，非要作为废物倒入海里不可。因此，他们认为必定可以迫使太古洋行就范。

可是，道高一尺，魔高一丈。莫家的经营手段更是厉害。莫藻泉派人回到广州，在海天四望租了一大片地，建造了一个可容纳几十万担橘水的橘水池，准备把太古糖厂所出产的橘水，全部自行承购下来，载运到广州贮存（香港同利货栈酱油厂，也建了一个可容8000担橘水的小池）。并对广州的橘水商扬言：任何一家字号，如果在一个月内不来交易，便永远和他们断交，另找外人代理，或直接与酒厂交易。

这一招让各个橘水商人目瞪口呆，束手无策，只好纷纷恢复往来。

经过这一场较量以后，太古糖厂的橘水再没有出现过积压现象。橘水商人掀起的这一场风波，也没有占到丝毫便宜，倒给莫家制造了一个大捞一笔的机会。因为橘水商号在"造反"的时候，曾趁势向太古洋行的经理叫板："不减价20%我们就不进货。"但太古洋行的桔池建好后反过来要涨价20%。这些橘水商号吃了一个大大的哑巴亏，牙齿打落只好往肚子里吞了。

自太古糖厂投入生产以后，太古洋行开辟了这样一个新的财路，莫氏家族随之也都成了太古洋行各分支机构的"莫氏买办家祠"。

事实上，莫藻泉也确实在有意识地培养大批子侄为太古洋行服务，极力培养子侄读英文。那时，香港的皇仁书院已开办，不仅莫家有不少人进入了皇仁书院读书，即便是在故乡香山会同村的族中子弟，也都陆续到香港读英文，并逐渐形成了这样一种风气：凡准备入太古洋行写字楼或公事房做事的，都要先由乡间到香港居住，学习一段时间英文以后，才能开始工作。真正急于谋生的，也要在进入太古洋行之后，边上班边补习英文。

太古洋行的业务逐渐扩大，莫氏族人进入太古洋行工作的人数也随着增加。及至后来，会同村的族人，凡能出去的几乎都抛弃了农业，到太古洋行或其他洋人所办的企业工作。

以致后来，莫氏家族出现了这样一种变化：由祖、父辈的完全不懂英语，变为有些子侄竟完全不懂中文！

驰骋在远东的太古船

20 世纪以后，太古洋行进入了一个全面发展的时期，不仅原有的航运、保险、糖业等业务都呈现出了一个"黄金时代"，还投资开设了太古船坞这样一个远东有名的重型工业，兴办或吞并了著名的香港国光油漆厂和上海永光油漆厂，取得了更多的欧洲轮船公司及厂商的代理权。

太古洋行的航运业务奠定基础以后，船只不断增加，维修任务因而显得日益繁重。因为这些船只每年必须入船坞检查，不仅费用庞大，而且在远东没有能够负担这项业务的厂家，必须开回英国本土才能修理。对蓝烟通公司等经常来往于英国本土及东亚航线的远洋轮船，影响还不十分严重。对专门经营中国沿海各港口的黑烟通公司，及航行于华南等内河的轮船的业务发展影响就很大了。再加上香港的英国军舰也有就地解决维修的需求，所以太古洋行在港英政府的鼓励下，于 1901 年，拨资 80 万元英镑（相当于港币 1280 万元左右），在香港太古糖厂附近，兴建了太古船坞。

船坞内的设备，不仅能负担维修排水量两三千吨的轮船的任务，还能建造万吨级的轮船，并生产船舶引擎等多种机器。草创时期，坞内所雇用的固定工，经常保持在数百人，接到建造或维修大船的任务时，则增加到千人以上。但这还是仅就船坞本身几个应设的部分所雇用的固定工人而言，至于油漆等多工种工作，则须经常另行雇用大批临时工。所以太古船坞各工种的工人常常在 5000 人以上。油漆等非船坞本身常设的工种，采用包工、包件等办法，给船坞外的商人承造。

各项工种的承包都是由公事房推荐去的。他们在接做这些工程时，都要给公事房回扣。假如一个工人每天的工资为 1 元，便要抽出一毫五分给承包头，另外还要给公事房五分回扣。

船坞的固定工人，则全部由公事房代雇，其工资亦全部由公事房经手发放。不仅公事房本身有利可图，连公事房内经手发放工资的小职员，也可利用职权进行盘剥。

在太古船坞的旁边建了一些房屋，专门租给船坞内的固定工人居住，每月收取一定数量的租金。但这不属于公事房经管。公事房内专管发放工人工资的小职员，每月的工资不过数十元。但他们利用职权，在船坞的工人宿舍旁边开设了一间杂货店，指定工人必须到这间杂货店购买粮食和杂货，办法是发工资前赊售，发工资时扣还。而杂货店出售的货物，价格都比市面高。

除此以外，这些小职员还利用手上的资金在工人中放高利贷。这些经管工资的小职员干个二三十年，从上述盘剥中所积累起来的资产，竟然可达十余万港元之巨。

当时太古船坞的技术水平在远东方面，是可以与日本的造船工业相媲美的，但工人的工资却远低于日本的工人，所以船的造价远比英国本土低廉。

太古船坞建立以后，不仅解决了本系统各轮船公司和靠泊在香港或路经香港的英国海军船舰的维修问题，而且包揽了中国特别是华南各地不少造船业务。在业务不算繁荣的年代，例如第二次世界大战后，大古船坞刚刚复工不久的 1947 年，所维修的船舰每年就达到 400 艘以上，承建的大小船只也不少。黑烟通轮船公司后期新增的船只，几乎全部都是由太古船坞建造的。

太古船坞除负担修建本系统各公司及英国海军的船舰外，还对外营业。

当时行走在广东省内河的各种船只，如同安公司的东安、西安等轮，都是由太古船坞制造的。通过太古船坞，太古洋行便可在一定程度上左右华南的内河航业。

因为太古船坞是远东有数的修造船只的企业，故来往于南洋及香港的各国船只越多，太古船坞的业务就越发达。英国原是世界上船只最多的一个国家，第一次世界大战期间，各种船只受损极大，亟待补充和修理。这些任务，有很大一部分要由香港的造船工业来承担。太古船坞建立不久，便接到了大批订单，进入了它的黄金时期。

抗日战争爆发以后，由于中国沿海地区相继沦陷，许多原来在上海等地检修的船只，都要转到香港来检修，故又形成了太古船坞的第二个"黄金时期"。这个"黄金时期"一直延续到1941年底日军占领香港时才结束。

太古船坞所需的各种原材料，除钢铁等大宗器材是直接由英国等地购进外，一般的零星物资，全都由公事房就地代为采购。后来，太古船坞设立了自己的仓库，才改由它自己的仓库采购和保管。

太古洋行所经营的内河航运，华南方面主要是广州至香港及江门至香港两条航线。

太古洋行的省港线，最初只有一条佛山轮行走。在这条线上走的中外轮船很多。船只最多的，其中首推英商经营的省港澳轮船公司，拥有金山、河南、香山3条客货轮。后因河南号超龄，又新造了泰山和龙山两轮（泰山轮后来被调往行走香港、澳门航线）。

中国人经营的有广东、广西、大利、天一等轮，彼此竞争很激烈。有一个时期，各公司都纷纷降低客运价格，互相排挤对方。从香港至广州票价最低时，降到每位旅客只收2元，途中还由船上免费供应大包（广东茶楼常见的一种点心，以个头大、价格低廉而受旅客的欢迎）。

太古洋行为了和这些中外轮船公司抢生意，更以免费供应旅客的饭菜做宣传，但仍感势孤力薄。为达到排挤中国人经营的轮船公司的目的，就和省港澳轮船公司协议，实行联营，实力因此大增。加之省港澳轮船公司在广州市的海关大楼附近有一个自建的码头，处于广州商业最繁盛的地带，既便于旅客上下，又便于办理报关等手续，业务上占了很大的优势。

而中国人经营的广东、广西两轮，都没有码头，只能停泊在白鹅潭的江面；大利、天一两轮虽有专用码头，但离海关很远，旅客上下不方便，业务上受到很多制约。

"四山"，即太古洋行的佛山和省港澳轮船公司的金山、龙山、泰山等船只，吨位较大，航速较快，每日下午4时自广州开出，晚上10时即可到达香港，全程只需 6 个小时。客商运出或运到中国其他口岸的货物附托它们运到香港后，又可直接交由蓝烟通公司或黑烟通公司的轮船转运，无须另行拨给舱位，比交给其他公司的船只载运更为快捷便利，所以很多经营南北行或进出口生意的商人，都愿意由"四山"载运。

至于经营池塘鱼（淡水鱼）出口的商人，就更是非依赖太古洋行的船只运载不可了。因为太古洋行的船只舱位大，还置有特备的大木桶，每桶可贮水和载鱼数十担，使鲜鱼在途中不致发生大量的死亡。其他公司的船只因为没有这种条件，只好任由太古洋行的船只独占。基于上述种种有利条件，太古洋行和省港澳轮船公司在省港线上遂处于压倒的优势。

1925 年省港大罢工时，太古洋行和省港澳轮船公司经营的省港澳航线的业务一落千丈，后来只好停航。

为了打开僵局，太古洋行的洋人曾鼓励公事房的华人船务处组织了一个益安公司，把省港澳轮船公司拥有的那几只船租过来经营。大古洋行亦把它自己的佛山轮交给益安公司经营。但由于省港工人坚持罢工，益安公司亦无法打破僵局，一直拖延到大罢工结束后才开始营业。

除经营益安公司外，太古洋行还集资组织了一个同安公司，新造了东安、西安、升昌、恒昌、哈德安等轮船，加入省港澳和新辟的省澳线航行，同时指定佛山、香山、坨山、东安、西安等轮航行省港线，升吕、恒昌航行省澳线，哈德安等轮航行港澳线。

在中国民众与英国矛盾极端尖锐的那一段时期，太古洋行对这几条航线一直采取了在幕后操纵的方式，继续对省港澳之间的航运业进行垄断。太古洋行利用蓝烟通公司和黑烟通公司的轮船，和益安及同安所属的船只互相驳运，以维持它在中国沿海的航运、远洋航运与华南内河航运的连锁关系。

太古洋行经营的中国沿海航运，在这一阶段已逐步达到顶点。

在前一阶段，来往于中国沿海各口岸的黑烟通轮船公司的轮船，因为船只仍不是很多，班期还不能准确固定，广州和香港都只能在接到船只到达日期的电报以后，才开始接载旅客。进入 20 世纪以后，因为船只已比较充裕，来往于中国沿海各口岸的船只都能按照准确的班期到达和开出。

以广州、香港为例，大约每隔两天或四天，便有一条船来往于各个不同的口岸。

因为船只增多，从 1905 年开始还增辟了广州至海口的航线，并在海口设立代理处。

其后，太古洋行又进一步把广州至海口的航线伸展到北海、海防。北海、海防航线初开辟时，因业务还没有完全打开，太古洋行为了树立信用，有时甚至不惜血本。有一班船，虽然仅仅装载了几箱白银，其他任何货物都没有，也准时把空船开出。由此，遂以船期准确获得了当地客商的信任，业务逐步打开。后来北海、海口等地的每班船经常都能接载到五六百吨货物。

第一次世界大战期间，黑烟通公司的船只有一部分被英国政府征用。太古洋行在各线的船只虽然减少了一些，但运费在战争期间却有大幅度的提高，获利仍很厚。第一次世界大战后，英国政府给黑烟通公司补偿了一笔巨款，黑烟通公司借此新建了一批船只，不仅在中国沿海的航运获得了进一步发展，而且把业务伸展到了长江中、上游。购置了数十只驳船，直入洞庭湖和鄱阳湖，上水装汽油、火油，下水装桐油。在长江流域，太古洋行的业务同样执航运界的牛耳。

而从香港航行到中国沿海各口岸的黑烟通船只，班期比以前更密，已由 20 世纪初的每隔三四天一班缩短为两天一班。招商局和渣甸洋行的轮船公司却因为航线不定、班期不准，无法与太古洋行争雄。

这个时期，太古洋行各系统轮船公司的远洋航线，已遍及全球。主要航线有：

远东、中南亚航线——由黑烟通轮船公司经营，有船只 30 艘，一般吨位 3000—8000 吨。但达到 8000 吨的船只不多，只有太原、长沙等 4 条，专走澳洲、东南亚、香港等地。

美洲航线——由美亚轮船公司经营，有船 20 艘左右，航线与蓝烟通公司的船只相同。

欧洲航线——由蓝烟通公司经营，有船 30 艘左右，吨位在 6000—1.8 万吨。

到 20 世纪 30 年代中期，黑烟通公司的船只已发展到 90 多艘，但始终没有达到百艘大关，因为当时中国沿海时常发生海难，黑烟通轮船屡遭损失。当年，公事房中有一部分比较迷信的人认为，黑烟通公司的船只不能超过 100 艘。所以每发展到接近 100 艘船的时候，必定要发生事故。

30 年代以后，从青岛、上海、北海等口岸每天都有定期班轮到达香港和广州。定期班轮以外，还有一些由各地商人整船包租的黑烟通船，来往于广州、香港和华北各口岸之间，大古洋行职工称为"野鸡船"。

每年秋、冬，是华北地区杂粮（包括绿豆、芝麻、花生等）收获的季节。广州沙基一带的三江帮，即经常从太古洋行租赁"野鸡船"。由青岛、上海等地运载杂粮南下的南北行的商人，也时常租赁"野鸡船"从华北运药材来广州。

广州黑烟通公司的白蚬壳仓兴建以前，无论定期班轮或非定期班轮，到达广州后都一律停泊在白鹅潭河面，用驳船转载客、货上岸。白蚬壳仓建成以后，定期班轮均停泊在白蚬壳仓的码头，"野鸡船"仍泊在白鹅潭。根据广州白蚬壳仓的老职工回忆，抗日战争以前，黑烟通公司的轮船中，经常来往于广州至天津、青岛、上海、北海等线的有 35 艘左右，吨位一般在 2500—3000 吨。

1927 年以前，从香港驶往广州的船只，随时都可自由进出。1927 年 5 月以后，广州成立了海港检疫所，从香港来的船只因须经检疫后才能入口，而负责检疫的医生按规定每天早上 8 点才开始办公。从香港来的黑烟通船，只得适应检疫医生的工作时间，半夜左右从香港开出，以期能在上午到达白鹅潭，当天下午三四点卸完货，随即再载货开走，绝少在广州停留超过两天的。

黑烟通轮船从广州运往华东、华北各口岸的货物，以葵扇、柑、橙、沙田柚、甘蔗、荔枝干、龙眼干等土特产为多。从广州开出的船，大都载有 200—300 吨葵扇、1000 箱左右荔枝干。此外，则以运载食糖为最大宗，每年均有数十万担。开往海口、北海、海防的船只，则以载运杂货如纱绸、布匹、瓷器等为主。

至于从广州出口运往欧洲的货物，如竹器、蛋黄、陶瓷等，则多载运到香港，再转交蓝烟通公司的船只运去欧洲，绝少由黑烟通公司的轮船转驳。

从广州运往华北、华东的香蕉、甘蔗等货物，很容易变质、变干，不耐久存。因为黑烟通的船比任何其他公司的都多，而且班期准点，所以华南的航运业务，几乎被太古洋行所垄断。太古洋行与渣甸洋行对载费虽有协定，彼此均须按统一的标准收货，但渣甸洋行为与太古洋行竞争，却在统一规定的运费项下暗中给顾客回扣，大约每百元运费退给顾客暗扣3元。

尽管如此，渣甸洋行仍无法弥补船只少、班期不及黑烟通轮船准时（黑烟通船即使无货仍如期开航，渣甸洋行的船则常常延期候货）等缺陷，始终无法在华南与太古洋行竞争。尤其是对香蕉、甘蔗等项货物，渣甸洋行所能接载的绝少。

太古洋行在中国沿海及内河的航运业务，在这一阶段所以能够获得长足发展，除了上述的优越条件以外，当年中国各地不断发生的战乱，也给太古洋行提供了不少机遇。

如1931年，中国人民掀起反日高潮，日本人在中国沿海经营的航运事业受到普遍抵制，太古洋行因此就少了一个劲敌。加之战争不断，火车不通，沿海和内河许多客、货运都要依靠轮船来解决，这样就给太古洋行提供了难得的机会。

又如抗日战争爆发以后，中国官僚资本经营的招商局轮船已不能行走，日商轮船也受到了很大限制，而各地逃难的人却随战事的发展而不断增加，各个口岸待运的行李、货物都堆积如山。而在"珍珠港事件"以前，黑烟通公司的船只仍能挂英国旗，来住中、日两方的辖区。太古洋行的航运业务，因而达到它的历史鼎盛时期。

随着华南沿海航运的空前活跃，太古洋行在广州的仓储业务亦繁荣起来。

黑烟通轮船公司在广州白蚬壳建成的太古仓，共有仓房10幢，每幢有2个仓库，共20个仓库。这20个仓库每个大约可贮花生5万至6万包，每包180磅，即每吨10包。仓库以外，还有3个码头，其中两个是小码头，每个只能泊一条黑烟通船，另一个是大码头，可同时泊两条船。故白蚬壳货仓的几个码头，可以在同一时间，让 4 条船同时起卸货物。在 20 世纪 20 年代的广州，可算是比较完善的仓库和码头建筑了。

白蚬壳货仓除仓库主任外，有水手、打磨工、打字员及管仓（每幢货仓设 1 人，专管出入货物的账目）、看仓头、看仓（负责打扫仓库及缝补麻包等工作）、理货和搬运工人等 200 多人。他们都是有固定工资的，但待遇菲薄，除由太古洋行提供膳食以外，月薪最高不超过 30 元，最低的只有 6 元左右。

除华籍职工外，另由太古洋行广州分行派去了一个外籍码头监督，作为全仓的最高领导人。码头监督的主要工作，只是指挥船只泊岸、验收货物损耗等。每日工作非常清闲，照例是早上 9 点左右才来货仓，到处逛逛，便回去吃午饭，一直睡到下午 4 点才起床。但这个码头监督每月的工资却高达港币 400 元，比华籍职工超出十多倍乃至数十倍。

仓库所雇的固定搬运工人，只负责搬运货物出仓，交给前来提货的顾客。至于轮船上的起卸工作，则临时雇用散工负担，按照所装卸的货物的吨数计价。

广州黑烟通公司货仓的业务，自建成以后即异常繁盛。1925 年省港大罢工之前，因为太古洋行的航运业务不断发展，货仓职工连假期都要日夜加班。那时，太古洋行对夜晚加班是不增发工资的，只是工作到夜晚 9 时以后，才供应一顿夜餐。

广州黑烟通公司货仓每年收入的仓租，1928 年至 1930 年，即达 20 万元之巨。进入 30 年代以后，太古洋行在中国沿海的航运业务已达到空前的繁盛，广州黑烟通公司货仓的仓租收入，自然是远远超过 20 年代。广州黑烟通公司货仓的业务是受太古洋行广州分行买办管理的，零星货物的仓租，统由货仓收集上缴。三江帮商人寄存的粮、油等大宗货物，则直接由公事房收租。

而每当中国内地发生战事，太古洋行航运业务激增，黑烟通公司的船只和仓位供不应求的时候，太古洋行必定乘机上涨仓租。

无处不在的太古保险业

太古洋行的保险业务，是随着航运业的发展而发展的。因为第一次世界大战影响来往货物的安全，客商除购买水险外，又想购买兵险。太古洋行为适应这种战时情况，又在原有的水险和火险业务之外，增办了兵险业务。

香港的中、外保险公司本来就很多，大家为了抢生意，都在压价和回佣两方面想办法。太古洋行在兜揽顾客方面，也尽量压低定价，以减轻顾客对保险费的负担。例如，价值1万元的货在定价时往往只按原价的30%至40%收保险费，并在应收费内给予若干回扣。这项业务，初期全由公事房包揽。为此，公事房特在香港的三角码头开设了太古分行，专门经营保险业务。公事房所属的航务部门的人员，也负责兜揽保险生意。

在广东省内各地，太古洋行也是积极扩展保险业务。除广州、佛山、江门两地，亦承保火险。

无论在香港和广州，大古洋行对火险业务都采取分片经营的办法。在香港，分为上环、中环、湾仔、九龙等片，各片区所承保的金额都有一个最高的限额，不使业务偏集某一地区，避免某一地区发生严重火灾时赔付过大。保险费也分为许多档次。近马路、易救火、钢筋水泥结构的屋宇收费较低；横街窄巷、距水源较远、砖木结构的屋宇收费较高。除房屋外，还可承保家具。

各地所招揽到的保险生意，如已达到太古洋行本身承保的限额，超出部分则由太古洋行统一分配给它所代理的各保险公司承保。根据后期上海太古洋行保险部的统计，太古洋行本身承保的生意，只占营业总额10%至20%，其余80%至90%是转拨给它所代理的各英国保险公司承保。

太古洋行除以一般的竞争手法承接保险生意外，对于须经由蓝烟通公司及黑烟通公司运载的货物，更是千方百计地使货主向太古洋行投保。

当时太古洋行系统各公司的舱位经常供不应求，各地客商因为要依赖"太古船"载运货物，大都只好向太古洋行投保，以免太古洋行借故积压或拒运。有些客商与太古洋行关系较深，或故意向太古洋行拉交情，往往连他们的陆上产业如店铺、货仓、住宅等，也一股脑儿地向太古洋行投保。故太古洋行的保险业务经常处于饱和状态，尤以第一次世界大战时最为繁荣。

太古洋行因为保险生意好做，自1927年开始，特从香港大学雇用了一些大中学校的毕业生，给予保险部华经理的空头名义（实际只是接保人员），直接听命于写字楼的外国负责人，插手兜揽保险业务。太古洋行除给他们若干车马费（个别人由太古洋行给予若干工资）外，只在成交的生意中给一些佣金，大约占保险费的20%。即所收到的保险费，80%缴给太古洋行，20%归个人所得。

太古和"大和"的砂糖之战

在19世纪末和20世纪初，太古糖厂出产的"软细砂"等，虽然独占了远东的市场，但仍未能进入欧洲。欧洲市场所销售的，仍以当地用甜菜为原料制成的白糖为主。

第一次世界大战期间，欧洲的农业受到很大的摧残，以甜菜为原料制造的白糖大幅度减产，不得不向远东地区大量收购。尤其是战后的1919年，欧洲各国都放松了对食糖的管制，食糖需要量大增。远东食糖价格受到刺激，不断上升。1917—1919年，食糖价格上涨幅度最大。太古糖厂出产的砂糖，原来每担的价格10元左右。受到欧洲市场旺销的刺激后，在两年间，每担竟然高达80元。

莫藻泉1917年8月去世，由其长子莫干生继任了香港太古总行的买办。

莫干生立即抓住这个机会，把大部分注意力放在太古糖的买卖上。在他接任买办后两年，即1917—1919年，手上经常握有太古糖10万包（一包为100斤装）左右，在不断吃进和抛出之间，攫取了巨额暴利。据估计，他在这两三年间，仅经营太古糖这一项生意，便赚得港币500万至600万元。太古糖厂在第一次世界大战期间及战后两年，总共获得了多少利润，就无法估计了。

20年代以后，日本凭借侵占台湾所掠得的糖业资源，发展了它的制糖工业。日本各糖厂出产的"软幼砂"开始进入远东市场，与太古糖争雄。

原来互相激烈竞争的两个英商糖厂太古糖厂和渣甸糖厂，这时便联合起来，与日本糖商对抗。此时，太古糖的产量稍有降低，但在市场上仍能保持着较大份额。渣甸糖厂则在支撑上颇感吃力。

1925 年省港大罢工期间，太古糖厂和渣甸糖厂都被迫停工。渣甸糖厂并由此收盘，把制造方糖的机器出让给太古糖厂。因此，太古糖厂在大罢工结束之后，增加出产了在远东颇负盛名的太古方糖。

在食糖生意上赚了大钱后，莫干生在香港购地 10 万平方英尺，建造了一幢英国皇宫式的建筑。这座当时香港最豪华的住宅引起太古洋行总经理的不满，进而导致了莫干生日后的辞职。

莫干生的胞弟莫应桂 1928 年进入太古洋行负责推销太古糖。

太古糖厂因为刚复工，并增加了方糖这个新产品，生意亟待推开。莫应桂为了打开销路，走遍西江、台山、开平、恩平、新会、海口等地。这时日本出产的砂糖已经成为太古糖的劲敌。

他承诺，保证代理商有一定的利润，鼓励他们放手订货。办法是把太古糖批发给代理商时，规定每担价格比市价低 5 毫，并要求他们预订 3 个月以后的期货。如果届时食糖跌价，又保证他们在下一次订货时，照更低的价格计价，保证他们不仅可弥补损失，还可有盈余。因此，各地商人都乐于做太古糖的代理商，销售额很快就恢复到了太古糖厂停工以前的水平。他自己也在太古洋行的优待价下大赚了一笔。

这一着使日本糖受到很大打击。他们的总代理也采取了同样的措施。而莫应桂则在日本糖将要抵达中国时，便通知太古洋行突然杀价，大量抛出太古糖，使各地向日本订货的商人都受到损失，从而使新到的日本糖滞销。经过几次较量以后，日本买办经不起亏损，便不敢再干了。

1931 年莫干生辞职后，太古洋行的外国人对华籍职员却产生了不信任感。

有一次，莫应桂因需要对太古糖的生产情况获得进一步的了解，曾要求到太古糖厂去参观。太古洋行的副经理起初虽然满口答应，并且约定了时间，可是到时却突然通知太古糖厂的总管，吩咐他制糖技术是秘密，不应让外人观看。负责推销的人，只能参观食糖仓库对产品的贮存和保管情况。

结果，莫应桂只是看了一下太古糖厂的货仓，在厂房四周转了一遭而已。

30年代，虽然食糖的国内外市场都不被看好，但太古洋行仍利用中国复杂的政治情况和法令变更等机会，赚了不少钱。除利用陈济棠武装走私的机会，向广东推销了大宗太古糖外，1932年春，又利用中国提前公布进口食糖增税（由原来每担2元多增加到5元6毫）的机会，于公布后执行前这段时间，一面将仓储的白糖数十万担先期抢运到广州；一面加紧生产，继续抢运，等到增税后糖价提高，才在市面推出，从中赚了不少钱。也利用这个机会，把个人所掌握的太古糖，用黑烟通轮船运了4万多担到广州，并在广州改装转运上海（广州市场所销的白糖是100斤装，上海则惯销200斤装）销售。仅在逃避国家税收方面，就赚了10多万元的暴利。

太古洋行的全盛时代，一直持续到1941年12月日本人占领香港，太古洋行被日本人接管为止。

在太古洋行进入全盛阶段的同时，四大家族在中国的统治局面已逐步形成。太古洋行为了求得业务的进一步发展，攫取更多的利润，于1937年间，一度拉宋子文的亲信、香港广东银行（宋子文是主要的股东）副经理区伟国（上海先施公司股东区彬的儿子）到香港太古洋行远东总行担任副经理，企图通过他来拉拢宋子文。

后来，由于抗日战争爆发，宋子文已无力照管香港方面的各项事务，太古洋行才把这件事搁置起来。

日薄西山

1941年12月以后，太古洋行停止营业，直至1945年日本投降，太古洋行才复业。

在社会秩序还没有完全恢复、香港尚处于军政府管理下的时期，因太古糖厂尚未复工，港英当局只好将印尼的渣华糖运来供应市场。这些渣华糖运到香港后，由太古洋行负责配售。

香港的商业恢复以后，太古洋行投资经营了一个太贸公司，专门经营布匹、棉纱、儿童玩具等的进出口生意。

第二次世界大战以后，香港的航空事业有了很大的发展，太古洋行为适应这种形势，投资组织了国泰航空公司，并代理其他多家航空公司的业务。航线遍及中国内地各大城市和世界上的许多重要都市。

太古洋行所经营的海运业务恢复得比较早，战争刚结束的1945年即有船只航行。由于黑烟通等轮船公司的船只在第二次世界大战中有一部分被日本人破坏，另一部分被英国政府征用，船只大为减少，加上中国在战后已收回内河航运权，太古洋行在中国的内河航运业务已大为缩小。华南方面，只有省港航线仍有佛山和武穴两轮行走。前者排水量为1600吨，后者为1800吨。班期为3天一趟。客货多时，两轮同开，营业淡时则只有佛山轮开航。搭乘这条船来往于省港两地的旅客中，以走私为业的水客占了相当大的比重。

太古洋行和渣甸洋行战后在中国沿海的航运业务，都以载运善后救济总署的救济物资为主，尤以太古洋行所占份额为多。

载运这些物资经常来往广州的黑烟通船只，有四川、湖南、湖北、新疆等轮。这些外资公司的船只，因为只有在载运属于中国政府的救济物资时才能进入广州内河，因此，在当救济物资逐渐减少时，太古洋行便私下让在香港接载客商货物、搭配载有少量救济物资的船只，以运救济物资的幌子，来往于香港和广州之间，将私货运入广州。船抵黄浦时，将货物卸下交驳船载入太古仓。

善后救济总署方面，初期是向太古洋行承租整条船载运救济物资的。后来，它的内部工作人员亦串通太古洋行营私舞弊，暗中搭载私人货物。

远洋航运方面，除仍由黑烟通公司、美亚公司、蓝烟通公司继续经营南洋和东南亚、美洲及欧洲3条航线外，太古洋行还代理了10多家欧美轮船公司的业务，航线遍及全球。

太古洋行广州分行的行址，在国民党战后放火焚烧沙面时被毁，直至1947年才复业。1947年以前，广州太古分行的业务，全部交由"禅臣"洋行代理。

广州各国洋行在抗日战争以后，业务一般已下降到不及战前的1/4，有些甚至没有复业。太古洋行广州分行复业后，业务亦极少，进出口货物也不多，重要交易都集中在香港总行解决，广州分行实际只以处理省港船佛山轮的业务为主。

广州解放以后，太古洋行广州分行的业务已基本停顿。只有黑烟通公司的货仓，在新中国成立初期，曾先后租给中国的企业机构作仓库，每月仍可获得租金折合人民币9000多元。当时，太古洋行留在广州的华籍职工不过数十人，每月的仓租收入，除发放职工工资外仍有盈余。因此，太古洋行的主事人当初仍暂时维持残局，以待"时机"。后因所属设备全部被中国政府征用，太古洋行广州分行的业务才被迫结束。

1956年，香港太古洋行远东总行感觉它在远东的作为已不大，便将香港总行的行址，以800万元的价格，卖给了澳门富商傅老榕。它的全盛时代，已是日薄崦嵫了。

百余年中，太古洋行从代理蓝烟通公司航运业务开始，凭着它的掠夺手段，发展成为国际上有名的航运业垄断集团。虽然它的全盛时代已经过去，但它仍然拥有一支数目庞大的船队、颇具规模的造船工业和为造船工业服务的油漆工业，并以航业为轴心，组织了自己的贸易机构、保险业务系统，把触角伸展到炼糖工业和航空事业，形成了一个综合性的国际托拉斯组织，成为英国在远东的殖民事业的重要支柱。

在太古洋行近百年对中国的疯狂掠夺中，形成了一个以莫氏家族为核心的买办集团。除先后共有10多人担任了太古洋行各种机构的买办外，还有不少亲戚、朋友当了各种各样大大小小的买办，百年来累计已达千人以上。

在这100年里，这个买办集团除了莫仕扬、莫藻泉父子两代因年代久远，无法了解他们当时所积累财富的确实数字以外，单就第三代莫干生接任香港太古总行买办以后算起，这数十年间，积累的港币达到100万元以上的就有不少人。其中莫干生约1000万元，莫如恩600万元，胡禧堂400万元。而莫干生的资产数目是根据了解粗略估计的，肯定偏低。他的一生中，花掉的钱也以百万元计。

第九章

军火买办巨头雍剑秋

今天的天津广西路与成都道交叉处，曾有一片小楼名叫福音里。几十年前，福音里分为福音南里和福音北里，那里曾有楼房 9 座、平房 21 座，这里曾居住过许多当时在天津很有身份的人。

这片建筑的修建者名叫雍剑秋。今天，这个名字对大多数人来说都已经非常陌生了。但在 20 世纪的上半叶，这个人对天津乃至北京来说，却是如雷贯耳。

"长毛" 带给他的机遇

清末民初的洋行买办多数是从事工商业贸易的，只有少数人是外国人的军火代理商。

而从事军火买卖又从中发了大财的，唯有天津的雍剑秋。

雍剑秋祖上世居江苏高邮，曾祖父那辈有七房，在清朝咸丰年间，均系"书香门第，官宦人家"。后来，七房祖辈为了到北京做官，在赶路时都在同一条船上罹难，沉没海中了，算是飞来横祸。

这七房祖辈，只留下了一个儿子，即雍宪章。当时七房的财产均集中到雍宪章一个人的手里，使他一夜之间成了巨富。

光绪十三年，雍宪章带着八岁的长子雍剑秋和七岁的次子雍沛仲离开家乡，移居上海。

雍剑秋与孙女雍载莹

当时，两兄弟都在上海念书。雍剑秋 15 岁的时候学习英文，后来到香港英国教会学堂念书，不久后又考入了新加坡大学，学习第二外语德文。23 岁读完大学时，他的英语、德语已经说得非常流利了。

在新加坡念书时他的英文名字叫佛兰克·雍。1898 年回到上海结婚，其妻是当时任招商局总办的陈辉庭的长女。这也算是官商联姻了。

1900 年，北方发生了义和团起义，雍剑秋通过上海道台余联沅和买办兼大官僚盛宣怀，组织了一个"救济"北方难民的"慈善"团体先行北上，观察情况。

这个团体是以上海商人和洋行买办出资组成的，由陆纯伯率领。雍剑秋因为擅长英、德语，在团里当了翻译。

上海的这个所谓慈善团体，虽与洋人有联系，但彼此言语不通，很难办事，而雍剑秋由于能说英语和德语，顺理成章地成了红人。那些没有出走的王公大臣，遇事都找到他，要他代向各地区的洋军官说话求情。

雍剑秋见过这些洋军官，但人家根本不听他的。情急之下，他直接去见了侵略军的统帅瓦德西。瓦德西见这个人还算圆通，为人也还算是真诚，便动了恻隐之心，给了他一个手令，要他必要时出示给各军首脑，作为交涉的证明。

因为他手里有了这个"尚方宝剑"，于是王公大臣们都把他作为救命的菩萨，纷纷恳求他保护。

一次，有 200 多名满族官员拟把自己的家眷送出北京，便通过雍剑秋向瓦德西要求允许派一列专车，并派一队洋兵护送到天津。这列车是夜间开行的，中途护送的洋兵见有众多女眷，便想非礼。乘客惊恐之余，便找到随车的雍剑秋。雍拿出他手中的统帅手令，那个领队的这才把欲逞兽性的兵士解除武装，押在领队自己的车厢里，这伙人才得以平安到达天津。

这件事传开以后，王公大臣们更是争相和他交友，这就奠定了后来他与清朝上层人物的交往基础。

1901 年 8 月议和前后，雍剑秋同李鸿章、庆亲王奕劻、恭亲王溥伟、肃亲王善耆、崇礼和杨士骧，以及当时军机大臣荣禄、后来任直隶总督的袁世凯、后来任山西巡抚的丁宝铨均有来往，和他们成了熟人。他便趁机与各国公使和外国军官们搭上了关系，为他后来充当买办进一步打下了基础。

上海的这个所谓慈善团体的成员，在北京、天津活动时没有薪水，只是每人每月支车马费 100 两银子。该团体自始至终一共用了大约 60 万两银子。

锋芒初露

这个"慈善团体"是 1900 年 9 月到北京，至翌年 6、7 月间《辛丑条约》将要签字时才撤回上海。

这时，雍剑秋开始考虑自己的前途了。他觉得，在上海能说外国话的人很多，不容易发展，同时，与连襟施、胡两家和岳父家比富，自己也瞠乎其后，因此想到北方去发展。

他征得母亲同意，并拿了她的 200 两银子的盘缠后，携眷去了天津，赁屋而居。

但 200 两银子没有能维持多久。他母亲只得以珠翠首饰典当，用以维持他的生活，最后竟然把家藏的极为珍贵的明代唐寅的一幅扇面押了 50 两银子。

不几天，上海家里突然收到一封信。这封信是山西巡抚丁宝铨写给雍剑秋的，邀他到山西去，说有事借重。家人把信转给在天津的他后，他便将这 50 两银子作为盘缠，去了太原。

原来，山西有个英国人办的福公司（后来移到河南与另一公司合并为福中公司）计划用机器大量开采煤矿。那些用土法采煤的山西人，无疑将要受到沉重打击，不论是小窑业主或采煤工人势将失业，因而激起山西民众的反对。各小煤窑工人联合起来，想同英国人拼命，闹得煤窑停工，地方官劝阻无效。于是英国公使直接施压清朝政府，勒令山西巡抚进行镇压，保护英国人开矿。

丁宝铨在进退维谷中，突然想到了雍剑秋，便请他去帮忙。到山西后，他先是劝丁谨慎办理，保住乌纱帽，然后再去见福公司的英国人。这个英国人是雍剑秋在庚子年侵略军进北京后认识的老熟人。他劝这个英国人不要因为地方小事而碍大局。这个英国人也看到山西民气正旺，蛮干不行，就请教他有什么办法。

他知道这个英国人年逾六旬，已到退休之年，因而表示可向丁宝铨请求，给他一点钱，让他养老，福公司暂时停办。这个英国人思来想去，别无他法，也只得同意了。

雍剑秋回过头去再试探丁宝铨能出多少钱，丁表示就是花上10万、20万两银子也值得。雍再去问英国人要多少钱，这个老外哪知道这里头的门道，开口要8万两，还以为这是天价。

后来雍剑秋和英国佬几经磋商，减到5万两。雍便向丁宝铨要了10万两，给了英国人一半，另一半揣到自己的腰包里了。拿了5万两银子，英国佬挺满足，就打电报到伦敦总公司，说在山西采矿有困难，建议撤销在那里的采煤计划。一场风波遂告平息。

雍剑秋替丁宝铨渡过了难关，丁宝铨感激涕零，随即与他换了帖，成为拜把兄弟。可是雍剑秋从中搞到了5万两银子，丁还被蒙在鼓里，反而总觉得自己挺亏欠雍剑秋的。

雍剑秋回到天津后不久，丁宝铨又派他的文案崔廷献到天津向他致谢，送给他5000两银子、10副鹿茸、10副熊掌、两张虎皮、8张金钱豹皮、10床狼皮褥子、10个金酒杯，还有两个古瓶。这两个古瓶可都是价值连城的古董，一个是明朝宣德瓷器，一个是乾隆官窑。

雍剑秋暗自惊喜，完全没有想到自己不过是举手之劳，却有如此丰厚的回报。

当然，这些礼物，并不是丁自己出血，而是那些小煤窑主凑钱买的。

雍剑秋和丁有了这样的关系，每到太原，丁就把他视为上宾。

有一次，丁宝铨纳妾，可是这个小老婆是个烟花巷中人。不久，丁就染上了花柳病。情急之下，忙给雍剑秋打电报，要他代请一个外国医生去山西给他治病。雍剑秋随即在北京找了一个德国医生，名叫第博尔的，一同前往山西。丁的病治好了，从此两人交情更厚。

在辛亥前，革命浪潮日益高涨，雍剑秋敏感地意识到时局会变，就劝丁悬崖勒马。丁对雍剑秋早已是言听计从，便立即辞职，避居上海。当辛亥革命爆发后，丁的后任陆钟琦被山西新军刺杀时，丁宝铨抹着一头的冷汗，给雍剑秋写信，感谢他规劝及时的救命之恩。

但不久后，丁在经过上海四马路时，还是被革命党人打了 4 枪，一命呜呼了。

在山西发了财的雍剑秋，以 2 万两银子捐了一个直隶省后补道的官衔。京奉铁路总办梁孟庭委任他为丰台站站长。但干了一段时间，他觉得没有前途，就辞职了。当时他有一个亲戚叫顾公毅的，任大清银行总监督，他想任外省的分行经理，但顾说欲谋此缺，必须向户部衙门花 2 万两银子的报效费。他一时凑不出来，只好作罢。

1910 年清朝颁布币制条例，各省设立造币厂，经顾介绍，他担任了天津造币厂的副厂长。在这期间，无意中邂逅了原在瓦德西部下任军官的包尔德。包尔德这时候正在替德商礼和洋行物色买办，因而邀他去北京，面见了该行总经理。

这个总经理要他拿出 10 万两银子的押柜金，但他拿不出。几天后，包尔德又来天津找他，要他只管军火生意，其他的不用管，押柜金减为 2 万两。他仍然拒绝缴付。

最后由包尔德作保，免缴押柜金。他这才辞了天津造币厂副厂长职务，做了礼和洋行的军火买办。算是从此时起，正式开始了他的买办生涯。

这个洋行，除一般业务外，主要是经售德国克虏伯兵工厂的军火和其他军用器材。

当上了买办，雍剑秋觉得身价倍增，便在北京内务部街的某王府，买进了一所五进的四合院大宅，作为他接待政府官员和住家之用。

这时候，恰逢清政府要成立禁卫军，需要 5000 多支快枪，连同相应的子弹以及其他的装备。雍剑秋瞅准这个良机，用拉拢贿赂的办法，替克虏伯兵工厂做成了在中国的第一笔军火生意。不过，这次买卖他只赚了 2 万多两银子。日后，随着禁卫军的扩大，他又同冯国璋、张勋做了几笔生意。当兵部改为陆军部时，又做成了几笔军火买卖。

这个德国克虏伯兵工厂的枪械是世界知名产品，是"老牌名品"，根本就不愁销路，因而礼和洋行给买办的佣金很低。雍剑秋虽然为这家德国军火商赚到不少钱，但他自己所赚的钱并不多，可是他所摆出的排场却不小，因而时时感到拮据。

与他打过交道的满汉显贵中，有些是被他行过贿的，有些见他有钱，也都非常相信他，纷纷把卖官鬻爵搞来的钱托他用化名存入外国银行，表明可以不计利息，甚至愿意给他交保管费，只求保密稳当。

这些人中有庆亲王奕劻、恭亲王溥伟、肃亲王善耆等多人。这些款项有的存入德华银行，有的转经他介绍存入了英国的汇丰银行。款项有时由他经手，有时由吴调卿转办手续。但是在德华银行的这一笔笔存款，包括他自己的在内，到德国在第一次世界大战败绩后，大部分损失了。

存入汇丰银行的款子因系秘密存款，有些人死后，无人知其底细，也就白白送铪了外国人。据说，上海的汇丰银行大楼，就是用这种无主存款盖起来的。

大约在清朝末年，德商捷成洋行代理德国另一个钢铁、军火、轮船的垄断集团艾哈德兵工厂的产品，要在中国寻找市场。这时雍剑秋已经为礼和洋行代克虏伯兵工厂打开了销路，捷成洋行总经理纳尔德便背着礼和洋行找到雍剑秋，要他替艾哈德兵工厂服务，同克虏伯兵工厂竞争。

这时的雍剑秋对礼和洋行因佣金回扣低和不肯多花交际运动费正感到不满意，可谓"想瞌睡来了枕头"。于是便和纳尔德一拍即合，谈得很投机。

他提出 3 个条件：第一，运作费要多，就是说对中国当局的官僚，要用大量金钱贿赂收买，不能像礼和洋行那么吝啬；第二，货物价格，要比国际水平低一些，最低限度，要比礼和的低；第三，要采取放长线钓大鱼的方法，就是花了运动费，无论成功与否，都要洋行认账。

纳尔德也懂得，这不过是羊毛出在羊身上，就完全同意。于是，雍剑秋就一转而成了捷成洋行的军火买办。

北中国军火交易的大佬

雍剑秋任捷成洋行买办后不久，辛亥革命爆发。袁世凯掌握政权后，贪污纳贿之风不见收敛，却愈演愈烈，这样就给了雍剑秋做军火生意千载难逢的机会。

袁世凯过去所练新军，无论是操典还是军事装备一向模拟德国，这会儿他做了总统，雍剑秋便觉得，德国艾哈德兵工厂的产品在中国推销的方便之门大开了，唯一竞争者是克虏伯兵工厂。

这时捷成洋行在北京的流动资金仅有 30 万两银子，可是该行总经理纳尔德让雍剑秋放手用金钱去运作。于是他开始联系当时第一任内阁总理唐绍仪。可是，由于唐要实行责任内阁制，与袁世凯闹翻了，不久去职，所花的运动费等于是打了水漂。

在第二任内阁总理陆征祥任内，雍剑秋找到了一个能同袁世凯说上话的交通总长朱启钤，便在朱身上大下功夫。通过朱，又结交了历次内阁中的段祺瑞、周自齐、金邦平等人。因而他在袁世凯任总统期间，军火生意做得顺风顺水，大大赚了一笔。

生意开始是在 1913 年，捷成洋行用了雍剑秋的策划，由他具名、朱启钤转达，无偿贡献给袁世凯德国艾哈德兵工厂所产的步枪 6000 支、德式大炮 10 门。袁接纳后，批交陆军部验收，并令陆军总长段祺瑞对雍剑秋的军火经营予以尽量照顾，同时还颁发给他一枚三等文虎勋章。

当袁世凯打击反袁的"二次革命"时，这 10 尊大炮曾在浦口轰击南京。

另外，在孙中山发动"二次革命"前后，德国公使通过纳尔德，要雍剑秋卖给袁世凯 10000 支步枪、20 门大炮和自来得手枪（俗称的 20 响驳壳枪）等一批军火，帮助袁扑灭南方革命。这批军火也是艾哈德兵工厂的产品，由捷成洋行启运来中国，由德国政府拨账，捷成洋行只赚了一些运费。

军火送交后，袁世凯又给雍剑秋颁发了二等文虎勋章和二等嘉禾勋章各一枚。

这时，黑龙江省将军朱庆澜，为了剿办胡匪，要购一批军火，向陆军部申请运输执照，段祺瑞就把他介绍给了雍剑秋。雍剑秋到了齐齐哈尔，朱却不在。过了一星期再去，朱仍在前线。他急于出卖军火，就冒险前往前线见朱。朱庆澜见这个生意人这么有胆识，非常欣赏，当即就和他谈妥了购买马枪 5000 支、子弹若干发的合同。

这次与朱庆澜交往，只是凭着他的"真诚"，没有什么花费，因此与朱结成好友。

与此同时，天津德商逸信洋行买办孙仲英，在吉林督军孟恩远左右应酬花钱，从事军火生意。这事被雍剑秋知道后，拿着陆军部的介绍函，也跑到孟恩远那儿大力行贿，把 200 万元军火生意抢到手，挤走了孙仲英。

孙仲英之所以失手，是因为陆军部不发给他许可证。可是他哪儿知道，雍剑秋早就和陆军部次长徐树铮搭上了关系，送给了徐 20 万元。这样一来，孙当然不是他的对手了。

当时，各省陆军的军火和其他军需品，均由陆军部购进后拨发。雍既勾结好了徐树铮，这方面的大批军火生意就不难弄到手。各省地方部队要买枪弹，也必须向陆军部申请发给进口的运输执照，陆军部就令各省当局与雍剑秋接洽办理，其中大部分生意也落到他手中。如安徽的倪嗣冲、山西的阎锡山和南京的张勋所需的军火械弹，都是经过雍剑秋的手向德国艾哈德兵工厂办货的。

当时陆军部购买军火，表面上是用投标方式，每次由部里先发出一种印好的订单，也就是报价的标单，各洋行按标单所规定的规格、品种、数量、价格、运费、交货日期，各项填好后交给陆军部审查。然而，审查结果多是购进艾哈德兵工厂的枪炮子弹。

雍剑秋从中赚到了多少银子，恐怕是个天文数字。

其中有一次，陆军部需要购进一批各种类型的炮弹，包括大炮的榴霰弹。这些品种是以前购进的克虏伯兵工厂的各种大炮所用的，现在仅需要补充。各洋行便纷纷投标，报价均包括运动费在内，因此定价都高。

照例是月初递标单，15 日开标，在开标前陆军部投标委员会的主持人却私下把各家的标单抄了一份送给雍剑秋，供他研究。

雍剑秋发现，各家报价都太高，并且都是克虏伯厂的货色。艾哈德兵工厂没有做过这几种炮弹的生意，因而没有把握争到这笔生意。徐树铮怕他得不到标，就亲自参加研究。纳尔德拿出世界运费价目表来对照，发现各家把运费差不多都提高了一倍。于是捷成洋行投标时在运费一项减去了一半，货价上也优惠了一些。结果捷成得标。

礼和洋行不服气，提出反对意见，说克虏伯的货色是名牌，而且与中国做了多年生意，不能以标价高低为标准，要求陆军部重新考虑。

徐树铮得过雍剑秋的巨额好处，当然偏向他，便对礼和洋行人员说："克虏伯的东西固然好，难道运费也有好坏吗？捷成洋行怎么比你们的运费少？"礼和洋行没有办法再争下去，只得作罢。

这批艾哈德兵工厂的炮弹运到长辛店，由陆军部验收。陆军部派了高级官员和军械司技术人员进行检验，准备试放 3 天后，再行点收。试放时所用的炮自然是克虏伯厂原产的各种大炮。艾哈德兵工厂这次所制的这些炮弹是按国际标准规格制造，基本上也是合乎规格的。

可就在这时，让在场的人大惊失色的是，在试放时，这些炮弹竟然上不了膛！验收人员不由得面面相觑。

纳尔德、雍剑秋、徐树铮也一时不知所措。好在雍剑秋对陆军部各部门都花过贿赂，便要求延期再验。在再验以前，他们将炮弹反复地详细检查。

原来，克虏伯兵工厂并没有完全按照国际标准制造大炮，而是留了一手。他们在炮膛处炮弹筒壳与弹头的衔接处，比国际标准做得短了一些，其他并无差异。因此用一种截切机，把弹头衔接的筒壳截下一圈，便能上膛，再行试放，结果大家都非常满意。

这笔生意雍剑秋赚了 40 多万元。由此推算，在历次购买军火的生意中，他究竟搞了多少钱，很难算出准确数。

这时，德国皇室为了更进一步垄断中国军火，便支持袁世凯称帝。因而德国驻中国公使向袁世凯建议，帮助中国建立一个大型兵工厂，制造步枪、马枪、手枪、机关枪和各种大炮（包括军舰、炮台所用的大炮），以及各种子弹、炮弹和桥梁的钢材。

为此德方开出的条件是：

1. 所有以上这些军用品，由中国政府指定的兵工厂承造供应；

2. 这个兵工厂，由德国艾哈德总厂设计投资，其一切成套机器设备，均由德国提供，价格照当时进口价格计算，作为投资的一部分；

3. 20 年内中国政府不得向其他国家购买军火，以统一中国武器的规格，保证其弹药互换性能；

4. 期满后，兵工厂全部资产无偿交中国政府接收使用。

此外，还要求中国政府答应聘请纳尔德为指导顾问，所有技术人员和专家由德国派来。雍剑秋任厂长，月薪暂定为 1000 元。所有交易，雍剑秋提取回佣二分。厂址选定在京汉铁路线上的长辛店。

随后，建厂的正式合同由陆军总长段祺瑞、次长徐树铮代表中国政府签字。

这时，第一次世界大战尚未爆发，但合同已经签订。正在筹备建厂的时候，第一次世界大战爆发了，建厂计划只得搁置。

袁世凯在称帝前夕，大约是 1915 年秋天的一个夜里，忽然把雍剑秋叫进总统府，在居仁堂和他谈话。

袁世凯说，计划中的长辛店兵工厂，时间上实在来不及，但部队又急需武器，能否先购进一批枪弹。说罢，袁世凯交给他一张军火订单，值一千多万元，还表示可以先付一部分定金。雍剑秋不禁大喜过望！

这件事是以总统陆海军统帅办事处的名义办的，不用通过陆军部，所以是很机密的。

袁要他只和纳尔德面谈。雍剑秋和纳尔德协商后，纳尔德认为数量太大，一年内恐怕不能把货交齐。因为这时第一次世界大战已经爆发，德国正需要大量武器，工厂正在开足马力为本国军队生产。但是为了支持袁做皇帝，亦表示愿意帮袁的忙，因而接受了订单，收下了定金，并及时通知了艾哈德兵工厂，赶快制造。

岂料，人算不如天算。第二年袁世凯就病死了。纳尔德随即电令德国停止制造这批武器。但这时已经制成了一部分，价值 200 多万元。

袁世凯死后，黎元洪上台当总统。

这年的 7 月 21 日，英文《楚报》有这样一则新闻说"总统下令缉拿帝制祸首，然均在政府势力不及之地。梁士诒在香港，杨度在青岛或大连，周自齐赴日本，夏寿田已赴青岛，朱启钤及其死党捷成洋行买办雍涛，自天津携其于帝制进行中攫得之巨款，偕往美国。孙毓筠已入日本籍，前传在上海被捕不确。其余如顾鳌、薛大可二人在天津租界"云云。

实际上朱启钤和雍剑秋并没有去美国，只是暂住在天津的英租界内。

这个消息对雍剑秋来说是个噩耗。好在段祺瑞出任国务总理后，徐树铮是他的把兄弟，风险自然也就慢慢淡了。

置产购地穷奢极欲

在此期间，雍剑秋为了把这笔巨款花出去，就在天津租界购进大量的廉价地皮，还在北戴河置购了一大片地产，在上海也置了不少房产。

北戴河的土地，后来由他和朱启钤两人经营，除修了几座楼房外，还有果木园、苗圃农场，并修了一条宽大的柏油马路，取名为剑秋路。

至于天津英租界的地皮，他首先把现在保定道和烟台道相连的那一块地皮，送给了黎元洪，其他地皮则分送了另外几个人。

这些手法，都是在设法隐瞒为袁世凯造武器那件事。虽然后来风言风语，说他发了财，但很少有人知道他的钱是怎么来的。

尽管他与帝制派中的朱启钤和周自齐过从甚密，但他并不是政府官员，只是一个做军火买办的商人，而且拥袁称帝并无确实证据，不能无故通缉他，所以在政局稍微安定后，他依然来往于津京，若无其事。

随着黎元洪与段祺瑞的府院之争，以及后来的复辟之役，那些执政者逐渐对帝制余孽宽容包庇，最后竟取消了通缉令。所以雍剑秋发的这笔财，始终没有人和他清算。关于他与袁世凯的秘密交易和随后的一些事，是多年以后随着北洋军阀政府的崩溃，逐渐披露出来的。

说到当时在德国存着的那 200 多万元的军火订货，原拟销售给倪嗣冲的安武军。因为倪曾先后扩充了 5 个混成旅，其所需枪支和军需装备，都是捷成洋行承诺包下来的。

张勋复辟失败后，倪又合并了张的部队，这些军队的军火补充，也是捷成的货。

起初，倪嗣冲无意购买这批军火。雍剑秋就先打通倪的粮台主持人王郅隆的关系，由王进言要倪为安徽省扩充地方军队，倪才首肯。为了避开北京耳目，这批军火是在倪控制下的连云港交货的。当时王郅隆也在勾结徐树铮，要徐支持倪的扩军。雍剑秋也送给徐树铮 20 万元。这些秘密勾当，当时无人得知。他在倪、王二人身上，花了差不多 100 万元。

除安武军买了这批军火外，陕西的陈树藩和其他的军阀也曾买过。后来倪嗣冲患病，先住在北京的德国医院治疗，接着想到北戴河去养病。得知消息，雍剑秋就把在北戴河风景区新建的一所楼房送给了倪嗣冲。不久，又把天津佟楼附近的一大段地皮，送给倪嗣冲的小儿子倪幼丹，使倪家花园可以直接通向英租界。

前面说过，雍剑秋能勾结上朱启钤，是他销售大量军火的关键。朱启钤在陆征祥内阁任交通总长，以及历次内阁中任内务总长，并且是袁世凯帝制的大典筹备处的劝进人。有这样的人支持他，所以他的军火买卖，在那个时期大有回旋余地。

他除了对朱启钤大量行贿外，还用了其他的各种手段。

朱那时住在什锦花园，他是个崇尚欧式生活的人。雍剑秋便投其所好，把欧洲出产的新式用品大量买来送给朱。几乎这些外国的东西，只要雍剑秋自己家有了，朱家肯定也有。

在民国元、二年间，北京的风气尚未大开，朱的家里却已完全欧化。举行宴会时，吃的是西餐，家中仆役一律穿着白色大褂、紫色背心，所有装潢摆设，一律西式。参加筵席者，都是当时的国务总理和总

雍剑秋故居

长、次长以及社会上有地位的人物。

这时的雍剑秋已经是朱家登堂入室的好友，他与朝野人士的交往也就频繁了。朱妻喜欢打麻将，因此雍剑秋的夫人便时常去陪她打牌。由于这样，便成了通家至好，异常亲密，无话不说，什么事都能办得通。

大约在1912年，雍、朱两家结成干亲，不到3年又成为儿女亲家。最初是朱的三女儿朱松筠拜雍妻为干娘，后来在雍的授意下，由朱松筠向其母进言，雍的独子、年方10岁的雍鼎臣与其五妹、9岁的朱眉筠结亲。

但在政治见解上，雍剑秋同朱启钤、周自齐并不一致。朱、周两人是坚决拥护袁世凯做皇帝的，而雍剑秋虽然为了生意与袁世凯周旋，关系看上去颇为亲密，实际上，雍剑秋更倾向于欧美的代议制。但他的一切活动是从推销德国军火出发的。所以当袁世凯以承认日本提出的"二十一条"换取帝制的时候，他依然接受了袁世凯的军火订单，表明他是个非常圆通的人。

雍剑秋这个德国军火的大代理商，毫无疑问地引起了日本人的关注。

在第一次世界大战刚爆发的时候，日本的财阀大仓喜八郎特地在天津日本公会堂邀请他出席宴会，希望他转做日本军火的代理人，饭后还同他照了相。雍剑秋却一时拿不定主意，不知是否应该改换门庭。

后来，德国在战争上拖延日久，所定之军火不能如期运到。还有一件事也让他对德国人产生了些许不满。他在德国购买了当时最著名的一款Pvotos牌汽车，定价7000两银子。原来说定是两个半月交货，却因战争的关系，拖到7个半月才运来。

这辆汽车，在当时的北京街头是最新式的轿车，但后来他自己没有坐，却送与了徐树铮。

投靠基督的"社会贤达"

袁世凯暴卒后，雍剑秋感到国内靠山已倒，德国处境日趋不利，日本正利用中国对德参战挟制段祺瑞扩大势力，他又不想投靠日本，因而只有向英美方面去打主意。

于是，他多方和英美基督教会接近，捐助北京米市大街青年会和教会地皮以及大量金钱，作为靠拢英美的初步表现。

1916年8月1日，雍剑秋以所谓"社会改良会"的名义，主持组织了一个"定志服务社会祈祷大会"，先行仿照基督教传教的方式，召集了一个"群众运动"大会，当时参加者不少。这个大会提出的口号是"移风易俗，改良社会"。时在盛暑，与会者每人都得到了雍剑秋所赠的折扇一把，扇面上印着许多宣传改良的话。另外还用白布书写了许多"反对贪官污吏""反对嫖赌纳妾"等标语悬挂在会场内外。

在这之前，朱启钤在内务总长任内时，还为他指定地点，准备建立10个格言碑，分立于北京城内的要冲路口。结果只建了两个，一个在中央公园（今中山公园）门首，一个在东单市场旁。中央公园建的是个八角形亭，有八个柱子，上面刻写了一些古人格言语录，如"文官不爱钱，武将不怕死""贫贱不能移，威武不能屈""自古皆有死，民无信不立"等。东单市场旁边的是个六面体大理石柱，上面也有类似的格言。

这两个建筑物，均是德国工程师设计建造的。东单那块碑上的电灯，也是德国货，上面装有变压器，光度达到800瓦，晚上照耀得如同白昼，颇能引人注目。后因朱启钤被通缉离开北京，其余8个建筑物即行停建。东单碑柱不久也被拆除。中央公园的亭子，几年后也被移到了公园后门。

雍剑秋之所以一再强调反对纳妾，是由于他父亲纳了7个妾，而不照顾他的母亲和他的生活，同时也是投朱启钤、周自齐、金邦平、熊希龄的所好，因为这几个官员在那时也都没有纳妾。

当时，驻扎在廊坊的第十六混成旅旅长冯玉祥也标榜信奉基督教，雍剑秋就有意拉拢他，继续在教会方面花钱。他出资在美国圣经公会印制了皮面的精装《圣经》好几万本。在引言里称"圣经内容，是我们移风易俗、改良社会的必读之书，希望有志爱国者注意研究"，下署"非基督教徒雍涛敬赠"。

为了赠送《圣经》，他还曾在北京中央公园举行了一次盛大的赠送《圣经》大会。

1917年，雍剑秋入了基督教的北京美以美会，由当时北京的基督教主事牧师刘芳授洗。此后他和刘芳、宋希愚、另一个姓曾的牧师发生了密切关系。刘芳是冯玉祥全军信教的领洗人。雍剑秋提倡的所谓"社会改良运动"深得冯玉祥赞许，因而通过刘芳，他又结识了冯玉祥。

与此同时，他继续在北京的东西南北4个市区购地。为了扩大自己的名声，开办了4个育才中学。招收贫寒子弟入学，完全免费，4年毕业。4所学校共招收了1000多人。每届毕业生中的前10名，由他供给费用出洋留学。

这时，雍剑秋开始把他的未来事业寄托在英国基督教伦敦会和美国基督教美以美会，以及办理学校和结交冯玉祥方面。他叫独子拜刘芳为义父，他也认刘芳的二女儿为义女。这样，他就进一步通过刘芳靠拢了冯玉祥。此时，他已经担任基督教北京青年会的会长了。

1917年3月14日，段祺瑞内阁宣布对德断交。德国公使偕同纳尔德找到雍剑秋，要他去和段祺瑞疏通，暂缓对德宣战，至少推迟6个月，并赠送给他400万元作为酬劳。

他衔命拜见段祺瑞，段却没有接受。

不久，他出了件事。他办的东城育才中学原是大佛寺的庙产。北京庙产分为两种，一种是公产，一种是私产。大佛寺原系私人产业，他从方丈手里买来，有老契为凭。他把佛堂改为教室，把佛像埋起来，本来不成问题。问题在于他的所谓"社会改良的群众运动"，提出过一些令人刺目、遭人嫉视的口号。有人说他"离经叛道，用基督教毁灭佛教"，更重要的是朱启钤的内务总长下了台，没有了撑腰的人，所以有人敢向他下手。

原内务部直辖的京师警察总监吴炳湘认为雍剑秋借着朱的权势，在北京大出风头，为所欲为，目中无人。今天朱既失势，吴就支持他的总务处长常耀奎鼓动大佛寺方丈控告雍剑秋强买庙产，侮辱佛像，把雍剑秋关押了几个月。

在铁锁琅铛的侦讯期中也不准他取保，只有在他弟弟雍沛仲病故时才由法警押着回了一次家。

当时段祺瑞见雍剑秋所依靠的德国势力已经衰落，亦袖手旁观。最后由其妻直接求段，并由各方托人斡旋，并将庙产归还给了大佛寺方丈，学校停办，年底才被释放。

这件事从表面上看，与同袁世凯的秘密交易好像无关，其实是有关联的。只因找不到佐证，所以借题发挥，想挤出他的油水，同时也想让这个大财主出出洋相。

他出狱后，友人劝他离开北京，把4个中学都停办。但一年多来已有900多学生无力转学，要求他设法维持。于是他又拿出10万元，交给北京青年会，委托它办了一个财商专门职业学校，把捐款作为奖学基金给学生免费就学。4年毕业谋得职业后，无息归还学膳等费，找不到工作的可按情况缓期或免于归还。这就是当时所谓的"剑秋奖学金"。

"滑得像泥鳅的他，什么都料到了"

1918年，雍剑秋结束了北京的业务，移居天津。这时他的财产还有300多万元。

他虽在北京栽了跟头，却仍不甘心。到天津后，继续拉拢天津的英美教会，为此捐款捐地。他出资在美国圣经公会购买了许多传教书籍，还捐给教会学校和圣经会很大一笔款。对伦敦会也捐了款，因此做了伦敦会天津马大夫医院的常务董事。

他对天津青年会、美以美会、中西女学、汇文中学、新学书院也分别捐了一些款，并向维期礼堂捐款，修建了2所培才学校，同时捐了一块地皮给神学院，并为神学院盖了楼房。也就是说，凡是与英美有关的教会或学校，他无不捐款。

这些措施，都是为了打通英美路线。果然，后来美国的基督教会在旧金山举行的基督教世界年会上，特别为他出了一本《佛兰克·雍涛》的小册子专集，表彰他热心基督教事业。由此，雍剑秋获得了英美人士的重视。

1919年7月，德国在《凡尔赛和约》上签字。过去在中国开设洋行的德国人卷土重来。1920年德国旅华侨民公会会长韩纳根，偕同一批侨居过中国的德国人再来天津，其中有悌佛士、包尔德等人。

原先在天津开设德义洋行的瓦路蒂，在中国对德宣战前回国，早把他在中国掠夺得到的财产变为现款汇到外国，所以战后他还是一个富翁，没有重来中国。但为了照顾他的副手悌佛士，他把德义洋行这块招牌转赠给了他。

德义洋行这块招牌不是空的，可以跟着它以前创出的渠道大做进出口生意，可是悌佛士没有资金动不了。他先与包尔德商量，包尔德也是个穷光蛋，于是想起了与他做过军火买卖的老搭档雍剑秋。

雍剑秋一听到德义洋行要恢复营业并且要他投资，喜不自胜，认定这是个好机会，立即允诺投资 20 万两银子，使自己成为了德义洋行的独资东家。

他与悌佛士和包尔德的合作条件是：自己不担任任何职位，但重大事项必须由他认可；悌佛士任洋行总经理，包尔德任副经理负责业务，均不拿工资，但每人每月可支取生活费 500 元；年终盈余，雍得利润一半，另一半由他们两人均分；如德义洋行因做大笔生意，需要大量现款，在雍剑秋同意下，可用他的银行存款作保，或由他商请银行担保。

这样一来，德义洋行的老板成了雍剑秋，德国人反倒成了资方代理人了。

德义洋行由包尔德管理进口部，所经营的货物有在华北地区包销的英国蜜蜂牌绒线和德国汉士牌绒线，德国的电灯泡和一些电料，英、德、法等国的自行车、保险柜，英美的文具纸张、大小五金材料等。

悌佛士管理出口部，输出各种皮毛、草帽辫、人发网和土特农产品等。另外还设有西药部，经售英、美、德、法、瑞士等国各大药厂的药品，如拜耳药厂的药，那时是非常畅销的。所以当时的西药部最赚钱。

雍剑秋不仅重新和德国人搭上了关系，对英美等国家的拉拢也没有放松。

美国曼哈顿大通银行（洛克菲勒系统的银行）来天津筹备开设分行时，该行经理菲尔尼德要找一所住宅。这时雍剑秋正在马厂道革新里建筑了 10 栋楼房。他鉴于大通银行是美国大垄断集团的银行，认为是一个拉拢的好对象，便出赁了一所住宅。

这个美国人见雍家起居服用，全是豪华的欧美生活方式，便觉得此人信得过，因而又托雍剑秋物色一位华账房买办。雍的儿子就推荐了章以吴，章便做了天津大通银行的华经理。这样做，也是接近美国的一个企图。

"九一八"事变后的几年，雍剑秋精力渐衰，又鉴于国内外局势紧张，便无心继续经营。他对德国人说，所有德义洋行购置的财产他全部放弃，退出该行。资本20万两银子，分3年无息归还，从此与该行脱离关系。

后来希特勒引发了第二次世界大战，这个洋行遭到的损失巨大，不得不关门。但这时雍剑秋早已退出该行，所以没受到一点损失。相反，在他当这个洋行东家时，每年平均可以分到红利10万元上下。

于是有人便说，这个雍剑秋滑得像泥鳅，又好像长了后眼睛，什么事都被他料到了。

达官显贵座上客

1919年，雍剑秋在青年会其他董事的同意下，自己出钱，借维斯礼堂楼下成立了一个"养真社"。这个社提倡男女社交公开，婚姻自由，反对嫖娼纳妾，并宣传一些基督教的道德观。还在城厢及各租界冲要路口，设立许多标语牌子，上面写着许多别出心裁的标语，如"人有千算，天有一算""纳妾嫖娼，社会之羞"等。当时，聘请青年会干事李燕豪主持养真社的事宜。

雍剑秋自移居天津后，除拉拢基督教会外，对天津社会上的所谓公益事业也一一插手。如向江苏会馆、浙江会馆、安徽会馆等分别捐了一些钱，并为江苏捐款购地，埋葬乡人，因而被选为江苏会馆的董事长。

对天津慈善团体之一的广仁堂雍剑秋也有捐助，被选为董事长。中西女学、汇文中学等教会学校，由于他的捐款，也分别推举他为董事长。著名的南开创始人张伯苓等，也争取过他的经济援助，聘他为学校的董事。

他这样做，无非是在他与北京政治关系断绝后，企图以地方绅士的面貌出现，重新树立他的社会形象。

雍剑秋初到天津时，在天津英租界的边缘地段，当时还是荒芜的地皮上，建筑了一个西湖别墅。这虽然是孤零零的一座大厦，里面的陈设却极尽欧化，显然是为租界里的高等华人和达官显要预备的交际场所。

当时天津的报纸介绍西湖别墅时写道："津门唯一之大建筑，乃巍然现其宏体于马厂道之首。""马厂道虽精致，驰车其中者至多，然深入马厂，一无所有，游者求一休止之地而不可得；今有别墅，可供登临远眺及饮食舞息之需，吾知必为津门人士所乐趋也。"

据记载，西湖别墅的卧室布置得幽雅精致，且都附有浴室；"饮食第一精美，全埠无出其右者"。饭店还拥有当时天津唯一的弹簧地板跳舞场，可容宾客700人活动。在屋顶设有花园以及电梯。另外，还专门从国外请来了洋乐队。

西湖别墅还占尽了地利优势。门前马厂道为全市最干净的马路，空气清新，赏心悦目。星期一的每天晚上均有舞会，星期日下午还有茶舞会。每逢中西佳节，更是有特别盛大的聚会。

值得一提的是，1929年12月28日，梅兰芳在赴美交流演出的途中，由北京出发路过天津，当时专门下榻在西湖别墅。而这之前，梅兰芳到天津时"一向居利顺德饭店"。梅氏到津后当晚，《天津商报》在西湖别墅为他举办盛宴，包括市长在内的200多名各界人士莅临，晚宴盛况被摄制成电影，"颇极一时之盛"。第二天"旅津美国大学同学会"也曾宴请梅兰芳于此，报纸称"梅氏对于该西湖别墅极端赞美"。

这座别墅落成的时候，正值直奉第二次战争结束。在这以前，张学良在沈阳修建了一个凌格饭店。他听说西湖别墅比他的凌格饭店还要豪华，便在到天津后驱车前来查看。雍剑秋见少帅肯屈尊俯就到他的别墅，当然是受宠若惊，便举行盛大的欢迎宴会，亲自招待这位东北的实力人物。

也许正是因为少帅为他打开了局面，从那时起，西湖别墅开始接待各方军阀显要。后来张学铭、刘多荃、商震等来天津，也多在这里举行宴会。而商震和雍剑秋都是基督徒，过从甚密，一住就是半年，雍剑秋全部免费。

1925年末和1926年初，张作霖和吴佩孚合作，迫使冯玉祥退居张家口。一天，冯玉祥给雍剑秋打电报，邀他去张家口，说是要与他谈基督教问题。但在张家口和冯玉祥、李烈钧、徐谦等人见面时，谈的问题却很广泛。冯玉祥当时的处境恶劣，没有谈出什么具体结果来。此事还被报纸披露了。

当时奉系李景林正与国民第三军的孙岳争夺直隶省的地盘，剑拔弩张，就要开打。由于雍剑秋有张家口之行，李景林说他通敌，就命军警督察处长李书风捉他。当时，秘探布满雍剑秋的住宅周围，形势看似非常严重。其实，李景林不过是想在这个洋行大买办身上敲一笔竹杠而已。

由于雍剑秋本人早与奉系有些关系，因而张学良派人把消息通知了他，他便携带家眷悄悄离开天津，到了大连。大连是日本的势力范围，雍剑秋也不放心，不敢久居，随即又移居上海。这样在上海住了两年多。"四一二事变"后，蒋介石和共产党翻脸，上海情势非常混乱，他才迁回了天津。

国民党军北伐后，阎锡山攫得平、津及河北省地盘，商震出任河北省主席。商震便以地方长官的身份到天津拜访了自己的老朋友、同是基督徒的雍剑秋，下榻在西湖别墅。

商震是个崇欧崇美的人，对西湖别墅赞不绝口。雍剑秋为了巴结这个省主席，就把楼下十大间客厅和卧室腾出来，给商居住和办公，商也就长期以此为自己的行辕。

在这之前，燕京大学校长司徒雷登，曾以基督教会名义向雍剑秋募捐，他也曾捐过一些款。司徒雷登知道他做洋行生意，为了拉拢他，曾介绍他向美国商行直接订货，包括军火在内。同时，悌佛士和包尔德也一再怂恿他设法恢复军火生意，因而雍剑秋曾向商震说过，德义洋行能供应各国最新式的武器，而且价廉物美。但阎锡山这时已向各国直接购买军火，所以他的这个打算没有成功。

1930年阎冯反蒋失败后，张学良再度进关，阎冯部队改编。雍剑秋曾替商在幕后策划，要商与张合作。

"九一八事变"后，由于雍剑秋一向反对日本，而寄望于英美，同时，因为他接近英美，国际信息也特别灵通，所以商震来天津时，他把自己在天津认识的英美人士和英美等国的驻津总领事，都一一介绍给商震认识。

1935年，商震再度出任河北省主席。这年是日本侵略中国、进据华北的最紧张的一年，其间发生过"香河事件"。这时雍的儿子雍鼎臣已担任了河北省政府驻津办事处副处长。他把搜集到的有关日本方面的情报密电商震，每天都有四五封。

"香河事件"是天津日本特务机关制造的。何应钦不明白为什么《何梅协定》签订后日本突然变卦，因而电询商震。商把天津办事处的电报转给了何，于是何到保定会晤商，讨论应对办法。雍剑秋认为，这是向蒋介石、何应钦表示忠诚的绝好机会，便再三嘱咐儿子鼎臣代表他向何应钦和蒋介石致敬，特别是对蒋介石要表示衷心敬仰。

"香河事件"平定后，日本又在天津发动了一系列的便衣暴动。在伪"冀东防共自治政府"成立前，日本特务机关长土肥原贤二曾在天津搞脱离南京的所谓"华北五省自治运动"。

有一天，商震应土肥原的邀请，到日本租界的一个日本料理店赴宴。土肥原企图说服商震，要他联合华北五省共同反蒋，宣布自治。条件是保证商震做河北省主席，日本军队不进入华北。

这时已是五省代表签字的前夕，商震回来即与雍剑秋商量，彼此都认为不妥，原因是商震的军队只有4万人左右，而宋哲元的军队有10万多人，商敌不过宋，一旦商脱离中央，一定吃宋的亏，所以决定不干。商震随即乘雍家新买的一辆美国汽车，当夜赶回保定。

1943年，军统局投降日寇的特务裴捷三同吴泰勋勾结日本宪兵队，忽然把雍剑秋逮捕，关押了一夜，同时把他的房产（马厂道300号、298号、294号和福音里、福音堂）全部查封，并冻结了他的银行存款。

后来，通过伪市长温世珍和老牌汉奸曹汝霖向日本人疏通，并送给日本人20万元的联银券，才于同年5月30日将上述财产发还。

金银散尽，撒手人寰

1945年日寇投降后，有一次蒋介石到北平，商震以参军长身份随行。商在见到天津市长张廷谔时，要张代他向雍剑秋问候。

雍剑秋这时已患癌症，命在旦夕。他一生敛财无数，但在这时，已经接近金银散尽、撒手人寰的境地。

雍剑秋在各个时期的财产收支数字和购置产业等情况较为复杂，只能列举其较大的几项。

在收入方面：

雍剑秋尚未当买办以前，他应丁宝铨之招，到山西赚了 5 万两银子，丁送给他 5000 两银子以及一些贵重礼品，这是他的第一笔收入。其中，除了用 2 万两银子捐得一个直隶省候补道外，还买进了一所王府的住宅。他把这所住宅内部改装成西式，花了几千元。他当礼和洋行买办时所做的第一笔军火生意，是为清政府购买军械，佣金低，应酬多，所获不多。

民国初年以后，一直到他离开北京，他的财富来源一是佣金回扣，二是同陆军部（表面上通过投标方式）做成的 3 笔生意。当然也有很多的小生意。

其中第一笔是陆军部购买的各种类型的炮弹，即前文所述与克虏伯兵工厂抢生意的那一笔，他赚了佣金和运动费 40 万两银子。

第二笔是陆军部购买的各种步枪、手枪和其他军需用品，如望远镜、测量仪器、暖水壶等。每支步枪附带子弹 400 发，每支手枪附带子弹 200 发。总计价值 800 多万元。佣金 3 分，计 24 万元。运动费报销了 60 万元，实际只花了 40 万元，剩下的 20 万元由他中饱。

第三次是陆军部购买各种大炮，并附带各种炮弹。这笔生意共计 600 万元，佣金二分五厘，计 15 万元。运动费是 80 万元，实际用了 50 万元，自肥了 30 万元。

从地方军人方面的收入为：黑龙江省朱庆澜购买马枪 5000 支，每支附带 400 发子弹。除佣金外，报销的运动费完全进了自己的腰包，因为在朱那里根本没有花钱。

吉林省督军孟恩远所购军火的品种和数量详情不明，但货价总值是 200 万元，佣金二分五厘，计 5 万元。因为有竞争关系，在陆军部上下花了一些钱，其中最重要的是送给陆军部次长徐树铮的运动费 20 万元、孟恩远 30 万元。在报销中，多报了 10 万元，归他中饱。

倪嗣冲买的军火，原是袁世凯生前已付了款的那批 200 万元的现货，因与捷成关系不大，几乎是雍剑秋的私人生意。在这笔生意中，除从货价中提出大量运动费外，他实得 80 万元。

其他各省军阀，或陆军部、海军部经常补充购进的零件和一些军用品器材，如小兵轮、小炮艇之类，他赚了多少钱，均无资料记载。

从清末至民国六年，雍剑秋任礼和及捷成洋行的买办期间，单从军火上，他个人就共计赚了大约 600 万元。这还不算德义洋行的利润。

再来说说雍剑秋的置产方面。

辛亥革命以后，清室亲贵收入减少。初时还想维持个空架子，不肯变卖房屋，只愿典押借款。雍剑秋买进了 100 多处这样的房产，专门雇用了两个管事人向王爷们收取利息。1916 年以后，这些亲贵们开始变卖房产，逐渐还清了向雍所借的款。那时雍不能在北京居住，故未购置这种产业。

1914 年至 1915 年间，朱启钤任内务总长。为了繁荣北京市面，在前门外香厂一带修筑了一条马路，两旁的地皮廉价出售，但必须在一年内沿马路盖起铺面或楼房。雍剑秋以朱启钤的关系，买了一些这种地皮，修建了铺面楼房 40 余所，用了多少钱不详。

当他在北京时，周学熙曾劝他，可以投资开办开滦煤矿和启新洋灰公司。他各投入股本数万元（这时那两个公司总资本都是 100 万元），但以好几个"堂名"的名义，其中之一是"秦剑堂"。

他离开北京的前一年，为了办"社会改良会"和"群众运动会"，又捐修房舍，兴办了 4 个育才中学及捐助基督教会地皮和捐款，包括最后的财商职业专门学校的奖学基金，共计花了六七十万元。他在北京吃官司，因奔走托情，也用去了这么多钱。另外，他存在德华银行的几十万元德国马克外汇，因德国战败而成为废纸。故他去天津时，所存现款只有 300 多万元了。

他在天津的那段时期，在租界里买了 100 多亩地皮。这些地皮有的随着涨价出售，有的赠送与人（如黎元洪和倪嗣冲等），有的捐给了基都教会。

在留作自用的地皮上，他在马厂道建筑了革新里房屋 10 所，内有九楼九底、三楼三底、两楼两底的房屋不等。后来他又在马厂道修建了西湖别墅，在广西路福音里修建了楼房 9 所、平房 21 所，并在广西路福音里两旁，修建了由他主持的基督教协助会管理的基督教堂 1 所（即现在的天津基督教三自爱国运动委员会会址）。

此外，他还在河北区修建了康吉里400余间平房、鼎康里200余间平房，又捐修维斯礼堂旁边的培才小学一所。以上这些地皮房产，连捐带送，以及自建房屋，共计用了100多万元。他在北戴河修建了3处别墅，购茔地200多亩，修马路，捐赠医院学校，共计花了30多万元。避李景林之难，居上海二年，用去20多万元。

第一次世界大战后，除投资德义洋行20万两外，国货售品所、华北制革厂、大华火油公司、东亚毛呢厂都有他的投资，共计10余万元。

日本侵华时期，除了不动产外，他尚存现款100多万元，因联银券贬值，只得陆续出售一部分房产，以维持门面；又遭到日寇的敲诈，花了20万元。

日本投降后，法币和金元券恶性贬值，损失更大，再加上应酬交际，他的财力已成强弩之末。及至天津解放的前半年，雍剑秋临死前，剩下的现款大约只有1万元，房5所（包括西湖别墅、天和医院）及平房30余所。

雍剑秋溺爱独生子雍鼎臣，除送他去学校上课外，在家里还为他请了英文教师辅导他，又请了杨柳青杨派太极拳师教拳。但这个儿子无意于此，而是交了一批纨绔浪荡朋友，背着他吃、喝、嫖、赌、抽，无所不为，往往连续赌博三昼夜，才肯罢休。

雍剑秋每天早上7点下楼，要在花园里看儿子练拳。而雍鼎臣都是一大早6点前就从赌场赶回家，打一两套拳敷衍一番。等雍剑秋走后，便又去干自己喜欢的事了。

有一年，雍鼎臣做股票和棉布交易的投机买卖，年终各银行追索欠款时，他躲在北洋画报社的冯武越家不敢露面。雍剑秋知道了，痛骂了他一顿，但还是为他偿清了债务。虽然这样，雍鼎臣仍然是恶习难改。雍剑秋舐犊情深，不忍过责，认为无法再管，便将所有存款、洋行买卖和投资的股票都给了儿子。

在他想来，假若这些资财都被搞光了，还有各处房产可以吃租；假若这些房产也都全败完了，还可以到北戴河去种果木过日子。他还准备了最后一步，如果北戴河的地也被卖了，到实在混不上饭吃时，就由天津基督教协助会收留自己。这是他在捐建天津基督教协助会教堂时，已与教会谈妥了的。

一代买办大佬，到头来竟落到如此地步。

第十章

靠木材起家的达来洋行买办阮渭泾

美国名人的中国梦

用木材创立美国达来洋行的罗伯特·达来，曾与亨利·福特、考尔曼·杜邦、洛克菲勒等名人被并列为"创建美国的50个伟人"之一。

在他的350页的回忆录里，有百分之八十以上的篇幅都涉及他在中国的活动，他与中国清末民初的政治和工商业有着千丝万缕的联系。

罗伯特·达来1844年出生于苏格兰的法尔科克。因家境贫寒，12岁时即进机器铺当学徒。1858年4月，随父亲作为移民迁往加拿大渥太华，在一家桶板厂做小工。1861年到伐木队里当厨房伙计，5年后当上了工头，领着工人到300哩外的林区伐木，学会了许多有关木材的知识。

1872年，他开始与人合伙经营木材生意。由于纽约的经济恐慌波及加拿大，经营不利，并且还背了一身债。3年后清偿了债务再度经营，自此便一帆风顺。

加拿大的木材资源丰富，但采伐贩运的人不多。罗伯特·达来经营得法，不数年，业务即得到了飞跃发展。1880年，他开始向英国市场输出方木，开展了国际贸易。由于国际市场需求大型的木材，1882年7月，他把公司迁往美国的密西根，在后来被称为"达来村"的地方设立了机器锯木厂，同时创立了英加木材公司。1888年，为了扩大业务范围，他迁往旧金山，在那儿设立了罗伯特·达来公司。

1893 年，他开始投资航运事业。从最初买进一条 300 吨的"报童号"，逐渐发展成为拥有大批远洋船队的达来轮船公司，即是后来的"美国总统轮船公司"的前身。为了便于供应运往远东和中国的货物，罗伯特·达来在华盛顿州还建筑了一座当时最大的锯木厂。

达来的梦想就是把生意做到东方那个遥远而又神秘的中国去。他知道，中国在木材生意方面还基本是一张白纸，大有可为。

垄断木材五十年

1901 年，罗伯特·达来派遣他的"阿拉伯号"号轮船，满装 6000 多吨木材首航中国，这是罗伯特·达来进军远东的开始。

运到中国的这批木料都是方木，而且多半都是 16 厘米以上见方的大料，不适合中国市场需要，所以一半的货没能卖上好价，赔了本。因此，他又于 1902 年 7 月乘"中国号"经日本来到中国，遍访了上海、广州、汕头、厦门、青岛、烟台、塘沽、天津、北京、秦皇岛等地，详细调查了市场情况，尤其是对木材和航运以及进出口货物等了解得更为详尽。

当时，中国北方一向是进口朝鲜的木材，经由鸭绿江顺流而下，至塘沽卸货。南方则习惯进口日本的木材，而且多半是原木，很少用大型方木。即使购进大型方木，也仍用人工把它锯成小料和板材。南方城市建筑所需的地板，也以大料改制，且价格远较大料为贵。

当时在中国的外国商人多半是英国人、日本人和德国人，木材这一行尚未被人重视，是一种十分有发展前途的贸易。同时，庚子年之后，北方的铁路、桥梁多被破坏，天津、北京的房屋被焚毁的也很多，处处大兴土木，需要的木材量很大，有供不应求之势。

达来了解到这些情况后，便决定在中国设行开展木材贸易。在他回程还没有到达美国时，便在途中打电报派"哈塞尔·达来号"从美国运了一船枕木到天津，回航时则从日本运橡木去美国和墨西哥。

1903 年，他再次来到中国，除去布置上海、天津的达来洋行与达来木行业务并赴南京销售枕木外，还去过东北。当时他设想投资铺筑秦皇岛至北京的直达铁路，并在旅顺、大连、哈尔滨等地以煤油、面粉进口，来与当地的沙俄势力竞争。

罗伯特·达来的两次中国之行以后，陆续派遣他的子女和亲信来华，在上海、天津、汉口、北京、南京、芜湖、郑州、宜昌、重庆、青岛、广州、香港等地开设分支机构，购买地皮，建筑锯木厂和仓库，利用其轮船与木材的联合企业，垄断了中国的进口木材市场长达 50 年之久。

上海达来洋行是罗伯特·达来家族企业在远东的总机构，直接隶属于在美国的总行，于 1902 年建立。最初设立在四川路上一所古旧的小房子里，紧接着又迁到四川路的南京路口，后来在广东路近外滩处自建了一栋七层大楼。

40 多年中，公司的业务大部分时间都是由他的第三个儿子哈罗德·达来任经理，全权处理远东各地分支机构的业务和人事。

达来洋行以航运与木材为主要业务，但也经营一般的进出口、码头、仓库等业务。在其联合企业中，还有一个环球无线电公司，对外收揽电信，实际上是罗伯特·达来的耳目，同时也是美国政府的情报机构。

在进出口业务中，达来洋行是许多美国厂商的驻远东和中国的总代理（如花牌牛奶罐头、轮胎等），业务大至火车机车、路轨，小到机器零件，无不经营，但是其主要业务仍是航运与木材。

由于在中国港口卸下木材之后，不能以空船驶回美国，必须设法尽力联系回头货载。在 1910 年以前，达来公司的回头货载着眼于日本的橡木（柞木）、硫黄、焦炭等及南洋的桃花心木与椰肉等。1909 年他在中国内地旅行时，在湖北大冶发现江边有若干生铁待运日本，并进一步了解到待运日本的生铁竟然有几十万吨之多。他看准了这个机会，立即与汉冶萍公司进行联系，于 1910 年 2 月以美国西方钢铁公司代表的身份再来中国，到汉口与汉冶萍公司签订了出口铁矿与铸铁块的合同。

1917 年，达来公司又派其美籍经理和买办同赴山东、安徽等省勘察矿区（当时山东的铁矿苗都裸露在地面上）。第一次世界大战之后，德国在山东攫取的权利，多半被日本取代，它自营铁矿的打算未能如愿。

上海达来洋行的木材部，是在中国做木材业务的总枢纽。最初是利用华商木行以打开华东、华中、华南各地的销路，把持民用木材市场。国民政府在南京建都之后，大量枕木业务都由南京铁道部招标掌握。达来洋行由于资力雄厚，往往在标价及条件上胜人一筹，其他商家大多无法与其竞争。

上海达来洋行在全盛时期有职员近 300 人。职工一般是分为三个等级的。第一等是美国人，由美国总公司派来，占据洋行中所有的主要职位。其次是上海当地的混血种洋人，多半作为美国人的助手，占据中等职员的位置。再次才是中国人。

1910 年罗伯特·达来在汉口与汉冶萍公司签订铁矿石合同之后，去杭州游览。恰逢盛宣怀计划重修灵隐寺，向上海达来洋行订购了梁柱用的大木 28 根。为了讨好盛宣怀这个当时中国的商界巨擘，以取得这个大买办官僚更多的帮助，达来即电令美国公司挑选最大的美国红松 28 根，由"梅西尔·达来号"装运来华，作为捐赠给灵隐寺修复工程之用。

这批大木料在美国也是比较罕见的，长达 105 英尺（30 多米），粗端直径 48 英寸（1 米 1 左右），最大的一根重 20 吨。大木运抵上海后，经运河运到杭州，在拱宸桥上岸，每根大木都需要用 250 个人抬到灵隐寺。当时杭州万人空巷，争睹这一盛事。多年以后，人们忆起此事仍是津津乐道。

此外，达来还曾捐赠了武昌基督教青年会会所及设备，在上海也曾捐赠女青年会大楼及上海西人青年会大楼。据说，美国政府退还庚子赔款以充教育中国青年之用这件事，就是他向美国政府建议的。他还曾以旧金山市商会会长的名义，每年招待由中国去美国留学的青年。达来的这些活动曾经受到美国总统塔夫脱的奖励。

1914 年第一次世界大战爆发后，达来应威尔逊总统的邀请，前往华盛顿去起草紧急航运法案。年底又来到了中国，在上海和汉口略事安排之后，就作为副总统黎元洪的贵宾专程赴北京。

据说黎元洪曾多次邀请他到其私宅谈论外交、财政与一些有关的国策问题。当时袁世凯正在积极准备做皇帝，需要外国的支持，所以赠予了达来一枚大绶勋章。

据说袁世凯死后，黎元洪继任大总统时，发出的第一个电报就是给达来报喜的。

1915 年 4 月，中华总商会代表团组成，一行 18 人于 9 日由上海乘"满洲号"轮船启程赴美。达来以特使的身份亲自陪同前往。代表团的一切行动，包括美国 26 个城市的接待工作，到 243 个工厂的参观等，都是达来一手布置的。

在他的自传中有这样一段记述："我们所花费在接待中国代表团身上的钱，早已经几倍、几十倍、几百倍地赚了回来。通过他们这次来访，做成了许多生意，扩大了美国在中国的影响。"

在达来给美国商联会的报告中还有这样一段话："中国的商会代表团这次来访，布置得很成功。自旧金山至纽约，沿途盛情招待，至纽约达到最高峰。一切都可以说是尽善尽美。从商业的结果上看来，几票大生意做成了，有买有卖，尤其是在买的一方面更好。我们已经计划好了要建立一个轮船公司和一家银行，这不仅是能增进两国的友谊，而最重要的是发展了我们的事业，展望前途，无穷美景。"

紧接着这次访问，达来为了迎接新的大生意，特于 1916 年又建造一条 7000 吨的巨轮，花了双倍价格，要求尽快出坞。据达来自己说："处女航我就收回了一半船价，不到一年的工夫，我就赚回了这条船。"

达来轮船公司在 20 世纪 30 年代以前是属于世界上唯一的客货运环球航线，拥有 20 余条远洋船只，其中 8 艘是环球客运货运轮船，均为 15000 吨的吨位；9 艘是同样吨位的太平洋东西两岸的客货轮；另外还有 8 艘是专事运输木料的轮船，其吨位 5000 至 8000 吨不等。

所有这些船只都以达来家族及其嫡系亲属人员的名字命名，如"罗伯特·达来号""梅威尔·达来号""贝茜·达来号"等。

第一次世界大战期间运价骤涨，除木材等大路货外，达来轮船公司的船只还运载军火及其他贵重货物，而且凭借和美国当时的执政党共和党的特殊关系，得到了很大的方便，因而业务日趋繁荣。最盛时，上海港口每周都有达来公司的船只停泊。

上海是达来轮船公司远东航线的终点，他为了扩展业务，在黄浦江上游白莲泾购买了大片沿江的荒地，建筑了长达 1000 英尺的最新式的码头以及仓库、办公楼、职工宿舍等。

生财诀窍

罗伯特·达来的联合企业在中国各地的分支机构很多，而以"达来木行"为名的，只是天津、汉口两处，其余的则都以"达来洋行"为名。

天津的达来木行建立较早，最初行址在今天解放桥河沿。1923 年售给了大陆银行。另外又在河对岸买进了一块地皮约 2000 亩，建立锯木厂，安装了新式带锯与圆锯，自己进行加工，以供应当时华北地区市场。

清末洋商经营木材贸易的，除达来木行外，还有英商的群泰木行、祥泰木行、怡和洋行以及日商三井洋行，但达来所做的贸易额最大。仅就海关关册统计数字来看，1900 年进口木材总值即达到了 1334480 海关两，1928 年则达到了惊人的 18761458 海关两，较 1900 年增加了 14 倍。由此可以大致看出达来木行历年的发展情况。

1913 年时，达来曾经自己计算了一下，说他在过去 10 年间运到中国的木材有 40 亿立方英尺，这还只是初期的情况。即使以此初期数字作为根据，估计 40 年中达来的木材营业额应该有 20 亿美元左右，共获纯利约有 7 亿美元之巨。

达来木行之所以能够操纵垄断中国木材市场，获得如此巨大的利润，主要是由于它挟雄厚资力和优越的条件，采用种种手段打击中国的木材商，并排挤其他洋商。

达来木材的堆放方法有许多种，堆放的好坏直接影响到木材的质量。他用一种特制的水泥墩子垫底，水泥墩子有 4 种不同的尺码，根据木材的规格大小分别堆放，所以在出货时往往此别家质量高，容易为顾客所采用。

中国北方旧时建筑用的木材，绝大部分是东北松，也叫安东红白松，也有华中和华南诸省的小木材，如福建松和江西、湖北的杉木等，它们的尺寸都没有固定的标准，在建筑中应用极不方便，费力费时，而且损耗很大。

而达来木材行进口的美国松木，则是已经在国外加工好的木材，全部是按照一定的规格，制成大小长短不等的标准尺码，共有 500 多种尺寸。而且这些标准尺码多年不变，花色齐全，土木工程师和包工头乐于选用。因为它既便于设计，也便于施工，而且随用随购，随时可以送到工地，顾客既不致积压资金，也用不着在购进之后再行加工。如果需要特殊尺寸的木材，达来木材行有电锯等设备，可以随时按照买家所需的尺寸代为加工，在指定时间交货，不致耽误工期。

中国以前没有制成的有固定尺寸的地板，而是随用随锯，胡拼乱凑的居多，不是长短不齐，就是厚薄不一，施工起来颇费周折。达来木行供应的"龙凤榫地板"则是漂亮整齐，厚薄一致，天津、北京以及国内其他许多城市中所用的地板，在过去有很大一部分出自达来。

这种地板在美国购进时，其价格是低于美松方木和板片的。因为这些地板所用的并非整料，而是在制造方木时所锯下来的树皮内层下脚料。但是这种地板运到中国之后，即摇身一变成为上等品了，不但没有按方木的价格论价，反而高于方木价格两三成以上，一反一正，其利润超过了原价的百分之五十。

另外，"龙凤榫"地板的售价是按照刨光加工之前的毛料尺寸计算的，所以买主除了要负担刨光加工的费用之外，在尺寸的耗损方面还得吃亏二成以上。这样，一里一外，几乎又是近百分之五十的利润。

达来木行玩的这些手段，非业内之人绝不可能得知。当达来与中国木材行业降价竞争时，表面上跌下几成，甚至是跌到血本之内，实际上仍有百分之几十的利润可赚，而作为竞争对手的中国木材行业，则往往因此而倾家荡产。

美国松木分为头、二、三等货。头等货行销英国和欧洲大陆诸国，从来不向中国出口。运来中国的货物，是二、三等货的混合品，名义上是所谓二等货，卖二等货的价格，而实际上是三分之二的二等货、三分之一的三等货，如同用水掺酒一样，白赚了三分之一的差价。

达来木行和天津其他经营木材的洋行之间，竞争也十分激烈。

天津洋商经营的进口木材种类虽多，但主要是美国松木。达来木行同英商祥泰木行、怡和洋行，日商三井洋行和久恒木行间的竞争，也主要是推销美国松木的竞争。特别是对于铁路局、矿务局及其他大量用户在订购美国松木、铁道枕木、矿井支木等期货投标时，各家洋行更是互相杀价兜揽，请客送礼，千方百计争取生意到手。

例如：售给开滦矿务局的"船货"，原计划是在秦皇岛的船边交货，为竞争，洋行规定可以改为矿上交货；原订货的条件是根据提货交付原木的根数，而为了竞争，亦可不变定价，改为按尺码交货；在门市售货方面，更是常在暗中以送货上门、不收脚力、回扣求售等公开或秘密的手法，相互倾轧。

达来木行在清末民初时，买办杨起龋因盗用行中的几万两款项，被起诉于法院。经杨起龋变卖家产赔偿后，仍以尾数之差而被判处徒刑。

此后，达来木行自 1916 年起废除了买办的职位，而以非买办性的华账房代替。第一任华账房主任叫孙捷三，是由买办时期的职员升任的。华账房没有贴费，一切开支都由洋账房拨款，实报实销。在业务方面，华账房因为不能自行营业，所以实际上是达来木行的一个木材业务科，完全脱离了买办制度。

1924 年，孙捷三因为失职而被辞退，由阮渭泾接任主任职务，直至1938 年达来洋行的洋人从中国撤退时为止。

华账房主任是薪金制，另外有千分之五的佣金，由华账房中的同人自行分配。这样一来，达来木行的中国籍职员已由半独立经营的买办制度过渡到了纯雇佣的职员制，当然也就谈不上子承父业的世袭制了。

达来施行这种制度取得了较好的效果，所以后来新设立的美籍洋行都依法效仿，成了一时的风尚。

天津达来木行在最盛时期有中外行员近 50 人，在木厂和电锯厂里还雇有临时工（所谓"现钱工"）几十人。达来木行不雇正式工，不论是倒货、归垛、码垛、倒垛，都由脚行工头所雇的临时工用人力扛抬。

达来木行付给脚行的运输费和扛抬码垛费是按木材体积计算的，每1000 平方英尺最高只给 1.3 元。这 1.3 元钱通过脚行工头的层层剥削，到工人手里只是一天 0.4 元（小工）至 0.8 元（大工）而已。

前面曾经提到，达来的联合企业内，有一个环球无线电公司。这家公司并不经营一般买卖，而是侵占中国电信权利，以收发无线电报为主要业务。当时外商在天津经营这类业务的有"美国无线电公司"与"麦开无线公司"。而环球无线电公司在天津一直经营到新中国成立后的 1952 年。

励精图治阮渭泾

下面就来说说当过达来洋行十几年华账房主任的阮渭泾。

1915 年初，18 岁的阮渭泾由于家境贫苦，无力求学，经亲友介绍到上海达来洋行当练习生，每月工资关银 12 两，从此开始了洋行生涯。

当练习生期间，他白天工作，晚上在上海青年会英文商科夜校读书，补习洋行工作中所需要的英语会话和一般的商业英文，同时还学习英文速记法等专门技术。他学会了洋行中所需要的各种吃饭本事，把自己培养成了一个典型的洋行职员。

1917 年 9 月，他被派到天津达来木行当速记员。达来木行的经理西摩尔与美国总行、上海总行以及各地的分支机构往来的函件，多是由经理口述，经他速记后，再用打字机打成公文后发出的。因为阮渭泾的能干和会做人，西摩尔就把他调到华账房主任孙捷三的手下任职员。两年后，孙捷三因失职被辞退，阮渭泾即接任了主任职务。

1927 年以前，中国的政治重心在北京、天津，军阀们把抢劫来的银钱和刮地皮得来的财宝，争先恐后地在天津租界内大兴土木，因而中外建筑工程公司成为推销木材最好的对象。同时由于各铁路局、建设局、矿务局的总机构都在北方，所以官方用材也是达来业务上的一个重点。

阮渭泾担任达来华账房的主任以后，一改过去买办躺在鸦片烟榻上指挥的作风，将门市部的业务交给副主任吕莲芳，自己却亲自出马，奔走于北京、天津以及华北各地的中外建筑公司、铁路局和建设局的采购处，以及各矿务局的材料科，推销现货，兜揽期货，与同行间展开激烈的竞争。

几年之间，阮渭泾就做出了显著成绩，营业额逐年锐增，从而获得了洋老板的欢心。

1927 年后中国的政治重心南移，加上又有世界经济危机的波及，北方经济很受影响。但由于他的努力经营，达来木行仍一直稳居华北木材行业的龙头。这样一来，洋老板对他就更加器重了。

抗日战争爆发后，达来总公司看到华北地区势必为日寇所控制，木材和航运业务也一定会受到很大的影响，但是他们对于盘踞多年的天津木材市场舍不得轻易放弃。于是决定一面撤退，一面特色一个代理人，由他们在旧金山遥控，改变市销为远洋出口。

经过了一段时间的酝酿，终于确定以阮渭泾这个堪称忠实工具的人为最合适的代理人选。但美国老板同时还提出了苛刻的条件：美商达来木行这块招牌可以奉借，但必须要在美国商业部重新登记注册，按规章每年向美国政府报账，还必须由美国会计师查账和填写表格。阮渭泾考虑再三后，与老友严锡宁、王孟钟、余啸秋3人各出资四分之一，即每人25000元应下了这个事。

1938年3月，阮渭泾代表新的达来木行与旧业主签订了代理协议书。当年7月1日，天津哈尔滨路九十九号挂上了一块新招牌"美商达来木行股份有限公司"，使人认为这是美国人委托阮渭泾代为经营的达来木行业务。而实际上，是这几个人在洋商外衣的掩护下，继续操纵垄断天津的木材市场的机构。

开业之后的头几年，业务蒸蒸日上，第一年的营业额就双倍于以往的最高数字。这是因为没有洋人掣肘，自己敢于做主，相信客户，大胆放账。

他们当时有3套办法。一是存货，以供市销。各种尺码的货都齐备，随售随补，既掌握了美国的市场价格，便不愁会有亏赔之虞；二是赊账，既拉住了客户的关系，也促进了营业的发展；三是"流水货"，即货物流动于美国来华途中，或在中国市场的流动中。如此一来，便可以做到"手中有粮，心中不慌"。

岂料好景不长，1941年12月7日，"珍珠港事件"爆发了，他们引以为"荣"、夸耀于同行的这个挂着"美商"招牌的企业，一夜之间变成了"敌产"。所有的财产立遭日军封闭，营业停顿。

阮渭泾百般无奈，只好通过日本麟记洋行经理神初与一向日本军部疏通，除了请客送礼之外，并还曾一次送给他伪联券1万元作为运动费。结果是经过一系列的调查传讯，最后总算获得批准启封，重办登记，恢复营业。

但是，当时因太平洋战争的关系，美国木材无法运来天津，存货眼看着就要售罄，无从补充。至于国产木材，由于东三省早被日本人侵占，所有的物资悉数被日寇掠夺殆尽，也难以插手。

其他几家同行，除英商作为敌产被没收外，也都已经歇业，只有达来仍旧维持残局，惨淡经营。

1945 年 8 月日寇投降后，天津的木材市场上，达来木行是硕果仅存的一家，没有任何竞争对手，而且在业务上达来木行的全部人马一个未动。

阮渭泾抓紧这个大好时机，立即与美国取得联系，以欢欣鼓舞的心情，在码头上等待着第一批美国松木进口。

但让他万万没有想到的是，抗战胜利后，蒋、宋、孔、陈四大家族已经控制了中国的经济命脉。以进出口行业而论，他们掌握了"输出入管理委员会"，所有进出口业务都需要先取得许可。而所发的许可证又是四大家族攫取巨额财富后的残羹剩饭，民营企业只能分得一杯半杯残羹。

同时，美国由于在战时大发横财，战后国内大兴土木，对于木材的需要量也在激增，出口量削减了很多。所以在这一个阶段内，达来木行只能勉强维持营业。

但由于阮渭泾掌握着亲友交给他的自由外汇，可尽先利用美国出口的便利，因此达来木行仍旧维持着垄断局面。一直到 1952 年，这个企业才宣告结束。

第十一章

华北的汽车巨头公懋洋行买办

20 世纪初，汽车还是个稀罕物

　　汽车是人类的一大发明。它的诞生扩大了人们的活动半径，极大地改变了人们的生活样式。但在 20 世纪初，汽车还是个稀罕物。不要说老百姓拥有私家车了，在街上跑的汽车也都难得一见。

　　美国的"公懋洋行"为了汽车在北方各大城市打开市场，可以说是费尽心思，自己也赚了个盆满钵满。

　　美商公懋洋行 1915 年秋在北京设立。地址在崇文门大街 294 号，创办人为美国人福来泽及狄维蒂。由福来泽出资，狄维蒂任经理。

　　福来泽生于上海，成年后去美国读书，后又来到中国经商，并在日本设有商行。1916 年 1 月，公懋洋行在天津法租界二号路（今长春道东口）设立了分行，由美国人施匹孟任经理。

　　由于天津地理条件优越，市场广阔，推销洋货和收购土产都比北京方便，有利于业务的发展。同时，天津有自由外汇市场，在办理结汇方面更比北京便利。因此该行就在 1918 年秋季，将天津分行升为公懋洋行总行，资本定为 25 万银元，北京行改为分行。

　　起初，公懋的业务是以出口为主，进口居次。出口的品种有地毯、草帽辫、猪鬃、油籽、皮张、桃仁、蛋品及山货等；进口只有汽车整车、汽车零件及其他机器等几种项目。

公懋洋行总行的第一任买办是曹炳臣。曹炳臣是浙江宁波人，但他对出口业务不是很熟，而且缺乏检验外柜（在外验看货物）的经验，以致该行出口的货物引起国外买主索赔的事件层出不穷，造成了资金亏损百分之二三十。

曹炳臣因此不得不辞职，由该行高级职员谭葆寿继任买办。可是谭葆寿任买办后，业务还是没有起色。

此时，正逢中国军阀混战，各地都在修筑公路，因而急需运输工具，这就为公懋洋行创造了经营汽车的机会。该洋行遂开始和美国垄断集团中的汽车制造厂联系，取得了在中国华北地区的独家代理权。

公懋决定放弃其他的出口业务，集中力量专做汽车及汽车材料的进口。

1926 年 8 月，公懋洋行又进行了改组，定资金为 50 万美元，先集资了25 万元。合伙人为福来泽、施匹孟及马加太根 3 人，其中以福来泽占股份最多。

这个时候，汽车和零件的进口业务相当顺利。美国产的"福特""道奇""凯迪拉克""斯蒂派克""雪佛兰""庞蒂亚克""捷姆希"等品牌的汽车已经基本上占领了中国的汽车市场。不仅民间的有钱人如政府官员、富商等人都坐上了美国汽车，连军队的运输车辆也大多是美国车。

该洋行为扩大经营，从 1926 年至 1936 年先后又在华北、东北及西北各主要城市如沈阳、哈尔滨、大连、青岛、济南、长春、太原成立分行，在西安和烟台设立了办事处。

此后，公懋的创办人福来泽因年老，遂将股权陆续出让，承受者有美国人甘成恩、美籍德国人皮莱士及德国人韩纳士，他们都是改组后的新董事。施匹孟为董事长，福来泽为副董事长。

到 1936 年左右，公懋为笼络中国高级职员，遂又让出一小部分股权给华籍职员，持股者有谭葆直（济南分行经理）、汪克壮（后任济南分行经理）、李少洲（出纳和大写）、李家栋（修理部高级职员）、张啸波（售货员）及高敏时（驻晋代表）等。

在这个时期，国内在进口物资方面感到非常缺乏，因此有许多商人向公懋洋行要求订购一些它原本没有经营的商品。该行认为这是个赚钱的好机会，便扩大了进口业务范围，增添了自行车、西药、机械、仪器等货物。

公懋在华北地区独家代理的国外厂商的主要产品有汽车、摩托车、拖拉机及农业和建路机械、收音机及电冰箱和各种小机器等。

1941年，公懋又在天津设立了一个"中华公司"，代理美国工厂生产的各种电气配件和附件，并代理美国的轿车及意大利"菲亚特"牌轿车。

1945年抗日战争胜利后，根据当时国民政府和美国订立的中美通商条约，凡中外合资企业，不得称为洋行，其董事会应有华人参加，经理人应由华人担任。于是"公懋洋行"这一名称遂改为"公懋有限公司"，甘成恩为董事长，韩纳士、谭葆直为董事。

在申请公司的营业执照时，经理人即由谭葆直署名，北京分公司经理人由高敏时署名，并将不动产分别过户给这两家公司的经理。那时该行认为中国情况尚未安定，所以不想恢复过去的所有分行，仅保留了天津的总公司及北京和济南两处分公司。

日本投降后，甘成恩是公懋洋行回到天津总行的第一个洋人。当时仅有他和韩纳士两个人。他们从日本人手中将该行的不动产接收过来，随后召回了一些过去的职员，在旧址开始办理业务。

那时，除了使用韩纳士所保留的部分资金作为零星开支外，公懋并未由国外调来任何流动资金。而他们开展的业务主要是靠钻当时国民政府对进口许可的空子，同时又与美国花旗银行、大通银行等勾结发展起来的。当时，因为抗战刚刚结束，国民政府外汇枯竭，所以对进口货物的外汇限制较严。

而公懋却由外国银行提供证明，套取了一批国家供给的官方价格外汇，进口了大批卡车和轿车。该公司购买这些外汇的法币，是用订货者按美元和法币汇率预付的。当时，进口货物的结算价格是按外币或按黑市黄金售价计算的。因为公懋公司手里掌握着大量的外汇，货物一进一出的差价又有这么大，所以不长时间就发了一笔横财。

新中国成立前夕，华北"剿总"兵站副总监王子余，曾以黄金1100两托高敏时订购车胎和汽车零件。甘成恩即将这项业务接收下来。王子余所交的每两黄金是按65美元折合的，实际上每两黄金折合美元是85元。因差价太大，王子余的订货无法交货。

高敏时到天津总行去交涉，甘成恩称，是因为货轮遇风暴沉没了，所以不能按期交货。高敏时急得火上房，总行说"那就退款吧"，高不答应。总行说："就那就只好用存在香港的货给你们折抵了。"而香港这批货是公懋洋行早几年就进了的，囤在香港，价格要便宜得多。高敏时最后万般无奈，只得答应。

公懋洋行在这件事上玩的"猫腻"中，一转手就赚了 22000 美元。

"近亲繁殖"培养嫡系

公懋洋行专营汽车进口业务后，不再由外边聘请买办，而是由自己培养业务骨干。

培养的对象一是青年知识分子，二是高级职员。前者吸收中国的大学毕业生，让他们先在总行各部门学习两年，使其在技术和业务方面具有一定的基础，再择优由行里出资派赴公懋所代理的美国汽车厂实习一二年，学成返国后即高薪任用。

后者系从本行内高级职员中选拔办事能力强、忠实可靠的人，经过一年时间的考验，待某地分行洋人经理离职时，即由这种高级职员接替，充任经理。

这种"近亲繁殖"不同于其他洋行，但也不失为一种"人才"的培养方式。

例如谭葆直就属于第一种类型。

谭葆直系谭葆寿之弟，字季侃，他在南开大学毕业之前，已由公懋约定至该行工作。毕业后进入该洋行经过训练，即派赴美国道奇汽车厂学习。两年后回国，最初任该行的工程师，继而提升为济南分行经理，最后担任天津总行总经理。

属于第二种类型的如汪克社。他是会计人员，高敏时是售货员，经过行里长期培养，汪被提升为济南分行经理，高先是担任驻晋中市的代表，后又升任北京分行经理。

公懋洋行自己培养出来的这些买办，不仅给以高职厚禄，还拉他们入股，使他们与该行的利益联系得更加紧密，以便他们更加努力地为该行服务。

公懋洋行在经营管理上，采取严格的总行集权制，所有分行概归天津总行直接领导。

分行的任务是深入内地刺探商情；搜集交通公路的情况；倾销总行所代理的商品；联络官僚、军阀和大资产阶级。

分行的人员调动、款项支配、账目管理等也都由总行直接控制。分行售货的价格、修理工费等也都由总行规定。各分行仅仅了解本行的业务，却不知道货物的成本和盈亏。洋行总行对车辆和零件的实际成本一向严守秘密，能了解个中情况的，仅有韩纳士等几个董事和负责成本会计的一两个人。

总行的账目分成几套，计有前账、后账以及后账中的后账。前账是公开的账目，用来应付中国股东的；后账是专门记载一些非法活动的收入和开支及实际盈亏情况的；后账中的后账，则登载转移至国外的资金和该行全部资产的状况。两种后账，只有董事长、总经理等几个主要人物和主管会计这几个洋人知道。

公懋洋行的中国股东不能充任董事，且该行董事会从未公开过股金的价值，也从未向股东们报告过业务和财产情况。该行在中国及国外究竟有多少资产，华人股东则一概不知。

另外，华人股东入股后，也未见到过股票或其他凭据。到了年终，华人股东仅仅凭着一张红利通知单去领取红利，而且红利的数目与实际盈利相比却是微乎其微的。华人股东无权过问这一切。如果哪个人多了嘴，轻则一顿训斥，重则股东的身份就没有了。

处心积虑，谋取暴利

1927 年，国民政府公布关税自主条例，次年各国承认了中国的关税自主，从而对关税税率进行了调整。由于调整后的关税有所提高，这就使汽

公懋洋行旧址

车进口商的利润减少了。

但公懋的洋人们为少纳进口税，绞尽脑汁想法子钻关税的空子。例如，进口整车需要纳税30％，进口零件只需缴纳15％，相差一倍。公懋便决定不进口整车而进口零件，再在天津装配成整车后出售。而卡车进口税整车与零件一律为15％。但进口一台整车的运费按体积计算，零件运费则按重量计算，拆散后约可省运费四分之三。此外，汽车的进口关税系按抵岸价格计税，运费减少了，应缴纳的关税也就减少了。

那时，大连是"自由港"，对任何进口货均不收税。所以，公懋洋行从1929年开始即在大连开辟业务，成立了分行，作为进口货的转运站，从而在税率提高的情况下，仍能降低成本，增强与别的洋行的竞争力，比别家多得利润。

此外，公懋还想尽一切办法与海关人员勾结，进行偷税、漏税活动。他们的偷税方法不外是"以多报少"和"以贵报贱"，靠这些手段谋取高额利润。

该行由美国进口汽车零件在天津进行总装，利用中国的廉价劳动力，节省了大量的装配费，从而获取了高额利润。如在美国，每辆车的组装费需200美元，而在天津装配一台车，由1名技术员、1个工人和1个学徒，两天内即可装成。当时，这3个人的月工资总数不超过法币270元，两天的工资仅18元，折合美金约7元2分，在美国的装配费用是这个报酬的27.7倍。公懋洋行可以说是无孔不入，以这种手法从中谋取了暴利。

公懋洋行经营的汽车零件，大致可以分为两种：一种是克莱斯勒厂生产的，另一种是其他厂所产的附件，如车胎、电瓶及电瓶零件、工具、指示灯、雨刷等。前者系该行独家代理的厂商的产品，厂方都有规定价格。为了优惠代理商，习惯上按价格的30％～50％给予回扣。而该行在中国销售上述零件时，会在厂方的定价上再加一倍的利润定价！汽车附件则是按定价加 80% 的利润出售。由此可见所获利润之巨！

公懋洋行还有个发财的办法是套汇。他们是事先和对方商妥外汇率，然后拨交本币或黄金，由卖外汇人通知其国外往来户，将外汇拨交美国的公懋洋行代理人。

公懋洋行通过上述种种手段每年在中国获得的巨额利润，都被转移到国外。1937 年以前，天津因有外汇自由市场，该行得以公开逃避税金。"七七"事变后，日本虽对外汇实行控制管理，但也还有黑市存在，因此该行将资金转至美国仍然非常方便。甚至在新中国成立后，人民政府将外汇买卖统归国家银行办理，并严格取缔了一切违法活动时，公懋洋行仍无视中国的法纪，暗地里继续其逃汇的勾当。

公懋洋行总行转移资金，一般都是用大皮箱满装钞票，再派工友李桂林乘火车送至济南，由汪克壮直接交给齐鲁大学的某位洋人。有的时候，干脆就用汽车直接运到济南，再设法转移至国外的银行。

天津在沦陷期间，汽车零件非常缺乏，不仅市内已供不应求，外地商人也不断来津搜罗抢购。即使偶尔有国外进口的货物，也远远不能满足各方面需要。公懋洋行见到这种赚钱机会，就和在天津的某外国人爱格立勾结，在爱格立设立的亚克美铁工厂制造汽车零件。当时所制的零件有凸轮、油泵、钢板螺栓等，制成后即把这些粗劣的零件送到公懋的零件仓库，再进行磨光和上蜡，并用外国包装冒充进口货，向市面出售。

在公懋做汽车生意的同时，天津另有几家较大的洋行也经营进口汽车。为了与之竞争，公懋对同行千方百计地倾轧排挤，以图独霸市场。

例如，公懋代理的克莱斯勒厂的汽车，每年在新汽车尚未上市前，国外厂家便将所产新车的情报寄到公懋，一一列举新车的优点与别家汽车比较。该行还根据这项材料训练推销员，使他们推销时竭力渲染所经销的汽车的各种长处，对别家汽车的缺陷则不遗余力地诋毁，以此招揽生意，扩大市场。

公懋的营业部在尽力推销汽车的同时，对全市汽车用户均进行了详细的调查研究。营业部自行设立了一套汽车用户的卡片档案，载明车主姓名、汽车型号、车牌号码、购买年月、使用情况等。行里针对各种对象布置不同的推销员（包括两名洋人、7名华人），终日各处奔走兜揽生意。

一些官家的纨绔子弟，为了炫耀其豪华阔绰，经常不断地更换新型汽车。公懋了解到这些情况后，就采取了以旧换新的推销方式，即以低价买进旧车，然后以优惠价格卖给对方一辆新车。公懋将旧车稍加整修，再以高价转售给不讲究式样的普通用户，利用这种手段获得了双重利润。

针对部分汽车用户资金不足的情况，公懋实行了分期付款购车的办法，其对象主要是开卡车跑长途或短途运输的人。这些人资金都不够充裕，分期付款正符合他们的意愿。但公懋在与用户订立分期付款购车合同时，却提高了售价，买主除要先交付所规定的部分定金外，所欠部分的利息要由买主承担，同时要提供殷实的铺保，按期偿还本息。比外，合同中还注明，车价付清前，汽车的所有权仍属公懋。

公懋洋行独家经售的汽车，各种零件都有其独特的规格，不能相互通用。用户的汽车零件一旦损坏，除了到该行配换外，别无其他解决途径。于是，公懋便乘机任意索取高价，用户也只能听其宰割了。

"山西王"阎锡山的座上客

在20世纪二三十年代军阀割据的时期，各洋行无不把军阀们当作财神爷，总是千方百计地去结识他们，而军阀们也希冀与外商拉上关系，所以彼此一拍即合。公懋洋行就结识了很多军界人物，如汤玉麟、韩复榘、宋哲元、阎锡山等。

其中和阎锡山的关系是个典型的例子。

公懋洋行与阎锡山之间的关系是1931年建立的。那时，阎锡山的族侄阎进文担任太原营远汽车运输公司经理，他曾亲自到天津公懋洋行洽购大批汽车轮胎和零件。该行力图抓住这一机会，宁可少得利润，也要和山西方面建立关系。

因为首次生意是由高敏时出面接待做成的，此后，公懋就派高敏时去太原做常驻代表，想将已在山西站住脚的美国雪佛兰汽车公司排挤出山西。为此，高敏时结识了山西汽车管理处处长姜寿亭（原是阎锡山的司机）、采运处处长边廷淦、斌记五金行经理阎述先和阎进文等，取得了他们的信任，并得到他们的支持和协助。

在这帮人的运作下，山西方面初步订购了公懋代理的道奇卡车 10 辆。这批车售价低得让雪佛兰公司不敢相信，因为像这样按低于成本的价格出售，根本就没有一点赚头，甚至还要亏本。但他们哪里知道公懋之所以在第一笔生意中"放血"，就是要放长线钓大鱼。也因为道奇的牌子硬，优点多，尤其是汽车减震弹簧的钢板弓子坚固，能适应各种道路，所以买主试车后好评如潮。至此，公懋逐渐占领了山西的汽车销售市场。

该洋行为了进一步拉拢阎锡山，又在 1933 年送给阎锡山一台防弹汽车，由甘成恩亲自送去。此后，公懋与阎锡山的关系就更加密切了。

1937 年，阎锡山任晋绥绥靖公署主任，他管辖下的绥远拟购买 100 部卡车，公懋洋行闻讯即派高敏时和德国人郝思德去联系。当时天津各进口汽车的洋行都派了代表前往接洽。绥远汽车兵团的温国梁主张购买美丰洋行代理的美国福特卡车，而公懋极想做成这笔大买卖。高敏时便立即前往太原，面托阎锡山的族侄阎进文从中斡旋。经过阎进文大力活动后，绥远与公懋签订了合同。

因为公懋洋行有美国背景，"珍珠港事件"后就被日军没收了，该行与阎锡山之间的联系随即中断。抗战胜利后，双方的关系又得以恢复。

阎锡山为垄断山西的经济命脉，设立了一些企业机构，亟需与外国洋行建立关系。曾派他儿子到天津，担任山西贸易公司天津分公司经理和晋兴企业公司天津分公司经理，联系在山西经销汽车和煤油的业务。阎公子便托公懋代为介绍。经过甘成恩和韩纳士的协助，商定由山西贸易公司代理德士古和由晋兴企业公司代理美孚油类的经销权。

1947 年初，国民政府公布黄金外币管理条例，规定凡有黄金、外币者必须向政府登记，隐匿不报者，一律按条例处理。彼时阎锡山在天津大陆银行保险箱内存有美钞百余万元，恐被查出，经与公懋总行商量后，公懋同意帮他将这笔巨款转移到国外。

阎锡山随即选派了亲信阎孝先和儿子到公懋同韩纳士一起到大陆银行，清点这笔巨额美钞后，交给韩纳士带走，转移到了国外。

1948 年，阎效正（阎锡山的侄子，第二战区汽车管理处处长）到天津，谈到阎锡山自抗战这些年来，从未乘用过一辆新汽车。公懋知道这个信息后，立即答应赠送给阎锡山一辆克莱斯勒牌新车。

此时解放战争正迅速进展，正太铁路业已中断，甘成恩为实践其诺言，亲自到上海包了一架运输机，将赠予阎的那辆新汽车空运至太原。到达太原后，阎锡山见了这辆新车，喜不自胜。他接见了甘成恩等人，并在他的公馆设宴款待。第三天，又穿上上将军装与甘成恩合影。

日本人庇护下的国难财

抗战期间，公懋洋行为了生意，甚至有投敌叛国的作为。

公懋洋行的创办人福来泽，曾在日本经营各种生意，所以与日本人早有往来。1931 年"九一八"事变后，公懋设在沈阳、长春、哈尔滨和大连4 个分行的业务，已经不如过去那样活跃了。福来泽为了保持其在东北分行业务的不衰，便与日军合作。后经商定，将东北4 个分行的资金铺底托由日商出名经营，改名为"亚细亚贸易株式会社"，并在伪满洲国登记。沈阳、长春、哈尔滨3 处分行的美国人均调回天津总行，再由公懋与日商双方各派一人在"亚细亚贸易株式会社"共同负责，推动业务。

此外，公懋还派了华人王仲华为沈阳社代表，杨子元为长春社代表，派了一个白俄人为哈尔滨社代表，分别与各社的日本人共同负责，大连一处由美国人莫根和日本人大岛共同负责。公懋洋行在东北的4 个分行自从改为"亚细亚贸易株式会社"后，其业务又转趋活跃了。

"七七"事变后，敌占区敌伪组织的军政人员凡事唯日本人之命是从。公懋欲打通敌伪方面的关系，必须依靠日本人代为联系。因此，公懋不惜以高薪聘请了一个日本人担任顾问，并为他在行里设了一个专用办公室。这个叫八木的日本人精通英语，而且善于办理对外联络事宜，凡与日方联系的有关事项，统由八木出面处理。此外，该行还物色了日商华胜洋行为天津和北京的代理行。

华胜洋行原来是在天津、北京经销汽油、煤油的代理店。它和津、京的各机关、企业、部队均有相当广泛的联系，而且耳目灵通。公懋委托它为代理行，给以优厚的回扣（经销零件的回扣高达售价的 40% ~ 50%）。华胜洋行去公懋接洽业务时，都是直接找洋经理商谈。

公懋各级职员对这些日本人都敬如上宾，通过他们使甘成恩、韩纳士等进一步结识了不少日本军人、官员及大商人，经常由公懋或华胜出面宴请他们。所以华北被日军占领后，公懋洋行的业务不仅没有衰退，反而比往日更兴旺，而且盛极一时。

甘成恩等口头上虽不断假惺惺地说什么同情中国抗战、反对日本侵略等话，而实际上却将大量汽车卖给日军及各敌伪机构。1938 年，公懋通过华胜洋行和八木与日军部队联系，曾卖出卡车达四五百辆之多。为掩人耳目，日军派去的验车和收车人员都穿便衣，从来不穿军服。

由于公懋和日军有勾结，所以太平洋战争爆发后，该行的财产未受过多的损失。此时洋行中的美籍人员早已回国，仅留下施匹孟一个人。因得到日方关照，后来也只是被遣送回国，未受集中营之苦。

1945 年抗战胜利后，公懋洋行为了和当时的官僚资本企业取得联系，曾于 1946 年派济南分行经理汪克壮赴上海活动。汪通过甘成恩的旧友、时任国民政府公路局吴局长的拉拢，结交了中央信托局的几个负责人，从而谈妥了两笔进口业务。一笔是日本横滨牌 750 车胎 500 套；另一笔是美国哈来戴维生牌摩托车 200 辆。

该行办妥这两批进口货，即和中央信托局挂上了钩。只因解放战争进展神速，国民党官僚资本企业仓促向华南撤退，以致公懋未能继续做成其他实际业务。

狼狈为奸的哼哈二将

公懋洋行在中国自创立至结束 30 余年，甘成恩和韩纳士二人对该行的经营发挥了至关重要的作用。甘成恩是在中国出生的美国人，父亲是个传教士。甘成恩成年后去美国读书，毕业后返回中国，即入公懋洋行当练习生。

他精通华语，对华人的风俗习惯也很熟悉。到行不久，他即锋芒毕露，遂招致其上司马加太根的不满，故许久未能爬上较高的职位。马加太根去世以后，甘成恩才升了营业部经理。

甘成恩还是美国的神秘组织"规矩会"的会员，又是天津"扶轮社"和"狮子会"会员。他因此结交了中外工商界、金融界一些巨头、官僚、军阀，在中国政界出头露面。他对于中国政治、经济、军事各方面的问题都十分关注，并不断地加以研究。

1941年12月8日"太平洋战争"爆发后，美国政府派甘成恩到中国西南大后方，充任美对外援助经济局的运输处长。从那时起，他就和国民党的一些要人建立了联系，使他在"援华"美军中成了著名的人物。

日本投降后不久，他从重庆飞抵上海，以后又返回天津。还曾身穿美军的上校军服，随同美国陆军少将洛奇参加了在天津举行的日本受降仪式。

天津解放后，甘成恩因进行间谍活动，于1950年底被天津公安机关逮捕。

韩纳士本是德国人，在第二次世界大战后入了美国籍。早先，在天津德商鲁昌洋行当进口部主任。1928年鲁昌洋行倒闭，韩即加入公懋洋行充当会计。高敏时和会计金艺南二人都是经韩介绍先后进入公懋的。

韩在业务上肯出力为美国主子效劳。该行的一些违法行为，如夹账、偷税、逃汇等基本上都是他策划的，因此深得公懋主事人的器重，逐步得到提升，由会计而秘书，最终担任会计主任，并成为股东和董事。他究竟拥有多少资财无人知晓，但历年分给他的红利他全部都转到美国去了，还在北戴河置了一处别墅。

韩纳士因为是德国人，在沦陷时期，凡与日本人交涉的事项，均由他代表公懋出面，因此该行的美国人对他更加倚重。"太平洋战争"爆发后，公懋洋行的产业被日军接收，韩就全权代表公懋办理交接手续。

在交接期间，他暗中隐匿了行里的部分流动资金，藏在自己家里，并由留用的华人会计员张文奎管理这项资金，直至该行复业。在此期间，韩利用这部分隐匿的资金从事商业活动。他以其中一部分款项与原公懋职员合伙，在天津南马路开设了兴津汽车材料行。也正是因为如此，在这几年里，公懋的这部分资金没受到贬值的影响。

由于公懋洋行业务上的关系，韩纳士通过高敏时也结识了阎锡山的一些亲信。

"七七"事变后，韩纳士应山西省银行天津分行经理张正庭的委托，代为保管该银行已租与大陆银行的在天津河东五经路的五号楼房和仓库。所有该处的租金均作为韩纳士的报酬。至日本投降后，这些房屋即交由山西贸易公司天津分公司接管了。

因韩纳士与山西方面有上述一些渊源，且在胜利后曾介绍山西贸易公司天津分公司经销美国德士古油品的关系，该公司即聘韩为顾问，每月给他报酬法币 100 万元。

1948 年，解放战争节节胜利，国民政府的命运危在旦夕。韩纳士借送家眷为名溜到美国去了，再也没有回来。

第十二章

投靠日本的买办刁氏

靠发网起家的意大利语翻译

刁峻霄是天津人，曾在法汉学校学习。《辛丑条约》签订后，意大利人在天津开辟租界，法汉学校就介绍他到意大利的领事馆去当翻译。不久意大利在天津的租界成立了工部局，也由他兼任翻译。

他在那里工作了 9 年，1909 年经意大利的领事介绍，和一个意大利的理发师门戛合伙经营发网的出口业务。

在当时，发网还算是一种热销的生活用品。妇女结婚成家后，一般都要把头发绾成一个发髻，再用发网束起来，所以不愁销路。而且发网在欧美也受女性的青睐。

门戛聘他为买办，但方式与一般洋行不同，是由刁峻霄以德记发网庄的名义买货，货款由门戛付，刁不交押金，只从中得佣金。但刁峻霄借深入乡间采购的机会，向门戛虚报价格，转手得利。玩这样的手段，中国人是驾轻就熟，意大利老板被蒙在鼓里却浑然不知，只知道这个中国买办做事还挺卖力。

为了发展业务，门戛又派他的同伴穆究到美国慎昌洋行联系有关发网的出口业务。不久门戛在津病故，穆究不懂发网业务，但还是和慎昌洋行签了合同。穆究回到中国后，又把刁峻霄介绍到济南慎昌洋行发网部做买办。

刁峻霄在慎昌期间，私下在济南开设了一家染发工厂，由其大哥刁云祥主持业务，并教工人染发。不久，由于更换经理，发网部被取消，刁峻霄遂于 1920 年起，以德记发网庄为字号，独立经营国内外业务。

德记加工的发网质量好，在国内外均有一定的信誉。在往来的洋行中，德记和达隆洋行的关系最密切。德记和达隆的发网销售对象是美国发网大王格兰拜开设的瑞华洋行，除成本外利润平分。后来，美国瑞华洋行在济南设立分行，并派霍曼常年住在德记，包销发网。

但这样一来，刁峻霄感到和达隆洋行的关系是累赘，赚不了多少钱，便逐渐摆脱了和达隆的关系。至此，德记在济南独霸发网出口的局面就初步形成了。

刁峻霄赚到了钱，便在济南广置房产，还开设了德盛和洋酒罐头杂货庄、津济银号和德记绸缎店。到"七七"事变前，德记出口的发网已经占到中国发网总量的约 70%。

横空出世的猪鬃大王

再说刁峻霄的后辈，也都是吃商业这碗饭的。

刁元章是刁峻霄的次子，法汉学校毕业后，即随父学习进出口业务，加之对天津的情况很熟悉，因此济南达隆洋行业务转到天津后，就由刁元章负责。

达隆洋行的出口范围很广，如猪鬃、马尾、人发、牦牛尾、山羊毛、羊肠衣、蛋黄白，羽毛、地毯、山货等，其中以猪鬃和马尾为主。进口主要有纸张、小五金、自行车零件等。达隆洋行在天津营业后，一改在济南时出口货物依靠别人加工的做法，实行自购原料、自己加工、自己出口的办法。

两年后，达隆洋行因为发财心切，一次做苦杏仁生意时没看准行市，亏了几百吨货，赔偿不起，遂告破产。债权人是德记发网庄的刁峻霄，银行不再接济，达隆便以国外的销路和往来客户作为赔偿，卖给了刁峻霄。

这对刁峻霄来说，实在是个难得的机会。他随即让刁元章在天津成立了德记洋行。

天津德记洋行成立于1924年，说是洋行，其实就是接过达隆的国外销路、又出了5000元资本的中国人开办的贸易行，并无外商资本。德记洋行以经营猪鬃、马尾为主，出口的王冠牌猪鬃主要销往英国、美国和德国。在国内外市场上，信用和质量都很有名气，在天津猪鬃出口业中，盛极一时。

英商德记洋行旧址

刁元章开始做猪鬃生意时，因资金不多，一下手先做"扎子"（指在规格尺寸以外的猪鬃，即最短的），这样风险小，以后逐渐买"套货"。所谓"套货"，是指在经营猪鬃出口中，配售几种不同规格的货物。

当时天津经营猪鬃的还有德国的禅臣洋行、英国的永丰洋行、法国的永兴洋行。其中永丰洋行的资金最为雄厚，它的买办王品南被称为"猪鬃大王"。王品南看不起刁元章，后来看到永丰洋行的生意渐渐被德记拉走，便改变主意又来拉拢刁元章。

表面上德记同意和永丰联手，但私下里却仍然在做手脚，王品南不明就里，被德记牵着鼻子走。最后德记以完全的优势击败了永丰。

那么，德记又是采用什么办法经营的呢？

第一，三管齐下收货。即依靠"箱口"进货，买栈房的货和在北京、保定、张家口、石家庄、河南、山东等地设庄买货。在外地坐庄时，看到价钱不合适便临时收庄，专买"箱口"的货。因为出庄买来的是生货，回来还要加工，会增加成本，影响利润。

第二，自设工厂加工猪鬃。德记的王冠牌猪鬃，质量优良稳定，货物装箱前，技术员检验后，刁元章还要亲自过目，然后每箱抽出一把，用纸包好封严，注明出口国家、国外口岸、船名、船期等，再存放起来，以防日后在国外赔了行市或其他原因被追究时好提供证据。

第三，在美国设代理人。这个人名叫翟格拉，他和美国猪鬃大王孔思公司、万记公司都有密切联系，能掌握国外市场行情，可以避免风险和投机性损失。

德记洋行的副经理龚安澜，燕京大学毕业后到济南慎昌洋行做英文速记，继而由刁元章拉到天津达隆洋行工作，后来也到了德记。这个龚安澜和当时的燕京大学校长司徒雷登的关系很密切。

司徒雷登每次去天津，都要到德记来看望龚安澜。司徒雷登回国时，还借机为德记介绍主顾，如美国猪鬃大王孔思就是他介绍给龚安澜的。司徒雷登还为德记在纽约介绍代理人，即翟格拉。这样，德记的信息就更加畅通。如纽约猪鬃行市上涨时，立刻就有关系人拍来电报。不但如此，就是由于其他因素影响价格趋涨时，也能以电报告之情况。刁元章也常将国内猪鬃情况电告国外。由于掌握了国内外两方面的行情，德记基本上没有亏损过，逐渐操纵了行市。

德记是华商独资经营的贸易行，一家独大，不须付佣金给任何人，所以可将猪鬃价格压到一定程度再卖，这是永丰洋行无法与其竞争的优势。

对马尾的出口，刁氏也采取了稳健的办法。开始时数量不多，但质量比其他洋行要好。因为德记自己有加工厂，买进原料后都要经过重新挑选，货一出手，便使国外买家满意，订货电报不断拍来，有时甚至供不应求。针对这种情况，刁氏又决定成立马尾货栈。

当时天津有良济公司和华丰公司两个马尾货栈，主要依靠河北安平进货。

德记要自己办货栈，就必须解决货源问题。华丰货栈的经理廉宗义、副经理张子乾和李丙戌都是安平人。廉宗义精明强干，为防受人操纵，来货后，他总是把货分别卖给几家。但这个人的脾气很坏，时间一长，难免和几个副经理产生矛盾。

两位副经理却比较有亲和力，尤其是很受女性客人的欢迎，因此有意离开华丰自立门户。见到这个难得的机会，刁元章便邀他俩一起开办正和公货栈，由刁元章出资，以张子乾为经理，李丙戌为副经理。这样，货到后，大部分就都卸到这家新开办的正和公货栈了。

通过李丙戌的关系，货装箱待发前，即将装箱单寄给正和公，德记即按装箱单上的规格质量卖出。这时因为市场上无货，所以德记总能卖出好价钱。

经过一段时间，廉宗义的华丰货栈就被挤得奄奄一息，几乎做不下去了。从此，这个在天津口岸经营马尾出口的德记洋行终于做大，在1927年到1937年的10年间，完全掌握和控制了马尾的出口市场。

刁峻霄看到儿子在天津经营猪鬃、马尾等货物出口赚了大钱，颇为得意。为了扩充业务，又计划在美国纽约成立分行来和美国商人竞争。

1939年，他带了猪鬃、马尾、发网共500余箱到了美国。但那里的猪鬃商人敏感地察觉到他的意图，采取了抵制的办法。他原来设想，德记的王冠牌猪鬃和马尾在美国一直很受欢迎，带来的货一定会一抢而空。结果却大出他的意料，货根本卖不动。

在纽约的一年中，他参观了几个猪鬃加工厂，与猪鬃大王等知名人物见了面。他看出纽约猪鬃市场买卖的确很大，但因为有人暗中操纵，以华商的资本以及其他各方面的条件都比不了，遂打消了在此设立分行的念头，败兴而归。

谁知他还没有回到天津，国外即打来电报，称他带去的货已悉数卖出。此事令他既惊喜，又疑惑不解，始终没有弄明白是怎么回事。

投靠侵略者大发战争财

第二次世界大战期间，各种战略物资，如猪鬃、马尾、蛋黄白、羊毛等货物卖得都很快，又因为国外加强储备，刺激了上述各类货物的价格不断上涨。国内因日寇入侵，一时交通阻塞，货源困难，市场价格也是接续上扬。

在此期间，德记采取了3种办法应对局面：

其一，见风转舵，和日本藤田洋行拉上关系成立进口部。

青岛藤田洋行在天津设有分行，青岛德记洋行的刁元第与该行经理认识，便向他引荐了刁元章。1938年，德记与藤田联合做化学材料、纸张、哔叽衣料等日本货进口的生意。同时又因藤田洋行在美国设有分行，能订美国货，遂由德记收购藤田洋行自美国进口的货物。

日本洋行还做木材生意，德记便通过藤田从美国进口了一批美国红松。战时因中国人不能经营战略物资，这批货便只能由藤田洋行代卖，德记再付给藤田代卖费。

另外，德记还从美国进口了4万袋面粉，进价每袋2元多钱。1939年天津发大水，市民粮食奇缺，德记便趁机涨价，先是卖5元钱一袋，不几天便陆续上涨到8元、10元。

在天津的外国租界被封锁，不准许随便进入的时候，德记又由藤田出证明，伪称自己在藤田洋行服务，经日领事馆盖章后，便可自由出入租界了，给他们做生意提供了很多便利。

德记因为投靠了日本人，和同行相比在生意上就显得顺风顺水。

其二，为了扩大资金周转，德记成立了兆丰银号。

当时，因为物价上涨，关外的沈阳等地的商人在1937年后陆续进关订货，内地商人也有不少到天津的。这样一来，行市稳涨，同时又加上金融紊乱、货币贬值，物价是一日三变，人们往往都是存货不存钱，导致囤积之风大起。这个时候谁有钱，谁能抓到货，谁就能赚钱。

于是刁家决定结束济南的津济银号，在天津成立兆丰银号，往来户一度达到四五十家。此外德记又向各银行透支了100多万元，加上德记手中原有的钱和兆丰银号周转来的钱共300多万元，德记借此雄厚资金，大肆囤积。

其三，在进口货物方面，多买少卖，赚行市，赚外汇。

"七七"事变后，德记销往欧美各国，尤其是德国的短鬃不少。因为当时行情不稳，在采购时，第一步要看清是买本地货栈的货好，还是买外庄的货好；其次要看行市，如国外订货每百斤80元，而国内行市是83元左右，此时多数同行都在犹豫，认为价格太高。但德记因了解国外行情，遂以83元买进，先存放不卖，当国外行市涨到85元的时候，德记洋行才出手卖出。不久，国内市场再涨到86元、87元，别人怕赔钱仍不敢买进，德记因国外继续要货，87元也买进。随后，国内行市涨到了89元。等到出口时，国外行市涨到90元！

所以，在一般情况下，大宗货物总是被德记牢牢地握在手里，这便是赚行市。

另一方面便是赚外汇。因为美元一天比一天贵，一般的炒汇者，都是先卖货后结汇，这样操作，往往由于外汇牌价的调整，就能赚到钱。

而德记却不这么做。他们是先按国外的规格进货，在国外要货时能以现货发出。这样，不仅能赚到一般贸易上的利润，还能赚到行市。其他洋行一般总在国外要货时再临时去买货，所以往往货不凑手，因此在竞争中处于不利地位。

德记在出庄买货时也有一套办法。如在行市沉闷时买，大家都买时则不买。"七七"事变后，外庄行市不再沉闷，行情屡变，德记就采取坐等或到远处、僻静地方去收购，而不在国外要货时临时采购，遇有急需时则货栈出货，这样比出庄买货还便宜。

"太平洋战争"爆发以后，欧美洋行被迫停业，华商贸易行也转营他业。猪鬃被日本人列为限制品，配作军用，在限定的规格内完全由三井、三菱、三洋等洋行收购，而且规定价格。青岛三井洋行找到刁元第，商议合作猪鬃。刁家觉得猪鬃是德记主要的出口货物，不如顺水推舟，既做生意赚钱，又不得罪日本人，于是和三井签订了合同。由德记供应三井所需的短鬃，并将天津德记的工人调往青岛、济南帮助加工。

天津德记除供应青岛、济南三井商社所需的短鬃外，还开设了一些小工厂。

"七七"事变前，蛋制品都是从河南、内蒙古等地采购加工后运到天津的。事变后由于交通不便，运输困难，德记见有利可图，便在河东大王庄成立了一家德兴蛋厂，承做加工。后因蛋厂所在地被日本人划为军事区（附近有军用仓库），所以只干了一年即停业了。

沦陷时期，日本人管制了油脂等物资的交易，一时肥皂缺乏，德记遂请来技术人员在新开路开设泡花碱厂制肥皂，也赚了不少钱。还在北马路开设了德和线店。

此外，在北京开设了德记纸行。当时日本人规定，有字号才能经营纸张，德记便在朋友介绍下和三菱洋行搭上关系，从三菱领出纸来，再转手卖出。

也就是说，不管时局如何变幻，德记洋行总是能想到赚钱的办法。至于说是否为虎作伥、当汉奸商人，他们就管不了那么多了。

囤积居奇，盛极而衰

日本投降后，国内外的电报业务在 1945 年 11 月左右恢复了营业，外国银行重又陆续回到天津。原来停顿的欧美买家又陆续拍来订货电报。英美的猪鬃、马尾向来依靠中国出口供应，所以通信和航线一经恢复，便大量要货。德记此时出货量非常大，其中有沦陷时期存下来的大量长鬃和 20 万捆发网，由此赚了一大笔钱。

这一时期虽然国外要货多，出口业务好，但因华北运输不便，青岛、济南的德记贸易行和烟台德记绣花庄只得改从上海出口，遂在上海成立德记贸易行。除经营上述各地货物外，还在上海设立了猪鬃加工厂，做猪鬃出口业务。

刁家经营的 20 家德记字号，分布在好几个省市和地区，计有：

天津：德记洋行（1928 年改为德记贸易行）、德和线庄、德记泡花碱厂、德兴蛋厂、正和公货栈、天亨祥羊毛货栈。

北京：德隆马尾猪鬃加工厂、德林商行（经营钟表、银器、镶嵌）、德记纸行。

济南：德记发网庄、德隆绸缎店、德盛和洋广杂货店、制革厂、津济银号。

青岛：德盛和洋广杂货店、德盛隆洋广杂货店、德记贸易行（1945 年抗战胜利后改为会隆贸易行）。

烟台：德记绣花庄。

上海：德记贸易行（经营猪鬃加工出口）。

香港：德记绣花行（经营猪鬃加工出口）。

这些分散在各地的商行在刁峻霄的统一经营下，互相调剂有无，统筹安排运用资金。

此外，刁家还广为购置房产，在天津共有楼房、平房 1000 多间，济南也有楼房、平房 1000 多间，青岛有楼房、平房 20 多间，北京有楼房、平房 100 多间，烟台有楼房、平房 100 多间，上海有楼房 1 间。

刁峻霄从 1909 年到 1949 年的 40 年的经营活动中，懂得迎合外国人的心理做买卖。在 20 多间商业行号中，除德记贸易行做进出口业务外，其他如济南的德盛和洋广杂货店还兼营洋酒和罐头，如法国的五星白兰地、斧头白兰地等。这些货都是从天津的洋行进货，运到济南专门供应各国领事馆的。

张宗昌做山东督军时，济南军队中有不少白俄，他们专买德盛和的进口酒。北京的德林首饰镶嵌店，自设加工厂，以供应东交民巷内各国大使馆的人员为主。由于这些首饰做工精致，样式适合外国人的喜好，尽管工价昂贵（通常一两银子的原料，要收二两银子的加工钱），他们也在所不惜。

到新中国成立前夕，刁家经营的德记字号已经急速衰落。

1948 年，东北全境解放，刁峻霄看到国民党大势已去，认为共产党来到后，要实行"共产"，自己偌大家业很可能化为乌有，不如将买卖收拾，抽回资金，转往香港继续经营。

于是首先将在济南、北京经营的几处门市完全歇业，将所存 20 多万捆发网（价值 100 多万美元）运往青岛，将价值 20 万元人民币的尼龙、哔叽运往上海。烟台绣花庄原存有的约值 40 万美元的进口印度麻布也运到上海转运到香港，只留下天津、青岛、上海 3 处的德记贸易行。

不料，解放军在辽沈战役胜利后，立即挥师入关，解放了天津。他本想携带细软去香港，无奈没买到飞机票，只得留下来。

新中国成立后，刁峻霄于 1953 年病故。这一年，烟台绣花庄首先公私合营。1956 年，天津、青岛的德记贸易行也先后接受了社会主义改造。

第十三章

汉口地产大亨刘歆生

会说外国话的送奶工

史料记载，旧中国有3位地产大王：一是上海的犹太人哈同，二是天津的"德国贵族"高星桥，另一位就是敢在民国大总统黎元洪面前夸口"都督创建了民国，我创造了汉口"的刘歆生。

旧时，中国被冠以"大"的城市只有两座，一是大上海，二是大武汉。而这个刘歆生就是把持着这座雄踞长江中游的特大城市近乎一半房地产的超级大亨。这样的经济实力，在今天几乎是不可想象的。

1857年，刘歆生出生在武汉近郊汉阳县柏泉乡的刘家嘴村，乳名刘祥，别号歆生。

柏泉乡原本是个很不起眼的小镇，但与其有关的人物和故事却非常抢眼。

除了后来发达的刘歆生，还有武汉裕华纱厂的创始人、纺织大王张松樵。除了裕华财团，张松樵在重庆、成都、西安、石家庄都拥有产业，其经营范围横跨船运、金融、发电、煤矿等多个行业，是当时全国知名的实业家。

柏泉乡还有个华中历史最久、规模最大的"周恒顺"机器厂的老板，也是海光农圃（现在的东湖风景区）的开创者周苍柏，著名的音乐教育家、上海音乐学院教授、美声歌唱家周小燕就是他的女儿。

柏泉籍高氏父子的"洪发利"及其制造厂也是名贯中外。

清末民初活跃在武汉的多是宁波商帮、川籍商人、湖南商人，本地商人成为巨商的不多。而柏泉一个小小的古镇，竟接连产生了数个影响武汉的工商巨子。

柏泉处于湖区，水患严重，人们的日子颇为艰辛。加上与汉口很近，因此男丁往往到汉口去谋生，通过商业改变命运的欲望比其他人都要强烈。同时，柏泉的天主教堂还开设了一所学校，因此，当地子弟视野较为开阔。如果不是在教会学校读书并粗通了外语，刘歆生也不可能成为洋行买办，积累从事地产生意的资本。

刘歆生少年时放过鸭子、喂过牛，但生活的磨砺使其立志出人头地。因为祖父、父亲都是天主教徒，刘歆生也受洗入了教，得以与汉口天主堂的神父金宝善相识。

金神父见刘家贫困，便借钱200串给刘家开了一座牛奶坊，刘歆生成了送奶工。在外国神父的说教下，原本与牛奶无缘的中国人，渐渐地也对这种富有营养的饮品感兴趣了。刘家的牛奶生意也越来越好。

与神父接触多了，聪明过人的刘歆生学会了英语。尽管他的英语发音汉味十足，但足以能和外国人对话了。

不久后，他通过天主教会的关系进入汉口太古洋行当练习生，后升为写字兼跑街，月薪纹银10两，这在当时已经算是高薪了，柏泉老家的亲戚们也都觉得"这个伢日后了不得"。他为人机变灵活，善于交际，很受教会神父的赏识。

刘歆生是个不甘落于人后的人，很想自办实业。他39岁那年，就和一位叫余正裔的人合资到湖北阳新县炭山湾办了一家煤矿。余正裔是湖北郧县黄龙镇人，官至兵部郎中，是湖北早期洋务运动的实业家之一。他先是以兵部郎中的官衔受张之洞任命办理煤矿事务，后因政府官员之间互相掣肘，于是辞职自办煤矿。刘歆生想办实业的想法与他不谋而合，于是煤矿很快就办了起来。

煤矿办成了以后，刘歆生接着又开办了"歆生记铁木工厂"，可惜没有成功。

1899 年，刘歆生 42 岁那年，他的聪明和流利的英语得到了一位法国神父的赏识，便推荐他到法商立兴洋行当了买办。3 年后，他又担任了法国东方汇理银行汉口分行的买办。丰厚的收入使他完成了最初的资本积累，而买办的身份又为其个人投资提供了契机。

刘歆生敢闯敢干、善于风险投资的经营才能，终于有了大展宏图的平台和空间。

明修栈道暗度陈仓的买办

刘歆生利用东方汇理银行买办的身份，开设了自己的阜昌钱庄。他从东方汇理银行借入低息贷款，然后转手高息贷出，从中谋得暴利。此后，他借助于钱庄和洋行的融资之便，还投资经营了许多工商企业，如刘万顺牛皮行、东方转运公司、机器榨油厂、炭山湾煤矿以及江西铜矿等，皆应市场需求而生，成为其利润之源。

刘歆生充分利用自己的融资优势，还进行了几笔风险投资，也获得了丰厚利润。

刘歆生的父亲刘作如在汉口谋生时，曾收留了一位名叫刘长陆的落魄青年为养子，不想这刘长陆后来历经辗转，竟然当上了上海立兴洋行的买办。当他得知上海各大洋行准备大量收购白芝麻时，便将此消息告知刘歆生，希望借助于刘歆生的实力做一笔大买卖。

得到这个利好，刘歆生大喜过望。他认准时机，调动了大量资金，在襄樊等白芝麻产区设庄收购，集中运到汉口，再装船转赴上海出售。这一手贱买贵卖，数量又大，几趟下来竟然赚得 50 万两银子！连刘歆生自己都暗暗吓了一跳，觉得"这个银子也太好赚了！"

但这对于刘歆生其后的商场大手笔，还不过是牛刀小试。而刘歆生的经营手法经过这些历练，已经十分纯熟。他视野开阔，消息灵通，善抓良机，敢于冒险。

开埠初期的汉口，房地产还没有形成一个产业，而这正是刘歆生这样的冒险家梦寐以求的良机。

当时的汉口市区仅仅限于今天中山大道的硚口至一元路与长江、汉水之间的狭长地带，仅仅是 21 世纪大汉口面积的几十分之一。当时这个地区被一道城墙包围，直到辛亥革命后，城墙才被次第拆除。今天，只留下了循礼门、大智门、玉带门、单洞门等一些地名而已。

而在当时，一到夏天汛期水涨，汉口城墙外便沦为泽国，所以大多数城外的农民都乐于低价出让城外低洼的土地，而去另谋生路。

在其他人看来，这些事与己无关。刘歆生却独具眼光。他见汉口租界日益发展，外商纷至沓来，汉口华界的商贸也呈蒸蒸日上的趋势，便敏锐地预见到，汉口市区必然会迅速扩大。于是，他把自己的全部资金和义兄刘长陆资助的银两都用于购买土地，还向银行、钱庄高息借款，斥巨资大量吃进。一时间，他的购地欲望膨胀，只要有地，无论面积多寡，无论地沃地贫，一律吃进，见卖即买。

为了获得更多的土地，他还想出了"划船计价"的办法，在所购土地的四角立上旗杆，在旗杆之间划船，以划桨的次数来计算面积，进而确定价格。这恐怕也是地产买卖史上空前绝后的奇闻了。

几年之内，他收购了上自舵落口，下至丹水池，西至张公堤（当年还未修堤），南至租界，方圆数十平方公里之内的湖荡地，几乎囊括了市区可能会发展的全部土地，成为汉口第一位的地产巨头，成为名副其实的"汉口地皮大王"。

当年，只要到了长江和汉水的汛期，汉口城墙外的西北方向便是一片泽国，而这正是刘歆生购买的大片土地所在。很多人都不明白他为什么如此之傻，会投资干这种蠢事。

现在汉口的许多地名还有当年这一大片泽国的印记，如唐家墩、易家墩等，意为突出在水面上的墩台。

其实，刘歆生一点也不蠢，他早已胸有成竹。

受益于湖广总督的地皮大王

因为，他得知了一个对自己极为有利的信息。这个信息就是湖广总督将要修筑大堤。而这座即将开工的堤坝，正好能将他购置的土地保护起来！

清光绪三十一年（1905）时，湖广总督张之洞为治理水患，确保汉口安全，拨款修建了张公堤。当时全堤长度约 20 公里，工程费白银 80 万两。但这座堤坝毕竟比较简陋，堤顶较低，宽度较窄，长度也不够。每逢汛期，仍抵挡不住高水位的洪水。

其后，为了自己的地产安全，刘歆生再自掏腰包 60 万两白银，将原有的张公堤加高、加宽。同时还开办了一家填土公司，并设立了制造填土工具的铁工修理厂，又雇佣大量劳力，经年累月地在堤内填土、平整土地。

张公堤加固工程完成后，堤内的湖地不再遭受水害。人们这时才恍然大悟："刘歆生其人果然不同凡响，是个绝无仅有的大手笔！"

这时，清廷汉口地方官开始将堤内土地分段清查登记，编制成鱼鳞图册，按册印发"板契"营业。这个地区上自舵落口，下迄丹水池，西至张公堤，南达铁路边。就在这大片土地上，刘歆生占有的面积约四分之一，拥有地产近 40 平方公里。

40 平方公里是个什么概念？这已经超过了原有的城墙内的汉口市区！

张公堤的建成和堤内土地的清查注册，不仅使地价陡增，产权也有了保障。刘歆生除了缴付税款外，还主动认缴了业主捐银 50 万两，因为他已经是全武汉最大的"地主"和"武汉首富"，而张公堤的建成更是打开他"泥土变黄金"的阀门。

到这时，他原来以极低价格购进的大片湖荡地，价格已上涨了数十倍，成了他的聚宝盆、摇钱树，源源不断的银子流进了他的腰包。

相关史料表明，刘歆生不仅狂热地收购地皮，"他还被城市的规划设计迷住了心窍"，用武汉话说，"活像中了邪"！

他每天下班回家第一件事，就是铺开一张张平面图，在图上计算街巷的长度宽度，成年累月乐此不疲。他的全部规划设计目标只有一个：修筑街道，打造"汉口特别模范区"。

1909 年，刘歆生设计的开辟后湖商场（后改称汉口商场）整套规划清晰地展现在市政工程处。官员们佩服刘歆生的术业专攻，最终他与官员们

刘歆生给夫人和孩子展示大汉口改造的蓝图

规划成了蓝图。

根据当年上海《申报》对此作的报道，他规划的汉口26条马路后来都成了现实。

今天的中山大道，即在原来汉口城墙的位置修建的马路，最初叫后城马路，是刘歆生参与投资的；现在的解放大道也是刘歆生当年修筑的，只不过那时这条马路较窄。其中江汉路至中山公园的一段原来叫"中正路"，新中国成立后扩宽，并改名叫解放大道。汉口现在还有不少主干道和横路均为刘歆生当年设计，并建造完工的。

这张照片拍摄于1902年前后，当时的刘歆生已名扬汉口。刘歆生重外孙女婿丁昌友说，照片中扎着清代长辫的刘歆生正给家人展示其打造大汉口的规划图。照片左边为其原配妻子刘王氏，两少年是他的长子刘敦龙和次子刘敦凤。据了解，这是刘歆生去世后，迄今发现的唯一一张刘歆生中青年时期的照片。历经一个多世纪，当年刘歆生所画的汉口规划图早已湮没，但他当年建设大汉口的设想却通过文献史料得以保存。

1907年，汉口城墙拆除，在城墙原址上修建了后城马路，即现在的中山大道。汉口向外发展的趋势已经十分明了。人们这时才如梦初醒，刘歆生确实是个有眼光、有魄力的奇才！

他所拥有的大片土地，正是汉口发展的必经之地。

圈地成功，只是房地产开发的第一步。接踵而来的问题是，如何发掘他所拥有土地的商业价值？刘歆生敏锐的经营眼光再次显示出来。

得到英国女王钦准的歆生路

刘歆生圈地建城的脚步从来就没有停止过。

在汉口的英租界与华界之间，原有一条不宽的土路，这条路是人们公认的租界、华界的分界线。刘歆生又非常敏锐地意识到，汉口发展起来以后，这里必将会成为一个中心地带，并将极为繁华。于是，他用自己创办的填土公司填平了江汉关与英租界的紧邻地段，并与租界协商，要将这条路扩宽，并铺设硬化路面，合筑一条大马路。

紧邻这条路的英租界当局也意识到这是一个难得的商机，如果筑路成功，定将便利交通、繁荣市场，英租界还可扩充面积，将租界的边界向外延展至马路的中线。于是欣然同意，但同时也提出了一些条件。

刘歆生权衡后接受了这些条件，但也强烈要求，路修成后，要以自己的名字命名。这是一个相当大胆的要求，刘歆生原本没有抱太大的指望。

谁知道英租界当局却同意了他的要求，并上报国内的皇室，竟然也得到了批准。

不久后，这条近两公里的马路完工。不几年，这里就成为门店聚集的商业中心，日本、英国、美国的银行纷纷在这里建楼开业，高档的酒店、旅馆也云集这里，造就了汉口的一条百年商业街。

民国后，这条路改名成为"江汉路"。直到今天，这里都是汉口最繁华的路段。

歆生路修好后，刘歆生又在与花楼街毗邻的路段修建了均为两层楼住宅的生成里，接着向歆生路北段延伸，又修筑了歆生一、二、

当年的歆生路（今天的江汉路）

三、四路和民意路等。在歆生二路（今江汉二路）对面往东，修建了华商街，并在此街周围，提供大量地皮给汉口工商界人士，修筑起10多条街道，一个汉口新区赫然呈现。

冲冠一怒之下诞生的跑马场

1902年前后，英国人在汉口兴建了一座西商跑马场，吸收高级外侨为会员，但歧视中国人，一般的中国人禁止入内。

　　一次，汉口首富刘歆生穿一身简朴的便装，欲从正门进去看赛马。在传媒业尚不发达的 20 世纪初，名气再大的人也不太可能被人们熟知，因此外籍警察根本就不认识他，便拦住他不让进。他的随从告知了刘的身份，外籍警察却不予理睬。

刘歆生投资的华商跑马场

　　回到家里，刘歆生是越想越气，于是打算，干脆建一座专为中国人娱乐的跑马场。

　　1906 年，由他提供地皮，与人合作在今天航空路一带建成了一座"华商跑马场"。跑马场建成后，生意一直做得十分红火。其营业收入丝毫不亚于西商跑马场，大批市民经常前往赌马，一时成为盛事。

　　此时，刘氏便又开始出手经营跑马场周边属于他的土地，收益倍增。华商跑马场的旧址是现在的华中科技大学医学院的校园。周边则是建国后几十年一直非常繁华热闹的航空路商圈。

　　刘歆生类似的规划还有很多。对此，他可谓轻车熟路，游刃有余。几十年中，虽几经波折，但刘歆生"汉口地产大亨"的头衔却从未失去。

　　刘歆生在地产经营上出手又准又狠，一心追求高额利润，但他同时又特别讲求诚信，对于往来客户商家十分大度，乐善好施。

　　辛亥革命以前，他任东方汇理银行买办时，代各钱庄放了不少贷款。遇到兵荒马乱，有人无力偿还，他一律负责垫款还贷。损失不少，却赢得了良好的口碑。

　　他重视社会交往，与洋行及权贵们建立了密切的关系，但个人生活却十分节制，穿着也很朴素。因此在赚取超额利润的同时，也维持了较好的社会形象和人际关系。

　　刘歆生不仅创业聚财，也喜欢散财，堪称当时"中国头号慈善家"。武汉的资深老报人李洁龙曾向记者披露，北伐之后的 1927 年，历经战火的武汉三镇百业凋零。刘歆生一次捐出了 1600 万银元，用于市政建设和救济失业者、难民。李洁龙说，刘氏历年捐款总计达 2400 万银元，如按当时比价，折算成黄金达 3.6 吨。

刘歆生成了武汉首富以后，并没有挥霍财富，过骄奢淫逸的生活。在日常吃用方面，仍然是讲求质朴实用。每餐主食除米饭和面包（这应该是受教会神父的生活习惯影响），就是喝一碗鸡汤或牛肉汤，吃点青菜。衣服只讲究轻暖。青壮年时出门从来不坐车，只靠步行。

他在汉口循礼门附近建了一座大宅，称"刘园"。此乃汉口当年的一大名胜。但他却很少在此居住。除了在刘园宴请宾客、洽谈重要生意，他还是在他早年较为简朴的老宅里住。

"想让我当汉奸？想都莫想！"

1938 年 10 月，日寇攻陷了武汉。伪军强占了刘歆生位于汉口循礼门的刘家花园作司令部。日本人想要刘歆生出面当武汉的维持会长，可是他们始终找不到刘歆生本人。

原来早在日军逼近汉口时，刘歆生就警告其家人，不准和日本人做生意，要相信中国人民的抗战能力，打败日本只是时间问题。日军侵入汉口之前，他就住进了法国租界，一直没有露面，直到他病重去世前才悄悄回到刘园。

日军恼羞成怒，派兵守住了刘家的大门。刘歆生去世的第三天是出殡发表的日子，日军堵住大门不让出去。无可奈何的刘家人只得清晨从后门将灵枢抬出。灵枢经过唐家墩、姑嫂树后，再用船运到柏泉刘家嘴西边的山坡下葬。沿途有许多老百姓在路边跪送刘歆生的灵枢。

但刘歆生在其购地填土修路建房的过程中，由于扩张太快，开支浩繁，到 1911 年就已积欠华洋各界款项达 500 余万两。晚年，刘歆生虽因债务关系，拨出了大量地皮，但直到他去世，他占有的地皮面积，仍稳居众商之首。

在汉口做地皮和城市拓展发了大财后，为攫取更丰厚的利润，刘歆生又把眼光投向了全国。但这次，他可就没有那么好的运气了。

他先后在京汉铁路汉口至石家庄、陇海铁路陕州（今河南三门峡市）至归德（今河南商丘）沿线大量购置土地。然而，他失算了。这些地方没有像他预计的那样有所发展。他投入的巨额资金以及从银行和钱庄借贷的巨款无法偿还，因此负债累累。

由于负债过高，不得不将汉口的大量地产和房产易主。辛亥革命后，汉口地亩局长孙武将刘歆生占有的一些有争议的地产公开拍卖，所得款项除奖励有功人员外，全部充公了。刘歆生为此愤而和孙武对簿公堂，却又始终无法结案。

至 1933 年，他的房产分别落入了湖北官钱局、北京天主教堂、交通银行、东方汇理银行、济生公司的手中。这些挫折，几乎使刘歆生一蹶不振。直到他去世，也没有恢复元气。

但即使如此，他所拥有的土地和房产仍然居于武汉其他富商之前，仍是一个名副其实的汉口地产大王。

从放鸭娃到地产大王，刘歆生显得从容不迫。他似乎天生就是属于那个危机与契机并存的时代。只要有一丝机遇，他就会毫不犹豫地抓住，圈土地于草莽，建高楼于平地，舍小就大，敢搏敢干！

1941 年，84 岁的刘歆生去世。斯人长逝，留下的是一段长达几十年的传奇。

刘歆生的墓地在"大跃进"和"文革"时期，因坟址不详而幸免于难。1996 年冬，园林小队的民工在开挖植树槽的时候，意外挖出了刘歆生的棺木。当撬开棺材后，他们发现刘歆生的遗体保存完好，除绸装的衣服外，只有一个十字架，其他的什么也没有。

1998 年春，刘歆生的孙女刘智慧从海外归来，于当年将刘歆生的墓重新修葺。

汉味电影《孕城》

以刘歆生为原型的汉产电影《孕城》，前几年拍摄完成并在刘歆生的家乡武汉东西湖区举行首映式。这部充满汉腔汉韵的电影，也在省内各院线陆续上映。

《孕城》是根据武汉作家彭建新的同名小说改编而成的。故事的男主人公刘宗祥的原型就是刘歆生。按字面理解，所谓的"孕城"，应该是孕育了一座城市的意思。对武汉来说，有能力孕育一座城市的，除了刘歆生还有谁呢?

电影《孕城》汉味十足。因为刘歆生是武汉商人，武汉市民十分熟悉的周锦堂、田克兢等本土演员都在影片中饰演了角色，观众通过电影可以感受到 20 世纪初期的武汉风土人情。汉口城市发展中的一些节点性事件，在影片中也得到了集中展示。影片通过主人公的活动，讲述了修筑张公堤、汉口新市区中的歆生路等故事。

电影在柏泉的府河、天主教堂等地多处取景，部分场景中的群众演员也在当地选用。

电影的笑点则来自汉腔汉调所特有的幽默。影片中武汉独有的歇后语、市井俚语被大量使用。除了张之洞和刘宗祥两个主要角色外，其他演员基本上都是用汉腔对话。

第十四章

永兴洋行买办严逸文自述

法国永兴洋行的买办严逸文，用自己在洋行里十几年的亲身经历，为对洋行买办这个职业不甚了解的读者详尽生动地讲述了外国洋行是如何在中国大发其财，以及买办们是如何"借船出海"为自己谋得巨大利益的。

下面就是根据他的自述整理出来的文字。

华账房里的岁月

我当买办从"学徒"起始，是真正的"科班"出身，这在买办群体里是很少见的。可以说，买办算不上是一个行业。在买办这个圈子里，从来没有规定的行业训练和传统的业务制度。只要拿得出洋行限定的保证金，拼凑一班会买货、卖货的熟手和一个翻译，就能成立买办公事房，开始给洋人服务。

洋行用一个买办，只要他老老实实帮助他们剥削掠夺中国人，对买办的出身经历没有太多讲究，全凭合同办事。这样干下去到合同期满，或者经双方同意续约继续做下去，或者散伙，洋行再另招买办。新买办再组织他自己的班底。

所以，买办是不培养学徒的，公事房里年轻的新手就算是学徒。这类新手同买办没有旧式商业的师徒关系，更没有什么清规戒律业务传习。我就是在买办公事房里从最低级的学徒干起的。这种情形在买办圈子里是普遍的规律。

所以，我相信我的经历在买办圈子里具有相当的代表性，我的经历至少可以说是相当一部分买办的生活缩影。

我的出生地是浙江宁波府镇海县。1905 年，我 9 岁，随父母旅居汉口读书。由于家境困难，13 岁就去上海萃昌糖行学生意。那时上海的繁荣对我有相当的诱惑力，它的上层社会不仅是中国官员和地主乡绅，更是洋人和买办。

10 个月后，萃昌糖行歇业，我回到第二家乡汉口，又成为钱庄学徒。辛亥革命时，炮火焚毁了我的家，我又被送到天津谋生路。亲戚把我强塞进天津德国的禅臣洋行买办公事房，开始走上当买办的道路。

我进禅臣洋行，是因为禅臣洋行的买办严蕉铭是我本族的伯父。我在他手下当练习生，月得鞋袜钱 4 角。那年是民国元年，我 15 岁。这时禅臣洋行正在大卖军火和努力向内地推销来自各国的进口货。禅臣洋行还努力替其他国家的工厂推销各种货物。

1914 年第一次世界大战爆发，禅臣洋行所代理的有名的美国链子牌轴线及其他各种牌子的轴线不得不停售。在这种情况下，我伯父严蕉铭便支持他的朋友应云纬在表面上充锦华洋行买办，即俗称的出面买办，代理英国的进口货，而他在暗中主持，以避外人耳目。这是买办经常的变戏法的手段之一。

当时我也被派到锦华洋行任司栈，月薪 8 元，日常工作只是收货发货。

我对这种工作非常厌烦。这时，有一位旧同学资助我回汉口进了博学书院。无奈家庭的开支困难，这次读书时间只延续了半年。这时，在洋行谋生的至亲好友和我父母都劝我回到洋行找饭吃。

因为那个时候和洋人打交道，被公认是吃稳当饭和积聚财富的唯一途径。另外，当买办还有一个最诱人的优点，那就是不受官吏和军人的气。当买办干得顺利，还有机会反过来对他们示威。在这种情况下，我既被家境所逼，又迫于父母之命，不得不再进洋行做事。

由于我伯父的关系，当时任天津永兴洋行副买办的倪云卿允许了我在他的买办公事房里当职员。那年我 19 岁。从这个时候起，我在永兴洋行的招牌底下混了 40 多年。虽然在不同的写字台后面扮演过各种各样的角色，但始终未曾走出它的大门，直到我 60 岁时为止。

我供职的永兴洋行是天津洋行中的典型，它 1840 年创立于巴黎，由法国商人集资组建，专做法国的对外贸易。它先在美国设立了分行。《天津条约》之后，才在宁波开设了"中国永兴"，以草帽辫出口为主要业务。在上海、汉口设立分行后，就将宁波分行取消了，上海改为远东总行。

天津分行开设于 1897 年，地址在现在的解放北路北头。

法商永兴洋行旧址

永兴洋行在天津的法商洋行中是最大的一家，次于它的立兴洋行后来并入了永兴。永兴洋行进出口的经营是综合性的，其间还包办过正太铁路的器材供应，那时正太铁路上火车车厢里连茶杯都是永兴运来的法国货。天津的解放桥原来俗称法国桥，后改名为万国桥，就是永兴洋行承包建造的。永兴在天津有不动产和工厂，内地也有工厂。

我进了永兴洋行，和我的买办家世是分不开的。我亲族中有不少人在津沪各地当买办或做洋行的事。早期天津永兴洋行的买办严梅东就是我的族祖。上海的宁波帮买办中也有不少和我有亲戚关系。法商东方皮毛公司买办严汝霖是我的族伯。

而对我的买办生涯影响最大的，还是我伯父严蕉铭，他和最早的军火买办王铭槐都是天津宁波帮买办里的名人。

严蕉铭出身于轮船买办，后来连续担任过顺金隆、禅臣、锦华、立兴等大洋行的买办。他当买办的早期活动主要是介绍军火生意，因而和政界高层人物多有往来，其中和他过往最密的当属袁世凯。王士珍和严蕉铭是把兄弟，关系更深。

严蕉铭自认为军火买卖有伤阴德，所以在所谓的慈善事业里大量捐助以资忏悔。对宁波同乡公益救济事业的提倡和捐助他更是极端热心，甚至赢得了"严菩萨"的别号。我两次进洋行都是他的关系，最后进永兴洋行也是他的朋友倪云卿把我荐入的。

我进永兴洋行时，买办是王敬铭。我一进门便被派在仓库工作，每月工资8元。王敬铭原是天津东南乡军粮城的大地主，因为羡慕当买办的威风，就拿出几万元保证金当上了永兴洋行的买办。他对市面买卖完全外行，也不懂外语。他的公事房替永兴洋行收购皮张、马尾、猪鬃、头发、肠衣、蛋黄白等土产，这些生意全仗着他的副手办理。

王敬铭的买办是花钱"捐"来的，这是能当上买办的主要方法。

永兴洋行在我入行期间大发其财，扩充了业务，建造了新行址。1917年，永兴洋行便从解放北路的旧址迁入了建造在大沽路上占地十三四亩的大楼，还附设了肠衣厂、打蛋场，扩大了法国资本。

此后的几年，是永兴洋行营业最盛也是买办赚钱最多的时期。

1918年，永兴洋行仰慕原兴隆洋行买办叶星海的大名，辞退了王敬铭，改聘叶星海为买办。

叶星海是当时宁波帮买办的另一巨头，是受过严蕉铭提携的。为想当买办，他自幼就拼命学英文。他在厨房工作时，有一次偶然说出了一句英语，竟受到了洋人的赏识，以后得到逐步提升，直到当上兴隆洋行买办，成为天津大买办之一。

在当时的出口买办中，叶星海以实力厚、路子宽、外庄多、号召力大而著名。永兴洋行为此力聘他当买办，并且豁免了保证金，这是洋行与买办关系上很少有的例外。

外国洋行对中国人历来是不信任的。中国人要当洋行买办，几乎从来没有不要保证金的。中国通商银行天津分行的副理徐朴庵，当麦加利的买办倒是没有保证金的，但有老牌军火买办冯商盘以中国通商银行大班的身份给他做了书面的担保。所以说，叶星海单凭个人活动能力而得豁免了保证金，是一个仅有的例外。这个事不仅让叶本人和他的职员们引以为荣，也给这一任华账房壮大了声势，将他尊为"前辈老英雄"。

在叶星海任内，永兴洋行买办公事房里业务最为活跃，职员多至30余人。我因同乡及严蕉铭的关系，被叶星海留用，并提升为报关员，月薪增至 16 元。

报关员这个职位，要求完全了解自己公事房里各部分的工作进度和业务整体进展、对外的形势和与报关事务有关的人与物的情况。报关员更要明了轮船舱位情形，并掌握各个航线的运输情况。有时候为了争取时间上货，竟至通宵不眠，而次日还得照常工作。

好在我当时正年轻，各方面的联络也还畅通，因此博得洋人与买办的欢心，薪金增至 24 元，年终还有数百元的分红。在永兴洋行买办间里，我是能手之一，工作做得十分顺手。

可是在旧社会里，吃喝嫖赌是很难避免的，我也是在这个时期染上了那些恶习。洋行大班和买办只要求把事情做好，工作人员业余干什么，品行和健康如何，他们是不管的。

叶星海是个名不虚传的能干的买办，他对羊毛、羊绒、皮张等出口货的鉴别力和对行市的判断力，历来为永兴洋行大班手下的所谓专家们所折服。

永兴祥行的业务此时再度扩展，增设了保险部、代理轮船部和扩大了肠衣、打蛋各厂的营业，并在河南新乡建立了打蛋工厂。为了让叶星海更大地发挥他为洋人搜集出口土产的才能，永兴洋行把进口业务独立起来，另用了一个买办。在出口的货单上又增加了山货、油脂、油料、绒毛、棉花、草帽辫等。

永兴洋行在这一段时间里赚钱极多。但是因为洋行一向以总行在欧美，分行不结盈亏为理由，从来不公布盈利的数目，拒绝中国官府的查询，所以永兴洋行得利的实数无从得知。不过洋行买卖好，买办得利自然也多。所以从此时起，我开始憧憬发财的美梦。

1928 年，叶星海病故，永兴洋行买办由其儿子叶庸方继任。叶庸方是个学生出身的纨绔子弟，对买办业务一窍不通，一切事物都由副手袁瑞章负责。

多年买办生活的经历告诉我，在南北各地，买办的发展大体有三种类型。最普遍的是甘心彻底当洋奴，洋人就是一切，终极目的是靠洋人发洋财；第二种是以做官为目的，早期的有王铭槐、吴调卿等，后来到国民政府时期，买办与官僚索性互相转化混为一体了；最后一种，也是比较少见的一种，是买办把自己往帮派路上培养，这便是上海虞洽卿之类。

天津买办走第三条路线的就是叶庸方，而我却不幸和他混在了一起。

叶庸方在当买办以前很守家教，他父叶星海系贫寒出身，经受了许多困苦耻辱才在洋人手下发了财，因此家教极严。到他死后，叶庸方当了现成的买办，大权在手，为所欲为。他除去放纵浪费之外，还拜在青帮头子李徵五门下，以"通"字辈的资格做了天津青帮的名人，结交上中下三层流氓。

他出资组织了永兴国剧社，与上海帮派巨头合营长城唱片公司，称霸于天津娱乐界。为了谋更大的发展，他还先后开办了《天津商报》及《风月画报》，准备把自己打造成天津的虞洽卿。

无奈天津这个地方的环境条件和上海不同，不适于培养大亨，结果把他父亲的积蓄完全挥霍光。永兴洋行的华账房由此垮台，全部职员被解散，结束了叶庸方的一场繁华梦。

叶庸方的垮台很有戏剧性，在天津洋行买办群里是个仅有的例子。但因此我的生活也受到了影响。

出人头地的高级职员

1930 年，关外商人娄紫宸以 5 万两现款保证金继叶庸方之任。

过去天津各大洋行的买办大多数是广东人、宁波人或当地人，关外人对买办事务是最不熟悉的。娄紫宸是关外人当买办的始作俑者。

他对外文和买办业务都是门外汉，一切都依靠其副理李绍曾。当叶庸方账房失败时，我本在遣散之列，但永兴洋行的外国人认为我办事多年，对华账房仓库及内外一切情况均能了解，是他们的好助手，于是在和新买办签订合同时，以将我留任作为条件。新买办得悉此情，也乐于利用我这个熟手，我于是被提升为高级职员。

娄紫宸是沈阳经营猪鬃、马尾的大商号顺兴鸿的代表。永兴洋行肯与娄紫宸签订买办合同，是贪图顺兴鸿在关外经营猪鬃、马尾业务的经验。

不料第二年发生了"九一八"事变，顺兴鸿宣告停业。永兴洋行娄紫宸的账房不得不随之结束。

1932年，永兴洋行华账房由娄紫宸的副理李绍曾接任，我还继续我的原职。

李绍曾因为没有多大的财力，永兴洋行受他缴纳的保证金虽然减低至3万两，李绍曾仍然得东拼西凑勉强支撑。这时华账房的业务既为经济力所限，洋行的生意也不如以往兴盛。至1934年，李绍曾无力支持下去，且又因债务官司，只得与永兴洋行解约。

"九一八"事变把不少关外的商人和资本挤到天津来。自从娄紫宸给关外商人开了当买办的先例，进关的商人中就有不少人拿着现款寻找门路想当买办，因为当买办到底比做商业容易干，而且多少总能得到外国势力的保护。

1934年，关外来的商人由警钟向永兴洋行商洽接任买办。而永兴洋行担心新买办对业务不熟，仍以我的连任为条件。但当时我因为李绍曾的债务未了，不便参加新买办账房，便暂在洋账房办公，每月由洋人处支领薪金100元。

1935年，由警钟以3万两保证金签订了买办合同。他的背后还有多少出钱的老板不得而知。不久后，李绍曾的官司结束了，我又被邀请回华账房工作。

此时，华北沿海的走私漏税风气正盛，因此各洋行业务衰退，生意清淡。由警钟干了两年，亏了老本，于1936年解约。

由警钟去后，永兴洋行的大班极力劝我接任买办，但对我无力交纳保证金这一点又不肯通融，只允许将数额减为3万元。我虽然已经在永兴干了20多年，但却没有筹出3万元的能力。后来陈仲生同我说，由警钟当买办的时候保证金内有他的股权，如果我能同他合作，他愿交全部保证金3万元。而我因为洋行生意清淡，并不热衷当这个买办。但陈仲生既有此好意，我也拉不下这个情面，只得与永兴洋行以我们两人的名义签订了合同。

自 1936 年起干了一年多，大体还算顺利。1937 年，突然发生了"卢沟桥事变"，进出口生意极不稳定，买办的收入自然更没有把握。1939 年又遭水灾，一切业务基本陷于停顿。到 1940 年，陈仲生的买办合同解约。

陈仲生去后，永兴大班又想让我担任买办。我虽同意，但自己实力不够，也不愿为交纳保证金去拉债务。永兴不得已，同意我的保证金可以从缓交纳，于是在 1941 年签订了合同。

法国洋行历来小气，买办不交保证金的过去只有叶星海一个人。那是由于叶的资格太老，而且局面大，实力雄厚，他经常在仓库里存着百十万元的货物。永兴洋行用他当买办，有很多好处，所以才得到免交保证金的例外待遇。

而我得以免交保证金，则是因为当时进出口业务极不稳定，永兴洋行不得已才迁就了我。我也乐得利用永兴的影响，自己经营一些业务以求独立发展。这种结合基本上是从互相利用出发的"双赢"。

洋大班与华经理

外国洋行和外国银行的主持人，大部分是凭契约服务的。较大的欧洲洋行的主持人任期以四五年为一任，也称为一班。任满也许连任，也许让位于来自总行的后一班，后一班的人选也可能由总行在旧职员中指定升任或代理。前后任的资格和报酬不一定相同。早期上海各外国洋行经理年收入能达到白银约 20000 两，并享受居住、车马、医药等待遇，习惯上便被认为是高级的经理而称之为大班，表示与资格较浅、薪酬较低的有所不同。

"大班"这个称呼在天津通用于外国银行和较大洋行的经理，有时也称为大东家（上海没有大东家的称谓），但这些人的薪酬一般比上海的低。相沿日久，大班或大东家这一名词便成为对洋行经理的一种尊称，犹如洋行大班们称买办为华经理或掌柜一样。

"买办"这个名词，虽然已有近 300 年的历史，但在天津为此却发生过洋行与买办发生摩擦的事。因为买办这个称呼有不大恭敬的意思，在我进洋行不久，便出现了"华经理"这个名称。

英国在东印度公司借用了"买办"这个葡萄牙名词，指为领事馆或商行雇用的当地籍的采买员或佣人的头目。

中国出现洋行后，所谓买办必须交纳保证金，并以替洋行买卖货物取得的佣金为薪酬。买办公事房的费用，则由洋行按月付以定额的贴费。

买办的公事房不是独立的经营单位，那里的账簿只是替洋行收货销货的记录。买办把自己的公事房称为华账房，而称洋行为洋账房，买办自称为华经理。这是因为大部分买办耻于自己被称为买办，外国大班为了给买办面子，也一般称其为华经理或直呼某某先生。

一般的买办都是一切听从洋账房的命令，但也有"功高势重"的买办，在有利形势下，向洋人作抗争的。如我伯父严蕉铭在禅臣洋行当买办的时候，一个新到中国来的德籍职员直呼他为买办，惹起他的愤怒，认为这是对他的有意侮辱而提出抗议。因为禅臣洋行颇有赖于严蕉铭的能力，故此禅臣的大班除道歉外，还对这个德籍职员以"人地不宜"的理由将他送回德国。这是买办社会津津乐道引为光荣的一段故事。

洋行里的外国人因为不适应中国社会的风俗习惯，以致在商业技术上与中国人接洽有一定的困难。买办的存在便缩短了洋人和中国人之间的距离。但洋人对买办从心里说却是蔑视的。

但是买办中也有人利用洋人鄙视华人的心理，做出种种丑恶表演，以达到利己的目的。

第一次世界大战时，德商兴隆洋行的大班吉波利施应被没收的财产被该洋行职员高少洲替他隐匿起来。战后高少洲向盐业银行经理募得一笔股款，用这笔钱与其所隐匿的吉波利施的财产，合起来继续经营兴隆洋行。高少洲却对外宣称，这个改组的兴隆洋行是纯粹中国资本。而实际上，吉波利施的权益由他的女婿毕尔福暗中操纵，高少洲实际上是在"暗度陈仓"隐匿"敌产"。

毕尔福每年从净利中提走10%。高少洲为了对毕尔福表示忠诚，把兴隆洋行仓库的四楼，辟为一个能容80余人开会的一个神堂。每年正月初二，高少洲就集合全行的中外职员，在这个神堂里焚香上祭，追述吉波利施创业的艰难，鼓励大家努力工作答报先灵。这一丑行，描绘了洋人和买办之间的奴主关系。

我进永兴洋行20多年的时间，天津外国洋行和外国银行发展很快。这一时期当买办的不但收入丰厚，而且没有任何人来干涉他们经营的独立性，也没有人要他们发布营业的情况交纳捐税。这是一种最为自由自在的营利活动。一个人若有机会当上大洋行或外国大银行的买办，就有安全发财之望。洋人从天津租界里榨出了千千万万的金钱，但买办的收入也很可观。一批一批的新买办，盖起了新的楼房，换了新的车马，过着糜烂奢侈的生活。

这个时期因为连年内战，天津的租界给避难的官僚、军阀、地主等人提供了安全生活的保障。买办们也于其间给租界里这一批一批的新客人在生活安置、避免追捕等方面予以协助，同时也大大地抬高了他们自己的身份。

国际纠纷虽也曾让洋行的生意一时衰落，但过后又涌现出新的财源、新的前途和更大的发财机会。只要内地农民能生产出粮食和经济作物，只要城乡和内地的中国人要消费进口货，买办就永远有取之不尽的财富和在租界里安全居住、太平享乐的生活。

1929年，有一个英国商人在现在的长春道，设立了一个"万国商业公司"，招聘买办。介绍人所描述的这位大班的情况打动了我的心。给英国大班当买办我是愿意的。英国人不像法国人那样拘谨小气，在商业上资格老、历史久、场面大。当英国洋行的买办比当别国洋行的买办更加有利。

这个想法使我很快和这位英国大班讲好条件签订了合同。但我并没有离开永兴，而是在万国公司兼职，在那里不过安置了几个职员。我的保证金是启新洋灰公司的股票，价值现金仅2000元。生意开始后，我提供了大量的货样，但是却始终没做成一笔出口的生意。

我发现，国外虽然没有订货，大班的公事房却很忙。我便起了疑心。由于我熟悉洋行的生意门路，很快就发觉，这个万国商业公司所交往的不是"万国"而只是中国一国，并且限在天津租界以内。

原来我的这个大班朋友，把我寄库的股票押得现金，连同我的现款保证金，在天津当地买货，再转手卖出赚取现利。这是违反合同的诈骗行为。后来我请了英国律师甘博士提出控诉，这才进一步发觉这位大班已经暗中和一个出现款 10000 元的新买办勾搭上了。大班的秘密一被揭穿，那个新买办也把他告了，结果大班受到驱逐出境的处理，可是我的股票却要不回来了。

跌的这个跟头对我是一个惩罚。我在买办社会里混了那么多年，应当有足够的经验阻止我钻进这个圈套，然而我竟钻进去了。

一个买办为了保证他自己的信用，要对洋行交纳一笔寄库金，即保证金。后来由于当买办的收入日多，社会地位也逐渐提高，有财力的人争着要当买办，竟然把保证金的数额抬高到 20 万元之多。这时就出现了取巧的洋商，干脆不准备启动资金，直接拿买办的巨额保证金做流动资金。我被骗就是中了这个圈套。

但如果洋人方面没有其他恶行，这类"光杆大班"的骗案追究到底，也不过是把洋人驱逐出境了事。但买办的损失一般都是无法追回来的。

"老西开"事件

1916 年，天津法国租界的工部局在天主教堂前面建了一座洋灰桥，把法租界西开和界外隔着墙子河的老西开接连起来，随即还派出安南巡捕（越南籍）站岗，将 1500 多亩地的老西开霸占。接着，法租界当局毒打中国巡警，夺取枪支，并驱逐中国地方机关。

此事在天津首先惹怒的是搬运工人，工厂工人也随着罢了工。整个法租界除了各洋行的买办和职员外，各行业的中国人也都有抗法的表示。等到公用事业和华籍巡捕罢工罢岗之后，法租界一到晚上就是漆黑一片。

法国洋行禁止自己手下人参加抗法运动。但洋行里的华籍职员中有不少人受到工人、学生爱国热情的感召，从洋行不辞而别，离职者日见其多。法国大班们对离去的人们，表面上平淡处之，但内心肯定还是十分焦虑的。

永兴洋行有个职员叫陈福康，看穿了法国洋行大班们的"怀柔"手段，向永兴洋行大班写了一封信指责法国人的侵略，并鼓动华籍人员加入抗法的队伍，结果更多的人毅然离职。

当时抗法的公民会收到了各方的捐款，对离开法国洋行的人们按原薪予以补助，抗法情绪由此更为高涨。在这一声势浩大的运动里，法租界完全瘫痪了。洋行大班和买办们的损失日益加重。

于是，法租界当局便勾结中国官府，对运动施用种种破坏手段，以致公民会收不到捐款了，对离职人员的补助也由减半而至停发。这样一来，离职的人员为生活计，不得不请求复职。

这时，法国洋行大班骤然翻脸，对洋员们施以惩罚手段。比如我叔叔严运廷复职后，除了受到大班训诫外，还把3个月的薪金按半数发给他。我叔叔怕失业，只得忍辱接受。

鼓动大家离职的陈福康更为法国人所痛恨，永兴洋行大班命令法国巡捕房逮捕他，他不得已只好逃往汉口。

老西开事件的结局，是法国人在该地建立了他们的法律和社会秩序。买办、军阀、官僚在老西开大规模购地、盖房。随后，法租界的商业又活跃起来，而华账房的业务也就繁忙起来了。

第一次世界大战后，洋行大班们对买办的看法稍有改变，对买办们的蔑视也稍有减轻。这主要是由于买办的出身逐渐从商人转到了知识分子，而且敢于向大班们抗争。后来对大班们的无理待遇的抗争，逐步发展到洋务华员公会的出现。

洋务华员公会的组成，是经过长时期酝酿的。吃洋饭的人们受到爱国运动浪潮的影响，对帝国主义的侵略逐渐有所认识。他们的生活、职业、待遇、任免等全凭洋人喜怒，毫无保障，就在1927年组织了"天津洋务华员公会"。

这个组织的会员，包括各外国洋行和银行，外国人的旅馆、饭店、俱乐部、海关税务司和一切外国人有用人权的机关的华籍工作人员。洋行公事房里的中国职员因为是间接替洋人服务的，所以加入的不多。

洋务华员公会成立不久，即为各租界当局所注意。中国人在租界里争权利，自然为洋人所不容。于是各租界工部局同时进行查究。洋务华员公会为此不得不一再搬家，最后搬到日租界与法租界交界的秋山街的一所楼房里，以躲避法租界巡警的搜捕，因为一出门便可以躲进日租界。日本租界当局也始终装聋作哑。

1928 年，晋军的势力进入天津，傅作义当了天津警备司令。阎锡山与蒋介石原是互相利用的。洋务华员公会的活动，既为租界洋人所不耐烦，且又掺入国民党分子，于是天津地方当局就以种种理由搜捕公会的会员。

某次，公会会员在义庆里开会时被捕去 10 余人，其中有的因政治上的原因竟被杀害。这个原为抵抗欧美雇主苛遇待遇的团体，不久就归于消亡了。

暴利惊人的蛋品经营

永兴洋行同时兼营了几种手工业和半机械生产的生意，如上面谈过的颜料庄、墨灰厂、青砖厂、红砖厂、农场、养鸭场、织布厂、织毯厂、榨油厂和设在天津市内及外省的 4 个打蛋厂等。这些厂子的字号多半都有"兴"字，其中还有的直称为"永兴某某厂"。其中以打蛋厂的生意最大，经营的时间长，进展得也顺利，而且和我所任的洋行买办业务有直接的关系。

中国早期出口的蛋类，是从鲜蛋开始的，1900 年才有了蛋类加工厂。这时援引中日《马关条约》准许外国人设厂，准许机器进口，英德两国蛋商首先便在汉口、芜湖设厂生产蛋黄、蛋白出口。

蛋制品从天津出口始于民国初年。1916 年永兴洋行天津蛋厂开业，为洋行蛋厂中最早成立的同类工厂。天津的十几家法国洋行中，也仅永兴有蛋厂。永兴洋行蛋厂专做高级蛋品，价钱也较贵。在叶星海当买办的时候，蛋品和皮张、兽毛、草辫为永兴出口货的重要项目。

永兴洋行蛋厂用新方法配料做出的蛋品有老粉盐黄、飞黄、飞垒卵、新粉盐黄、蜜黄、油黄、糖黄和烤成透明体的蛋白等。这些出口品种的质量，在国外市场有相当高的评价。

后来我自己干蛋厂，在很大程度上也是借着永兴蛋厂在国际市场上的影响。

1916 年我进永兴洋行时，正赶上永兴建造了新行址并附设了打蛋厂。这个厂的正式字号是瑞兴蛋厂，市面上习惯称它为永兴洋行蛋厂。

这种生意的惊人暴利，引起了我对蛋类经营的野心，虽然那时我只不过是买办手下的小伙计。

第一次世界大战时期，西方各国顾不上经营农业了，但他们却需要更多的蛋品作军用食品。在此情况下，中国蛋品便成为欧洲的急需。到战后，英美等国的购买力降低，这样一来就给了其他国家更多的机会购买中国的土产，使得法商永兴洋行蛋类经营再创高峰，于是在汉口也设了蛋厂，又在河南新乡收购过来一个蛋厂。

由于蛋品出口利润丰厚，各国洋行也纷纷在内地设厂打蛋。永兴洋行蛋厂收集鲜蛋，是我们买办公事房的责任，佣金为2%。同时，鸡蛋的保存和运输的困难也加重了洋行对买办的依赖性。

"九一八"事变后，东北大豆的出口被封杀，刺激起蛋类加工出口的进一步繁荣。这时永兴洋行的进口货逐步扩大到大米、面粉、汽车与自行车轮胎及零件、毛织品、化学药品、香水、香料、玻璃器皿、西药、洋酒及越南土产等。

后来。立兴洋行并入了永兴洋行，带过来它原来代理的"九一四梅毒药"。原被德孚洋行代理的法国产颜料，后来也归永兴接办了。永兴洋行代理的正太铁路全部器材，更是重要业务。这些虽然与我们办出口的部分不相干，可是我观察到永兴洋行进口业务的发展，是和它的出口，特别是蛋品的扩大成正比的。

抗日战争时期，设在内地的蛋厂大部分被日本人破坏，永兴洋行蛋厂亦被迫停产。但因为永兴洋行是法国商行，法国战败投降后，日军便另眼看待，厂房设备均得以保全。

1947年，我了解到内蒙古丰镇有一家天津蛋商停办的益兴蛋厂，它的设备逃过了日军的破坏。因为当时永兴洋行生意少，我正无事可做，而对蛋品的经营方法又十分熟悉，且有很大的兴趣，便前往丰镇调查接洽。费了许多的周折，冒了很大的风险，才把这个厂接过来，字号改为益兴诚。

该厂自9月开工，到年终做了蛋品40多吨。然而由于内蒙古的蛋源稀少，产量距离原来所计划的尚远，好在当时市场生产极少，货到国外还是受到了欢迎。

益兴诚蛋厂虽因货源稀少发展缓慢，但鸡蛋的买主在那一带仅有我们益兴诚一家，加上当时那些被遗忘的边远乡村百业萧条，失业众多，工人的工资低廉，我又得到了傅作义的参谋长赵伯纯的介绍，拉拢好了当地的军政人员，加上永兴洋行这块外商的金字招牌，省去了不少的杂费和损失，因而成本低，生产虽不多，利益却颇丰厚。

1948 年，永兴洋行的蛋厂停工日久，打蛋的设备长期废置，经我与行方商洽，由我承租。因为我接办这个厂还是给永兴洋行服务，所以永兴也很高兴，每年只收我的租金 10000 美元。定议后，即在原厂开工，改称利兴蛋厂。

此时国外的需要还是很大，国内的生产厂家还是很少，故此生意进行得十分顺利。

蛋厂收购鲜蛋，是永远站在有利的地位上的。鸡蛋是脆弱的货品，不利于搬运，而天气热时极易变质，这些情况都迫使养鸡的农民和鸡蛋贩子不得不早求脱手，因而也就不得不接受厂方提出的最低价格。

蛋厂收蛋有 3 个渠道。一是派人直接采购，二是从经纪人手中批买，三是农民送货上门求售。无论通过哪种渠道，厂方总能在有利的条件下，把收购价格压到最低。

这种情形在天津稍有不同，因为蛋厂收蛋时还有别的厂子竞争。这种竞争当时能发展到你死我活的境地，但最后各厂也能趋于妥协，保全共同的利益。当然，压低鲜蛋价格的损失最后总是落到农民身上。

由于鲜蛋价格能尽量压低，所以蛋厂才有利润。我干蛋厂时估计过，每一个鸡蛋的毛利能赚 5 个鸡蛋。除去加工费和外汇上的损失，净利还能有 50%，利益小了还能有 20% ~ 30%。

过去各洋行的蛋厂收购鲜蛋的方法垄断性很大。一个厂子的买办或其所派的采购员到某一产蛋区先以高价收货，把别的厂的采购员全部挤走，然后再定出极低的价格收购。这时当地已没有第二个买主了，而鸡蛋又不能久存，农民只好忍痛卖给这一洋行，如和记洋行蛋厂便是如此。

但中国人自办的蛋厂，由于实力太小，无力进行这样大的垄断行为。

洋行与买办是以契约关联起来的，买办当然不准给其他洋行服务，但他自己也要经营买卖赚钱。所以凡是对自己所服务的洋行有益的生意，我都可以在中间做手脚赚钱。我自己干蛋厂，永兴洋行就很高兴，因为我虽然借着洋行的牌子做自己的生意，但他们的利益能够得以维护，乐得我也从中分一杯羹。

所以，我在各省开设的蛋厂虽是私人企业，但沾着洋行的洋气，土豪恶吏对我的厂子就会另眼看待，"永兴洋行" 4 个字足够先声夺人。

1949 年新中国成立后，正是蛋品经营的黄金时期。天津市当时共有 8 个蛋厂，那年我在大同又设了诚兴蛋厂。此时蛋品业效益很好，又因天津利兴蛋厂营业发展，使我有余力扩建新厂。1950 年，我又接办了设在安徽亳州的上海茂昌蛋厂的分厂，改名协兴蛋厂。这个蛋厂至 1953 年改为了公私合营。

永兴洋行的穷途末路

1949 年天津解放，上海永兴洋行总行看出外国经济侵略势力必将受到限制，但仍希望保住将来卷土重来的基础。

当时我正在上海，总公司便和我商量，委托我负责天津分行的业务，并命原有的苏联籍职员二人帮我办事。营业盈亏按四六分成，即每年年终结账的盈亏我拿四成，永兴得六成。开始的两年虽然没有什么盈余，开支尚可维持。

到 1950 年时，我自己所经营的企业已经逐步发展，便向永兴洋行提出了辞职。

当时永兴洋行远东总行已移往香港，我就在 1951 年 4 月前往香港。经过再三商讨，永兴洋行仍坚持要我留任。我详细解释了目前国家政策是以消灭剥削为主，经营国际贸易只能得到代购代销的佣金，何况华商贸易行相继崛起者越来越多，永兴洋行每月虽有近 5000 元的房租、栈租收入，也绝难维持庞大的开支。

永兴洋行却坚持要我继续干下去，大概他们也是看到我那时的 3 个蛋厂对永兴的出口业务是有帮助的。最后商谈的结果是：变更了合同里四六分成的责任，亏损与我无关；两个苏联人调往外地；我的薪金暂按七成支用，年终有盈余时照补。因条件有利，我就接受了这个职务返回了天津。

回天津后，我改变了经营作风，让丰镇、大同、天津 3 个蛋厂代中国蛋品公司加工；永兴洋行则以代销国营公司的畜产、食品、土产丝绸等为主。如此延续到了 1955 年底。

1956 年，法国商务代表团到北京开会，香港的永兴洋行经理也是代表团的成员之一，我立即赴京向他再次坚决提出辞职。

当时上海永兴洋行的经理也在北京。经过大家多次的讨论，我把社会主义工商业改造的道理和中国当时的形势再三解释，并声明，如不接受我的辞职，除非将天津分行的全部不动产及一切家具、所余资金及债权无条件地转让给中国政府，我代为负责清理，全部职员遣散，由政府安排职业。我愿这样有始有终地替他们办收尾之事。

过了两三天，商定的办法是移交，但必须经过巴黎总行同意才能最后决定。我当面声明不能久待，返津即要作初步移交，也得到了他们的勉强同意。那时永兴在天津的财产，计有现金 5000 元、公债 50000 元，和他们曾要价 100 万美元的不动产。

4 月底，我已将移交诸事安排就绪，将法商永兴洋行天津分行的财产全部交给了政府。随后，又将永兴洋行私用的电报密码本等资料装了 3 大箱运往香港。这 3 箱"废纸"，实际上是法国在天津的百年经济侵略史的证据。

到 1960 年，上海永兴洋行最后终结。

第十五章

三起三落的王氏家族

如雷贯耳的"四大买办"之一王铭槐

王铭槐这个名字，在 20 世纪初的天津卫如雷贯耳。他是势力最大的宁波帮买办集团的开山老祖。

他和同时期的英国汇丰银行买办吴调卿、英国怡和洋行买办梁炎卿、英国太古洋行买办郑翼之，被称为天津"四大买办"。

王铭槐原籍浙江鄞县，他生于清道光二十六年（1846）。起初他在上海商业大亨叶澄衷所开的老顺记五金行学生意，后来逐步升为高级职员，成为叶的亲信。

清光绪六年（1880），他去天津担任天津老顺记经理。这时，清朝洋务派李鸿章正向外国大量购买军火，他便通过李鸿章的密友、上海巨商严筱舫的关系，结交上了李鸿章，并当上了德商泰来洋行（专营进口机器和军火）的买办。

老顺记的经理职务，由他的师弟徐企生继任。随后王铭槐又依仗着李鸿章的关系，当上了华俄道胜

王铭槐原籍的旧居

银行天津分行的买办，从此迅速地获取了大量财富。这是王铭槐一生买办生涯的黄金时代。

王铭槐的发财之道有三个方面：

第一，在清政府向道胜银行借债和收付款项时，王铭槐随意做行市，从中取利。这些收入连同应得的佣金，使他发了一笔不小的洋财。"四大买办"之一的汇丰银行买办吴调卿，也是靠这一手起家的。

第二，道胜银行的银库由王铭槐负责保管，而洋人只在每星期六查点一次。他便钻了这个空子，暗中将道胜银行库存现银拿到自己开办的银号里，到星期六洋人查点之前送回，查点过后再行拉出。后来，他见洋人每次查点银库时总是只查上层的几个银箱，于是他把装有银子的箱子摆在上层备查，底下的一概是空箱。

华俄道胜银行的银锭

这种做法在洋行买办中可以说是绝无仅有，胆大包天。如果洋人认真起来，告他个盗窃罪，也绝对不为过。他监守自盗，掌握了大量现银，全都用来放贷、经商牟利，开了许多买卖，成为天津的大财主。

第三，王铭槐发财以后，疯狂购置地皮房产。除去自己的住宅及零星产业之外，在日租界沿着现在和平路自兴安路口到清和大街这一段马路两侧的地皮和房产，绝大部分为他所有。天津河东地产公司（经营旧日、奥、意、俄租界内的地产）的股权，他占有80%。

在工商业方面，他陆续开设了设在河东的道胜洋栈、设在法租界的久福源绸庄、设在北马路的回春大药房及北京分号、设在辽宁铁岭的一处金矿和在牛庄的道胜金店。他在办商业上的重点是开银号，从北京、天津起，沿着铁路线直到沈阳、铁岭、牛庄等地，开设了20余家胜字号的银号。

王铭槐开设的这些银号，专做汇兑生意。那时严筱舫开设的源丰润汇兑庄，其活动范围南至汉口，北至北京；王铭槐的胜字号银号则是从北京到关外地区，与严筱舫的汇兑庄相衔接，成为一个巨大的汇兑网。

王铭槐在全盛时期的财产总值约250万两白银。

岂料，当王铭槐干得最顺利的时候，盗用库银之事被他的翻译倪宝田告发。道胜银行大班大吃一惊！立即查点库银。果不其然，银两少了许多。大班不由得火冒三丈，说，非要把这个浑蛋中国人送进监狱不可！

消息一经传出，王铭槐在社会上的信用立即动摇。他所经营的二三十家银号几乎全被挤垮，其他商号也纷纷倒闭，亏空达一百数十万两银子。他虽然还有一部分房地产，但无法立刻变成现金偿债，所以他的全部事业转眼之间土崩瓦解。

这是王家的第一次败落，时间是光绪三十年（1904）。

但盗库一事败露后，宁波帮众买办集团却忙着筹谋挽救。因为他们不能失去这棵为他们遮风挡雨，并能给他们带去财运的大树。

王铭槐长子王毓丞的亲家陈协中是德商协信洋行的买办，他和另外两个买办张伯龙及孙仲英，共同出面向道胜银行道歉并保证，王铭槐所亏之数由他们3人负责偿还，同时由他们3人接办道胜银行的华账房。

道胜银行冷静下来之后，权衡利弊，觉得如果把事情闹大，损失的钱也不一定能要得回来，也未必能解决问题，便接受了他们3人的保证条件。这样一来，王铭槐算是有惊无险，得以免过了破产之灾，后来竟慢慢复苏了。

新的华账房由张伯龙做出面买办，陈、孙二人为股东。孙负担了亏损库银的绝大部分，而他在庚子年义和团运动兴起时，曾带着洋兵各处搜索义和团，并以此为借口讹诈抄抢当地的富户，并将长芦盐场的存盐全部盗卖给外兵，以此也发了大财。

华俄道胜银行旧址

王铭槐后来又在宁波帮买办的支持下，当上了德商天津礼和洋行的买办兼沈阳礼和洋行的买办。礼和洋行是比泰来洋行更大、更活跃的军火商。他入礼和洋行时，正赶上清廷大买军火，他在天津、沈阳两地把军火生意做得风生水起，积累了大量资财，又一次翻身，再次成为巨富。

密如蛛丝的显贵关系网

王铭槐之发迹，得助于李鸿章。王铭槐早年在上海老顺记的时候，结识了上海巨商严筱舫，又通过严的关系，结识了李鸿章，后来他以善于做军火生意而得到了李鸿章的赏识。

光绪初年，清廷在天津设立了鱼雷学堂，李鸿章曾从上海买来了英国的小鱼雷艇运到天津。在王铭槐当上泰来洋行买办之后，又曾替李鸿章从德国购进了一批鱼雷艇。这是一笔相当大的买卖，因为当时中国没有这样的海军舰艇，外国卖家也是看准了这一点，便漫天要价。作为个中里手的王铭槐当然不会放过这个能大玩手腕的机会，从中狠狠地捞了一笔。从此，他也在北方竖起了军火买办的招牌。

买办从军火生意中所攫取的利润，为数是极为惊人的。在王铭槐发军火财的年代，清政府的军政官吏和洋人的关系还不太密切，所以买办有大把的机会在中间耍花招，因此早期的军火买办都很轻易地发了大财。

但是，为了生意成交，也必须买通清廷的大小官吏，佣金和酬劳费用的支出也都是近乎天文数字。王铭槐向李鸿章兜售军火时，在他的英租界住宅里，专设有一所富丽堂皇的招待楼，供前来洽购军火的官僚在这里吃喝、赌钱、嫖妓、吸鸦片。

王铭槐结识的大官僚除李鸿章外，还有许多当时的达官贵人和他们的部属。在宁波同乡官僚中，工部侍郎程瑶圃和王铭槐过从最密。

浙江同乡杭州人孙宝琦在还没有署理顺天府尹之前，就和王铭槐拜了把兄弟。随后王又认孙宝琦之父、户部侍郎孙诒经为干爹。王铭槐为了在官场打交道，还捐了个候补道，又加捐了二品职衔。

孙宝琦得到王铭槐的金钱帮助，于宣统元年升调山东巡抚。从那时起，山东省就成了王家买办活动的新地盘。

有一年山东闹民变，官兵束手无策，孙宝琦便秘密雇了些德国人，组织了一个临时的武装力量，把变乱压了下去。这件事当时只有王家人知道，并参与其中。

关外的军政大员与王家也有勾结。清末盛京将军衙门营务处总办张锡銮，经孙宝琦介绍，与王铭槐交往十分密切。王铭槐在沈阳给礼和洋行卖军火，之所以进行得很顺利，就是得力于张锡銮的关系。王铭槐通过张锡銮又结识了张作霖、杨宇霆等。随后由王毓丞负责与张、杨保持联系，在军火生意上得到不少方便。后来奉系军阀购置军火及兵工厂设备，都是由杨宇霆和王毓丞二人串通承办的。

民国以后，王家和一些官僚的关系仍然是密切的，以维护其买办的地位和利益。

针插不进水泼不进的宁波帮

天津的宁波帮买办集团是王铭槐组织起来的一个最大的买办集团。在天津"四大买办"之中，吴调卿是安徽人，他没有组成一个安徽帮；梁炎卿、郑翼之都是广东人，曾组成了一个广东帮，财势很大，但是人数没有宁波帮多。

广东帮的形成，最初是凭借洋务官僚的支持；而宁波帮则是由王铭槐以商人身份组织起来的。宁波帮没有具体的组织形式，主要以王铭槐为首，维护宁波人的利益，对凡是有吃洋饭企图的宁波人，都尽力帮助他们进入外国洋行或外国银行，因此在天津吃洋饭的人中，以宁波人最多，形成了一个针插不进、水泼不进的宁波帮。

王铭槐的眷属亲戚当中吃洋饭的人更多。

王铭槐的长子叫王毓丞，他的岳父柳镇甫，很早就由王铭槐帮忙做了美商良济洋行的买办。王铭槐的内弟李日新，在王的手下奔走。他的4个儿子，都经王铭槐介绍，分别在道胜和德华银行任职。王铭槐的外孙丁祖峰，起初在军火商捷成洋行济南分行买办间里当翻译，后来接任沈阳捷成洋行买办。王毓丞的连襟葛子纯，经王毓丞推荐给济南捷成洋行买办汪勉斋当副手。王毓丞的妹夫郑瑞甫，是天津道胜洋栈的经理。

在朋友和同乡方面，由王铭槐、王毓丞和家族其他成员的推荐、担保而当了买办或职员的，更是数不胜数。较大的如：德商兴隆洋行和法商永兴洋行买办叶星海，美商美丰洋行买办李正卿，德商禅臣洋行买办严蕉铭，德商瑞记洋行买办林湘如等。

王铭槐自从在泰来洋行当买办发了财，凡有来天津的宁波同乡，他都加以款待。他们如果想给洋人做事，王铭槐就给介绍到洋行，想经商的就给作担保或资助，如果帮助不成，则赠送几两程仪银子。对路过天津赴京求官的宁波同乡，也要送程仪银子，并设法帮助他们找门路。

王毓丞对宁波帮的形成也起了很大的作用。他把很多北洋大学的同学拉进买办队伍里。如张伯龙就是王毓丞在北洋大学的同学，得到王铭槐的赏识，被推荐到道胜银行在大班手下当职员。当王铭槐在道胜银行买办任内破产时，张伯龙还接任了该行的买办。

王铭槐还善于利用他的财势办理"慈善"事业，赢得了更多的人气、颂扬及拥护。

天津浙江会馆、浙江义园的创建，王铭槐都捐有巨款。他开办粥厂、善堂，冬舍棉衣，夏舍暑药，施茶水，在赈灾济困等方面也毫不吝啬，因此博得"王善人"的美誉。

天津著名的慈善机构广仁堂，是李鸿章于光绪四年发起成立的，开办时以天津县署历年没收的赃款赃物折变现金，再加上江苏、浙江和安徽3省旅津官商所捐，共购地6000余亩作为基金。王铭槐在浙江籍捐资人中排第一名，所以他曾充当了广仁堂的董事多年。

1914年，第一次世界大战爆发，德商的洋行交易停顿。王家和亲友们在德国洋行当买办和职员的甚多，一时全部陷入了困境。礼和洋行的欠饷和佣金也无法索取。这是王家的第二次败落。1915年，王铭槐在愁烦中死去，终年69岁。

把持洋行的四代买办家族

王铭槐有三个儿子。他让长子王毓丞走官僚路线，次子王采丞走洋人路线。因为经验告诉他，要成为一个大买办，只会巴结洋人是不够的，还必须勾结官僚，才能大展"宏图"。

王毓丞在北洋大学毕业后，经捐纳之途，以工部主事加捐候补道放山东。因山东巡抚孙宝琦和王家有特殊关系，所以王毓丞一到济南，立时成为该省的一个洋务派关键人物。他在济南一面做官，一面串通济南德华银行。后来王家的子孙和亲友在德华银行当买办及职员的甚多，其基础就是王毓丞建立起来的。

民国建立后，他离开济南，在沈阳代表王铭槐应付生意五六年。第一次世界大战后，王家遭到第二次败落。在孙宝琦任国务总理时，王毓丞通过孙的关系，连续弄到黑龙江省绥化等处榷运捐税的肥差，并以其宦囊支持了子弟们当上买办，由此王家的买办家业得到了第二次复兴。不过复兴后的财产数额已远不如前，总数不过几十万元。

王铭槐的次子王采丞是走洋人路线的，起初在上海圣约翰中学读书，后来进道胜银行当大写。民国初年，又凭父兄之力，当上了青岛德华银行买办。第一次世界大战后他长期任天津中法工商银行买办。

王家从他开始，服务对象由外国洋行逐渐转向外国银行，主要是德国银行。父辈原是老牌的德国军火买办，自然和德国银行关系密切。此时王家的买办活动虽然转向外国银行，可是对军火买卖仍是藕断丝连，并未罢手。

王毓丞有4个儿子，王采丞有6个儿子，堂弟兄10个人，也都是吃洋饭的。

大哥王步洲是长门长子，他在新学书院未毕业，就凭借父亲的财力和与德国人的关系，很年轻就当上了济南德华银行的买办，后来又转到天津德华银行当买办多年。

次子王镜洲，初入社会即入道胜银行当职员，一直到死。

老三王芷洲9岁那年，便从父命学德文，为的是将来当买办时免受翻译的气。这是王铭槐指定下来的家规。民国后，他随父亲从济南回天津。那时英文的用处远远超过德文，于是又考入英国教会办的天津新学书院，后考入上海圣约翰大学。在上海读书时，正赶上王家第二次败落，因此没有毕业就经同学介绍到宁波去教书。

这个消息传到家中，父兄连续写信责问他，认为这是违反家教的叛逆行动，逼其辞退学校的职务，改向有"出息"的洋行圈里找饭吃。于是他被迫回到天津，先是当上了中华钢铁贸易公司的经理，又兼任英商信记洋行的华账房，算是半个买办。1924 年，他担任了天津协和贸易公司的出口部主任。这个公司在同业中最为活跃，营业额极大。不料到 1927 年时突然倒闭，亏损了 800 余万元。

原来，该公司总经理祁礽奚串通驻天津的美国副领事康尼斯，虚设了一个美商瑞通洋行仓库，签出大量空头栈单，骗取各银行的透支。各外国银行华账房被骗的也不少，其中德华银行华账房（王步洲任买办）被骗了20 多万元，中法工商银行华账房（王采丞任买办）被骗了 40 多万元。这近70 万元的负债，招致了王家的第三次败落，全家弄得四分五裂。各房只得自立门户，从而，这个买办世家面临土崩瓦解。

这个事件发生时，王家的财力本已大不如前，王采丞、王步洲的债务都无法清偿。此时上海德华银行总行的经理鲁士悌，原系济南德华银行的经理，是王毓丞的密友。他得知王步洲的困难情况后，便请示柏林总行批准，将天津德华银行买办的职位永远给王姓保留，世袭罔替。如由王姓介绍旁人充任买办时，须将佣金提给王姓 30%，其平日应得之买办津贴费也提出五分之一作为王步洲生活之资。

这是德国人对王家几代效忠他们的酬答，王家颇引以为"荣"。因为德国人的"恩德"，王家也算是没有败落到不堪的境地。

四弟王云洲，是出身于道胜银行华账房的职员，在王步洲任天津德华银行买办时，始终给王步洲当副手。后来他也当上了天津德华银行的买办，直到 1945 年德国战败，德华银行撤销为止。

王采丞的 6 个儿子也都是吃洋饭的。老大王观奎是中法工商银行的副买办；老二王东洲是协和贸易公司的职员，协和倒闭后转入美国洋行工作；老三王巽奎也在美国洋行当职员；老四王渔洲是上海德华银行的职员；老五王益奎、老六王蒙奎，均在上海外国洋行里做事。

在第四代里，长门王步洲的长子王肇拱，先在天津德华银行当职员，后当上海德华银行职员。王镜洲的次子王柏年，亦在上海德华银行里任职。

第十六章

"借船出海"的买办高少洲

把握时机，夹缝生存

兴隆洋行是德国人吉勃里在天津开设的一家德国洋行。吉勃里于1890年来到天津，起初他在另外一家德国洋行工作，后来逐步升为高级职员。1898年他自己开了一家"德商兴隆洋行"，推销德国的缝衣针、颜料和杂货，并经营土产出口生意。

吉勃里开设的兴隆洋行也如一般的洋行，实际上并没有多大的本钱。但在不到20年的时间里，买卖越干越火，到第一次世界大战前，已经跻身于天津大洋行之列。在经营兴隆洋行的同时，吉勃里还把他的大女婿毕尔福培植起来，另设了一家德商逸信洋行，作为毕尔福个人的事业。

第一次世界大战爆发后，中国没收了所有德国在华的公私财产，吉勃里的财产自然也不例外。北京政府为了照顾吉勃里有腿疾，将兴隆洋行行址给他保留下来，还让他在里面养老。

北京政府没收的财产，实际上仅是他的货物，房产之类及其他财产则由兴隆洋行的大写高少洲冒着隐匿敌产罪的危险替吉勃里保存起来。高少洲得到的"善果"是吉勃里将兴隆洋行转让给他，允许他利用这块招牌，享受洋行能享有的特权，经营进出口贸易。

高少洲名锐荣，字少洲，原籍天津，曾在天津新学书院读书。以后进入兴隆洋行给吉勃里当小职员，得到吉勃里的赏识，逐步升为大写。

当时兴隆洋行的买办是宁波帮的著名买办叶星海。后来成为宁波帮著名买办的李组绅、李组才，那时也都在兴隆洋行的公事房里做过事。第一次世界大战中，兴隆洋行关门歇业，李组绅、李组才又相继充任了英商洋行的买办。

后来，李组才与高少洲商议，想创建一家纯粹中国人资本的进出口贸易公司。当时天津已有买办开设的华人进出口贸易公司，被人们看作是挽回利权的途径，因此受到社会的同情和支持。根据这种情况，他们联手叶星海、李组绅等几个宁波帮买办，于1919年集资10万元开设了利济贸易公司，由出资人分任董监事和经理。高少洲因未加入股本，只做了一个高级职员。利济公司开办后，也曾受到社会各界的赞助。

此时欧洲各国因刚刚经历了第一次世界大战，农业尚未恢复，食品奇缺，商业组织紊乱。利济公司于此时开业，与各国的交易往来尚待联系。在暂时无事可做的情况下，他们决定趁欧洲各国急需食品的机会，拿出相当于全部资本的10万元作一赌注，购买了食品、蛋品和少量羊毛，包雇了货轮一艘，准备沿地中海、大西洋航行，向欧洲的各国口岸兜售。

高少洲当时在利济公司因受那几个宁波帮买办的歧视和排挤，心里很不愉快，就自告奋勇押运此船货物赴欧。但因为他不熟悉欧洲各口岸的商业交易习惯，所以沿途碰壁。到了荷兰的罗德港，又恰好遇到港口工人罢工，轮船只得下锚泊在港口之外。这样一来，运去的食品在船舱里逐渐变质，高少洲急得满嘴燎泡，眼睛通红，陷入进退两难的窘境。

后来，只得将所带货物贱价甩卖，总算换得了一部分现金，购进了一批德国颜料运回天津。可是他万万没有想到，这种颜料只能染某一种毛货，用途极窄，只好又以廉价卖出。

这一次冒险，高少洲虽遭失败，却吃一堑长一智。他看清了外国商人能在华牟取暴利的根源，主要是依仗帝国主义各国在华的特权。没有这种特权的支持，中国人的贸易公司在进出口贸易上是难与洋商竞争的。

有鉴于此，高少洲于1921年商得吉勃里同意，由他出头集资，收买兴隆洋行铺底，继续使用兴隆洋行的中外文字号在德国领事馆注册，对外仍称德商企业，以享受一切特权。

将洋行收购后，吉勃里还享有红股若干，以高少洲的"集成堂高"的户名顶名。新入股的股东，除高少洲外，还有王兰生和盐业银行的经理王郅卿。

兴隆洋行改组后，于1922年2月开始营业，首任经理为叶星海。

高少洲从德国人手里买下的兴隆洋行

叶星海凭借他自己在洋行阶层里的声势与实力，把兴隆洋行的生意做得非常好。但高少洲以洋东兼买办的身份要指挥一切，经常与叶星海发生摩擦，所以叶星海只干了一年即辞职。高少洲便自任经理，并于1923年拉进新股东北帮大买办、聚利洋行的宁采轩，还有德泰洋行的胡寿田和有实力的盐业银行副理石松岩，以壮声势。

高少洲对兴隆洋行的经营方式完全采取旧式商号所惯用的"多打厚成"的办法，尽量减少分红，准备把赢利投入到建筑行业，并开发副业，尽可能把开支压低。

为了借着洋商的招牌扩展业务，高少洲决心要先建立一座附有公事房的大型仓库，作为进行各种副业和其他活动的基地。

宁、胡、石三个股东对高的做法皆不以为然，他们不赞成扩充而主张分红。因高少洲坚持己见，宁、胡、石三人乃于1928年底撤出股份。

3个夙有富名的股东撤股，并未动摇兴隆洋行在市面上的信用。高少洲于次年凭着兴隆洋行的招牌，拉了金融界的大笔贷款，以20万元盖起了一座7层的仓库大楼和附属建筑物。由于这座大建筑物的出现，私人存款来者更多，银行、银号的走街抢着给兴隆送款。

改组后的兴隆洋行，一方面凭着"德商"二字，在进出口手续上享受银行给洋行的优待及租界里洋商所能享受的一切特权，并借此逃避捐税和商品检验；另一方面对于社会舆论又以中国资本贸易自我标榜，以取得各方面的支持和同情。

这时，天津商界能直接和国外的买主与制造商往来的商家还非常少，高少洲的兴隆洋行便凭此成为天津市面上的骄子，获得各方面特别是金融界的重视。

第一次世界大战后，德国商人在华已经不再有什么特权，但他们的活动，中国当局也懒得过问，所以兴隆洋行得以继续利用德商的招牌享受种种特权。

后来天津的德国领事馆认为兴隆洋行已没有德国人的权益，就通知兴隆洋行取消注册。兴隆洋行虽然失去了德国人的庇荫，但也未向中国政府注册。它就这样浑水摸鱼地继续沿用德商名义自由自在地做了30多年的生意。

看准进口，大展鸿图

在那些年里，进口面粉是兴隆洋行最得意的生意，从这上面赚的钱也最多。

过去中国由于天灾人祸连年不断，粮食匮乏日益严重，所以许多洋行把国外面粉运来中国销售。其中以英商怡和、新泰兴两个洋行做得最大。

兴隆洋行自1933年起，即开展洋面粉的进口业务，逐渐成为进口洋面粉的三大家之一。它进口的面粉，最初多为美国货洋楼牌，后来则多为澳洲货钟楼牌，还有加拿大的飞马牌。兴隆洋行进口面粉的数量，最多时每年要租用十几条轮船，总数约有100万袋。

兴隆洋行从做面粉开始，最初每年盈利约5万两银子，但很快就跃至盈利20万两。后来加上囤货，每年盈余多达60万两。

当时各洋行进口的面粉，大都是替大批发商购买，行销天津当地及外省。洋行在和客户订立批单时，在数量上原有一些伸缩余地，注明货到时可能多些或少些，这种差数一般定为5%左右。

兴隆洋行则看准这一点，把它当作赚钱的窍门。如果他们预料行市看涨，在向国外订购时，数量上就增加10% ~ 20%。货到后，天津行市如果上涨，便将这额外多订的部分自己留下出售得利，有时甚至索性借口来货缺数，再少给客户 5%，兴隆便能有 15% ~ 25% 的货由他们自己高价卖出，取得行市上涨的利润；假如货到天津时行情下落，兴隆洋行便硬把这部分额外订的货塞给客户，以免自己受损。

这项投机取巧的生意，每次的赚头虽不太多，累积起来为数就相当可观了。

进口的洋面粉在国外装船时，卖方照例要按批定的袋数另给 5% ~ 10% 的空袋，以备面粉遇有污染破损可以用来倒换。兴隆洋行每年购进约 100 万袋的货，所收空袋为数很大，也是一宗很可观的收入。

做面粉的十几年，是兴隆洋行营业流水最大的时期。只面粉一项，每年总要做 200 多万元的生意，占全年营业总额 400 余万元的一半以上。

兴隆洋行除了进口面粉，从 1921 年起，还曾做过进口麦子的生意，这是其他洋行所没有做过的。

那时由于内战，津浦路货运受阻，天津寿丰面粉公司采购的小麦不能运往天津，面临停工。在这个紧急关头，兴隆洋行便试着向国外打电报询问麦子的价格。结果有一家澳洲的面粉厂将所收进的麦子转售给了兴隆，解决了寿丰面粉公司的原料问题，兴隆洋行从此开辟出了一项新的进口生意。

在以后的两三年间，国内小麦产量锐减，粮食更多地依赖国外，兴隆洋行也就连续从澳洲和加拿大两地给寿丰、福星等面粉厂进口大量的麦子。有时候生意太多忙不开了，兴隆洋行便把自己承应下来的进口麦子生意，在比自己直接做更为有利的情况下，交给法商达福洋行和英商和义洋行等家承做，自己从中赚取中介费。

进口麦子的利润不如进口面粉大，但由于兴隆洋行是独家进口麦子，一家独大，非常有利。1927 年，天津市面上的银根紧张，进出口行业普遍感觉困难，唯有兴隆洋行借着做小麦的盈余，显得头寸格外宽裕，因而它在进出口行业里的地位又提高了一步。

当年，一些欧美和澳洲的国家为了向国外倾销本国的商品，常常给某些生产厂家约 2% 的外销津贴，用以帮助厂家降低售价，有利小麦推销和竞争。这些厂家向兴隆洋行报价时，已减去了这部分补贴部分，但兴隆洋行买进时，买主报价仍然报包括补贴的全价。生意做成后，这部分补贴便为兴隆洋行所得。

另外，兴隆洋行包销的美国化妆品种类也很多，如棕榄香皂、花旗牙粉等，包销这些货除能得到回扣外，还能得到其他的好处，这些都是兴隆洋行的额外收入。

在进口货物的保险上，兴隆洋行也能出些花样，从中牟利。

当货到码头验收时，他们和公证人保禄洋行的职员相互勾结，把应赔部分以少报多，要保险公司多赔。

在北洋军阀和国民政府时期，进口货物须用驳船在大沽口转运，通过海河时，常被水匪（俗谓水老鼠）窃取或抢夺。敌伪时期更有大帮匪徒分段把持河道，公然抢劫。兴隆洋行往往以此为借口虚报损失，牟取额外的收益。另外，兴隆洋行与驳船公司的职员相勾结，少出运费，由此也能得到不少好处。

兴隆洋行也做一般货物的进口生意，如颜料、纸张、洋针、西药、五金、仪器、化工原料等。进口货物的验关和驳运费有时增加，特别是驳船运价，每年从11月、12月至次年2月封冻时期照例多收。对这些增加的费用，兴隆洋行除照批单向客户索取外，经常要借口多加一部分，向客户们行骗。

当兴隆洋行替国外某一个厂家包销某品牌的货物时，合同上虽规定不许它再代理其他厂同样货品在中国或中国的某一区域销售，但遇到有利可图之时，兴隆洋行便用虚拟的津海公司的名义代理，以避免承担对订约厂的违约责任。

虚立一个字号进行欺诈，进而骗取钱财，很明显是商业上的不道德行为。但兴隆洋行为了利益的最大化，不择手段，置道义和规则于不顾。所以和其他做同样生意的公司相比，它总是能够赚到更多的钱。

抓紧出口，独占鳌头

兴隆洋行不仅进口生意做得顺风顺水，出口生意也是做得翻雨覆雨、大开大合。

兴隆洋行出口的土产有绒毛、皮张、草帽辫、桃仁、花生、菜籽、油料、蛋品等。在这些土产的收购上，兴隆洋行沿用德商的名义享受到了种种特权。其中"三联单"的使用让它得到了最大的好处。

当时，外商根据不平等条约在中国内地收购土产时可以不纳内地税，仅在交纳海关出口税时多交半倍，名为子口税。当外商自己收货或令买办前往内地收货时，即在海关领出三联单，持此单便可在内地免税运货。一般洋行将三联单交买办给洋行收购土产时，买办就趁火打劫搞夹带，额外给自己收货，以逃避地方税。

因为兴隆洋行根本没有华账房，它以洋行的资格直接从海关领出三联单可以随意使用，所以比一般设华账房的洋行更有空子可钻。

历来各洋行的华账房在替洋行收购土产时，总是想尽方法制造借口，从卖主身上讨便宜。兴隆洋行没有华账房，收货时直接与卖主议价定约，门槛更精。特别是在后期，无论在天津或外地，凭兴隆洋行的字号就能先声夺人，很容易就达成协议，即在收货后延期付款，也就是在收货后过4个月再付款。这样，兴隆洋行出口土产时，货一装船即可凭提单、保险单从银行里取得售货的款。而应交卖主的货款则能推到4个月以后。这样一来，兴隆洋行便从中白得了不少利息和周转上的便利。

其他洋行的华账房在收购土特产时，一向有以种种手段压低货价和在分量上、质量上找借口对卖主施行敲诈的恶习，兴隆洋行在这些方面更是变本加厉乃至穷凶极恶。例如收购绒毛时，客人交来的货本来够得上标准的85%，兴隆洋行硬要说只够82%，卖主见"店大欺客"，兴隆的牌头实在太响亮，也无力争执，只好自认倒霉。

兴隆洋行出口的菜籽、核桃仁等类货品，有的在出口前需要加工处理，分出高、次等级，有的货物如绒毛等，需轧包压缩体积才能装船。为降低成本，兴隆洋行把买好的货直接发往打包厂，再派本行仓库的工头带领工人到打包厂加工。这样一来，又可以省下不少费用。

在1923年以前，天津的8家打包厂全是英商所办，中国人办的出口公司委托它们打包要受刁难，往往为此延误出口时机。

1923年，天津出现了一家表面上是中国人自营的天津打包股份有限公司。不少中国人经营的出口公司觉得，有了这个中国人自己开办的打包公司，能少受外国打包公司的挟制。但实际上兴隆洋行能在天津打包股份有限公司里取得特别的便利，是因为这个公司里一直就隐匿着四分之一的外国人股份。最初替外国人顶名的是许颂葵，许死后，便由高少洲继任了。有了这层关系，兴隆洋行在出口货打包上比别家占了上风。中国的出口公司实际上一点便宜没有占到，有时候这家"自家人"开的打包公司甚至比外国人更黑！

千手千眼，小施韬略

高少洲对"有限责任性质的企业"不感兴趣，所以兴隆洋行从来不向有限公司、银行、工厂方面投资，对买卖外币、证券也没有兴趣，而专在利润更大、开支较轻的旧式商业上面下手捞钱。

兴隆洋行接二连三开设的副业有7种。这些副业原本利润就大，再加上德商洋行这块招牌的声势、特权和种种便利条件，大多数副业都能获得丰厚的利润。

客货栈是兴隆洋行的一个不挂招牌的副业，办法是招纳单身的外国客商彼此合作，从他们身上生财。这类"光杆外商"多数在外国有一些销售皮毛等货物的路子，而在中国却没有营业的地盘，所以只能提着皮包到天津来找活动的路子。

兴隆洋行认准这又是一个来钱的门路，便把这类冒险者招进来合作。他们中间有需要办公室的，兴隆洋行便把自己仓库里空闲的屋子租给他们一间作"公事房"。但天上没有馅饼掉在这些外国佬的头上，兴隆洋行规定，这些外国客商收购的土产必须由兴隆洋行承办出口。兴隆洋行除在收货时对卖主实付不足额的货款外，还在这些客商的营业额里，按兴隆洋行给他们帮忙的程度大小，分享百分之几的好处。客商占用兴隆洋行的闲房及办事、通信、收发等一切供应和劳务，均要另付一笔相当的费用。

这些单身外国客商尽管受到兴隆的盘剥，但他们中也有人从此打开了在中国做生意的门路，有的还自己开了洋行。其中就有美国籍的亨兹、德国籍的布路门塔、白俄籍南斯基等人。

兴隆洋行还做仓储的生意。一般仓库以替客户储存货物为专业，仓库签发的栈单可作押款凭证，从而扩大它在市场上的信用，而经营仓库须有许可证，其他行业不能任意兼营。

当时，各洋行和银行多自设仓库，一般都设在租界里，无人干涉。兴隆洋行没有许可证，但它就敢在自己存货的库房里招揽生意，替人存储货物，填发栈单。

洋行开当铺也是高少洲的"杰作"之一。

高少洲在兴隆洋行里附设了一个"隆顺当"，1936年开业，资本8万元，有十来个人，以一个山西人宋某为经理。隆顺当的地址就在兴隆洋行大仓库的底层，门前悬有中英文字的招牌。兴隆洋行开设隆顺当的动机主要是消纳多余的流动资金。不仅做中国人的生意，隆顺当还收当外国人的物品。1945年日本投降后，就收进了不少驻扎在天津的美国兵的当物，做了一阵好生意。直到1951年，隆顺当才关门歇业。

高少洲做生意是从来"不挑食"的。只要能赚到钱，他是见空子就钻。除了上述的那些大生意，再小的买卖他也能看得上眼。比如，他还开了一家酱菜铺。

酱园一般都是用豆、瓜、菜等"生货"制成酱、醋、咸菜等"熟货"出售的，俗称"生熟货买卖"。因为这类生熟货买卖比单纯制作贩卖酱菜的店铺利润大得多，所以高少洲便在天津东门内经司胡同开设了一家叫"源丰居"的酱园，制售酱菜、脆菜和各种调味品。源丰居开业后经营颇为顺利，得利甚厚。随后又在东门内天津府学对面增设了一处源丰居的门市部。

但兴隆洋行也有看走眼、走背字的时候。天津陷落时期，进口木材的木行大多陷入困境，其中，久恒木行因有内部纠纷，营运尤为困难。兴隆洋行就在1940年把久恒木行的货底以极低的价格兑到手，设立了兴隆木行。

可是他却没有想到，天津因在敌军占领之下，新货不能进口，木行存货愈卖愈少，营业难以维持。直到日本投降后，也未能恢复营业。紧接着，内战又起，在天津顽抗的国民党军队为了构筑掩蔽工事，大量夺取商民所存的木料。兴隆木行的存货被大量拉走，兴隆木行随即停业。

兴隆木行在兴隆洋行所有的副业中，可以说是最倒霉的一个。

独断专行，用尽心机

兴隆洋行的原行址在现在天津的唐山道最东头。高少洲改组兴隆洋行后，首先添购了原行址后面坐落在大沽路的一处楼房和空院。随后在原行址新建了七层楼的大仓库及公事房，与所置大沽路上的房产连成了一片。后来又购

高少洲旧宅

置了现在哈尔滨道东头的一处不动产，包括大楼、仓库、空地和平房，租给亨通贸易公司使用。

1937年后，币值逐步恶比，投机风起，兴隆洋行把逐年营业和投机所得的巨大收入，以及黑账里吸收进来的大量存款，陆续购置不动产。据资料记载，计有现在河西区的苏州道、南昌路、绍兴道、浦口道、马场道等处的楼房；南开区平和里的平房；河北区原义德当铺租用的楼房等。

这些不动产当时使兴隆洋行保持了财产价值。但后来在物价下滑、存户纷纷挤兑提款的风波影响下，由于房产、地皮不能立时变成现金应付急需，也使兴隆洋行的头寸一度紧张。

抗战期间，日本人为搜刮现金，曾派宪兵以突然袭击的方式搜查过兴隆洋行，结果大失所望，除翻出一大堆房地契、投资合同外，现金很少。后来高少洲怕日军再找麻烦，捐出了20000元伪币了事。

"太平洋战争"爆发后，高少洲停止购置房产而转向购买土地。他以庆丰农场的名义，在上河圈、上城一带购进田地700余亩。他认为，日美交战后一定会出现大轰炸，房产有被炸毁的危险，而土地不怕炸，即使炸成

大坑，还可以养鱼。可谓颇有见识。

1939年天津发大水时，市内大部分地区成了泽国，没有水上交通工具寸步难行。高少洲见状，立即派人去买船，并组成流动售货小船队撑到街头里巷出售米面及日用品，大受市民欢迎。虽然价高，也是一售而光。兴隆借此获利不少。后来，见这个生意好做，售货小船慢慢多了起来。机敏的高少洲立即"转舵"，以高价将小船售出，紧接着买进了很多农村汲水用的辘轳。因为这时正是大水回落的时候，很多地方要抽水，于是辘轳又大走时运，兴隆洋行又赚了一笔钱。

而兴隆洋行自己的仓库由于防水措施较好，故在大水期间，除兴字号仓库进水外，其余均未受损失。

在天津沦陷初期的投机狂潮里，兴隆洋行以高利率吸收来大量游资囤积货物。在所囤积的货物里，绸缎呢绒数量最大，为此兴隆曾开设了一家"福泰绸缎呢绒庄"。福泰绸缎呢绒庄是兴隆洋行专为囤积货物所设的机构。其所囤积货物并不限于绸缎呢绒，凡是有利可图的货物都用福泰的字号买进卖出。

1945年日本投降，物价暴跌，福泰所囤物资因数量太大，一时难以变成现金，存户纷来提款，营业顿时紧张起来。高少洲就让兴隆洋行和福泰绸缎呢绒庄两处的职员携带货物，分组在黄家花园等处摆地摊叫卖换取现金，以缓和资金一时的周转不灵。

高少洲的管理方法，可以说是封建方式与资本主义方式相结合的独裁管理方法。

新中国成立前，高少洲担任了30多年的经理，仅有一个有职无权的副经理，此人唯高少洲马首是瞻。洋行内有进口部、出口部、会计部、栈房部、保险部、房产部，抵押部，还有外柜（负责加工、整理、挑选、装运等）。各部的负责人都是高少洲的亲信或经他亲自挑选的有一定能力的人。实际上，几乎所有的业务决策都是他一个人说了算，没有人能提出反对意见。当然，兴隆洋行的职员耳闻目睹了这位大老板灵活机变的经商理念，觉得自己也提不出比他更高明的意见。

高少洲对职工要求很严，新职工要经过为期1年的练习生阶段，其实就是伺候掌柜的，以后才能逐年提升。兴隆洋行规定每年三节的前一天为散人（解雇）日，每年这天要开各部主任以上的会，会后即用印着兴隆洋行字样的大红帖，写上"辞谢"二字和被解雇职工的姓名，交给这个职工，此人就被解雇了。

分红，是兴隆洋行职工心目中一件大事，其实分到手的银钱也很可怜。每年分红后，全体职工要到忠义堂去叩谢天地和高少洲的恩惠，并听高少洲千篇一律的训话，这种仪式一直保持到他死。

忠义堂是建在兴隆洋行老楼四楼平台上的一座庙宇式的会议厅。厅内正面悬挂着一块写着"忠义堂"三个大字的横匾，匾下是一个大理石供桌，上面摆着景泰蓝的五供，供桌后面供着关公牌位。右侧墙壁上是兴隆洋行已故财东吉勃里等人的相片；左侧是对洋行有贡献的已故职工的照片。

整个忠义堂布置庄严、阴森，既像富家祠堂，又像山寨里的聚义厅。高少洲每年在这里召集两次全体职工会，一次是分红，一次是正月初二团拜，其他时间双门紧锁。

兴隆洋行规定，凡是对行里有功的职工，死后都可以将照片放进忠义堂，但要经过全体职工投票同意。确定后，由洋行出钱放大一张12寸的照片镶入镜框，挂在忠义堂左侧的墙壁上，用以笼络人心。

此外，高少洲每年还要向天津鼓楼西万兴锡米面庄订购十几万斤玉米面，以施舍本行衣食困难者，以此收买人心。他给每个职工一定数量的领取凭条，本行职工凭条子就可以领玉米面。同时高少洲也给社会上一些与之有往来的关系户一部分玉米面，数量以与之关系的亲疏而定，借此广结社会各界人士。

在用人方面，高少洲很重视有一技之长的人，并大胆起用。如兴隆洋行的大写黄泽普，是新学书院毕业的高才生，精通英语，被高少洲看中后从保险公司把他挖来，升为大写。再如高幼珊、马绍武、魏竞光等人，在业务上都各有所长，能独当一面，以后都被高少洲提拔重用。

天津解放后，高少洲当时对中共的政策不摸底，不敢大胆经营业务，就推出高幼珊为经理，自己退居幕后。后来，天津成立了国营的对外贸易机构，由于兴隆洋行资格老、信用好，有经营能力，因而得到国营公司的扶持，给兴隆洋行的出口配额很大，使兴隆洋行业务有了新的发展。

这时，高少洲因患糖尿病，住进了西开天主教医院，但每天仍到行里办公。

1950年，高少洲因心脏病突发病逝。高少洲死后，兴隆洋行加入了联营组织。1956年1月，兴隆洋行经过社会主义改造，合营到了中国畜产进出口公司天津分公司，从而结束了自己的历史。

第十七章

精明过人的正金银行买办魏氏

日本横滨正金银行天津支店设立于光绪二十五年（1899），1945 年被南京政府接收，前后凡 46 年。魏信臣充当该行买办 36 年，其子魏伯刚接着又干了 10 年。父子两代与该行相始终，他们的经历便是该银行在华兴衰的一面镜子。

壁垒森严的正金银行

日本横滨正金银行是日本政府特许的国际汇兑银行。截至 1943 年，该行在世界上共设有分支机构 70 处（不计日本国内的 8 处）。而在中国经营长达 20 年的横滨正金天津支店（以下简称"正金津行"）成立于 1899 年 8 月 1 日，是继汇丰、麦加利及德华银行之后到津开业的第四个外商银行。它行内大小职员一概用日本人，甚至工头也用它的本国人。这是天津各外商银行中所罕见的。

后来因业务发展，成员随之增加，至"九一八"后，才增设了华人雇员，

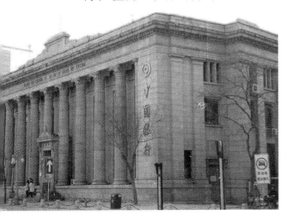
日本横滨正金银行在天津的旧址

但内部活动诡秘、关防严紧，所以聘用华人极为严格。"七七事变"后，天津沦陷，该行才开始大批录用华人。

正金津行与买办华账房的关系也与其他外商银行不同。一般外商银行的华账房，有的和洋账房一起办公，有的洋账房和华账房的同事可以互相帮忙，所以洋账房的黑幕还多少可以泄漏。

正金津行则不然，两者截然分开，界限甚严，因而华账房对该行的许多业务秘密不大摸底。当时日方称买办的办公室为华账房；华账房的同人被称为先生。华账房的华人称正金津行为公司，称日方的经理、副理、襄理为大东家、二东家、三东家。

该行遇有庆典全体拍照时，日本职员一律穿西服坐在当中，华籍职员则分立两旁或鹄立于后，仅买办魏信臣一人得以奉陪末座。

清末民初，开办在中国各个城市的各家外国银行都发行钞票。正金津行在开始营业后也利用特权发行了与中国流通的银元等价的银元钞票及银两钞票。

银元钞票分1元、5元、10元、50元、100元5种；银两钞票分1两、5两、10两3种。银元钞票经常在市面流通的有近百万元，有时达百万元以上，银两钞票也超过50万两大关。这就使该行扩大了信用流通，加速了资金周转，便利了经济剥削，进而严重地损害了中国的国计民生。

该行发行的钞票总额，如以最低银元100万元、银两50万两计，按当时日本货币（老头票）每元约值中国通用银元6角上下，共值日元280万元，差不多相当于横滨正金的原始资本总额300万日元了。

1920年以后，由于中国国内银行逐渐增多，信用逐渐向好，该行的钞票流通数额才逐步减少。

吸收清朝王公大臣、宗室遗老及北洋军阀的大量"长期保价存款"（存款人的目的在保险而不在利息），则是该行在经济上和政治上具有深谋远虑的诡计。

在辛亥革命前后，该行吸收到的这类存款，仅清室的庆亲王奕劻、兵部尚书铁良、内务府大臣增崇、军机大臣那桐及北洋军阀段芝贵、倪嗣冲与怡和洋行买办梁炎卿等少数人的，就不下数百万元。如果也按日元1

元折合我国银元 6 角计算，则更远远超过了横滨正金天津银行的原始资本总额。

苛刻屈辱的"卖身契"

正金银行买办魏信臣原名长忠，1871 年生于天津一个富商的大家庭。曾祖父是木工，所生的 6 个儿子也多以木工为业。

后来有一次，魏家的木工作坊承包了一项拆除清皇室的天津海船坞及皇帝乘坐过的龙舟的活，竟然在旧船坞和龙舟里发现了一批黄金器皿，这个天上掉下来的馅饼使魏家发了一笔横财。接着，他们就用这笔钱开了一个木器厂，不久就变成了富人。

到魏信臣父亲的一代时，已拥有永盛木厂、永盛烧锅、永盛姜厂（南货店）及永盛亨杂货店，堪称豪富。他家还有与陈姓合开的裕盛成钱庄，高利盘剥历经数十年。他的堂叔魏星桥掌管该钱庄。他结交官绅，与汇丰银行买办吴调卿等经常豪赌，喜欢乘大轿招摇过市，为当时钱庄业中的"大腕儿"。

魏信臣起初在城里二道街盐商"聚恒号杨家"的聚通恒钱庄学徒。期满后，在自家的永盛姜厂做事，因为常到上海等地采办货物，所以积累了不少商业经验。1899 年，正金津行征聘买办，魏信臣便通过日本三井洋行的职员戎子年的介绍被雇用。同年 8 月 11 日，魏信臣与正金津行签订了买办合同，先由魏向该行交纳"寄库金"及"保证书"，再经日本驻津总领事郑永昌签证，才算是办完了手续。

这份买办合同既是魏信臣发家致富的护身符，也是他投靠日本人的卖身契。这份合同中充满了屈辱和不平等的条款，苛刻地给他规定了无限的应尽义务和少得可怜的应享权利。

根据合同，买办应尽的主要义务有：

该买办经办业务须对日方银行忠实、公正，代银行保守秘密，努力促进银行业务繁荣；

该买办在签此合同前，须存交行方寄库金平银 3 万两，担保他按照合同履行他的义务，行方可随时提取或转拨寄库金给行方之用，最后该买办才可以作为弥补损失款项之用；

买办须出具保证人。如有死亡、破产或不在天津时，该买办须即另觅行方认可之人继为担保，如两个月内未能办到，行方即将合同作废，不另通知；

如果行方认为需要该买办增加寄库金和保证书的保额时，该买办须同意此二者或其中之一，尽量增加至行方满意为止；

双方都可随时停止该合同，但须于 6 个月前通知，如该买办犯有不诚实或欺诈之罪或违反规定疏于职责，行方可以辞退，不另通知；

在必要时，该买办须自费准备至少 4 个收款员（其中 1 个须通晓英语）和其他的雇员及工人，并对他们的一切行为负责等等。

至于买办的权利则仅有：

寄库金 3 万两仍为该买办的财产，行方给年息 5%，半年支付一次，行方每月付给该买办"贴费"天津行平银 200 两（包括所有全部职工及一切开支），俟后行方如果认为须增加华人助手人数或雇用服务人员，其增加之助手或雇员的开支由行方负担，但这些人的一切行为必须由买办负责；

买办为行方所成交的生意，如买卖银两、银元、申汇、日汇，皆有固定佣金，每月月终支付。

权衡这些权利和义务，上述合同有利于行方是显而易见的，也反映了日本人贪婪、狡诈的本性。

当时买办的办公室通称华账房，买办则称掌柜的。华账房的组织，除掌柜的外，有英语翻译 1 人，以及管库、跑外、记账、柜台收付以及工人等，总共不到 10 个人。正金津行对于华账房管理金库是不放心的，还特地加派了一名日本人管理金库外门钥匙。

在魏信臣当买办的第二年即 1900 年，爆发了义和团运动。义和团是打着反洋人旗号的，所以魏信臣曾被传到义和团的坛内办公处受审。

同时受审的人很多，大都是为洋人服务的，有的被称为"直眼"，有的被称为"二毛子"、汉奸、洋奴等等。案情不同，处理的方法亦不一样。魏信臣为东洋人做事，算是洋奴，因尚无显著劣迹，罚跪了一天，才瘸着腿被释放回家。

巨宦高官的座上客

魏信臣自任买办之日起，即忠心耿耿地为正金津行的发展服务。

他曾为该行担保了大量的定期放款。由于庚子八国联军的入侵，有十数万两的放款不能收回，他为了表示对主子的"忠诚"，自动请求将这些呆账由他个人设法赔偿。行方为了照顾他，准其分年摊还，但命他于1901年及1902年再增加寄库银4万两，连以前所缴纳的总计7万两。此后，华账房担保定期放款业务遂告终止。

1900年以后，正金津行所发行的钞票已广泛流通于天津，同时该行的存款也多来源于中国人。而该行的地址却远在英租界，与闹市隔绝，办公时间每日不过3小时，在业务往来上深感不便。

为了发展业务，正金津行于1902年10月在估衣街抱翠里开设了一家分店，俗称"正金上行"，其营业时间及交易方法均照中国钱庄的习惯办理。分店的买办则由魏信臣保荐的吴洁南充任，这个分店也为该行攫取了极大的利润。民国初年，租界商业日渐繁荣，分店再无存在必要，才告结束。

魏信臣早期的工作表现及其亲日态度，深深博得了正金津行老板铃木岛吉的信任。铃木岛吉回国后，在日本本土的横滨正金银行历任要职，后来逐渐升到总经理的位置。

每当正金津行更换经理来天津履新时，铃木岛吉都要叮嘱此人关照魏信臣。魏信臣的身价因此大大提高，他的"买办宝座"也就日渐巩固。后来魏信臣的主要保证人宁星普去世，行方也没有按照合同令其另找保人，可见行方对他信任之深。

魏信臣鉴于同时代的吴调卿、王铭槐等大买办不仅有钱，还有朝廷的官衔，既富且贵，便于1903年先捐了个监生作为官场上的晋身之阶，其后又递捐至"五品升衔选用銮舆卫经历"。官级虽不高，却可夸耀邻里，去王公大臣的府邸拉存款时递上名帖，即可自由出入。

清末民初之际，庆亲王府将聚敛得来的赃款转存在各外商银行，以图安全。魏信臣乘机拉到了一笔大生意。此举颇得日本老板的欢心。

魏信臣以买办的身份，又有顶戴花翎，结识了庆亲王奕劻和他的儿子载振。每遇庆王府嫁娶喜庆，魏都要亲往致贺。其后，载振每次到天津放款投资，都要和魏信臣商量，魏也多方为其策划。如天津重庆道的旧庆王府（新中国成立后的天津对外友协旧址），便是经魏信臣和汇理银行买办訾质甫从清廷得宠的大太监小德张手里买到的。

魏信臣与清内务府大臣增崇及兵部尚书铁良也有深交及托存款项的关系，铁良还曾命自己的长孙穆筱实拜在魏的门下称小门生。清宗室亲贵中与魏接近的还有军机大臣、文渊阁大学士那桐，也是由于托存款项的关系。

以上诸人托存的款项大部分都在正金津行日本的行方，华账房也有一小部分。

清朝末代皇帝溥仪被赶出北京居住在天津时，曾派其心腹佟济煦用浩然堂的名义将大宗款项托魏信臣分别存在各外商银行，如汇丰、麦加利等，正金津行和华账房也存了一部分。提款时佟不出面，仍托魏代办，以溥仪亲笔签画的层层大圈套小圈的印鉴为凭。

待溥仪在东北伪满称帝，佟济煦逝世后，上述的各项存款，先后改归吴天培、溥修经管，但仍托正金华账房代办手续。魏信臣曾经手将其正金津行存款约4万元转到麦加利银行。

为感激魏信臣，溥仪曾派吴天培代表自己赠给魏一块怀表及一个寿山石图章。

魏信臣结识的北洋军阀政客也不少，其中比较接近的有段芝贵、倪嗣冲、王郅隆、董士恩等，他们都是魏家的座上客，亦都有托存款项的关系，以正金津行为多。

段、倪和王等人都好赌，魏为他们邀集的赌友中有正金上海行的买办吴洁南及源发永木厂的赵聘卿，日久稔熟，这几个人便得到了段、倪等人的赏识。1915年段芝贵督理奉天军务兼节制吉林、黑龙江军务时，经魏信臣的推荐，委任吴洁南为东三省官银号的总办。

赵聘卿则在倪嗣冲、王郅隆等组织了裕元纱厂后，亦经魏的力荐，充任了该厂的经理。

1917 年，倪、王等又在天津设立金城银行，魏信臣趁机推荐正金华账房的同事、裕盛成学徒出身的阮寿岩为经理，正金上行的华账房会计宋相臣为副理。

魏信臣结交军阀，一方面为正金津行拉了巨额存款，讨好了主子，同时也树立了个人在经济界的威信，借人自重。

在中国的外商银行和洋行，从来就是彼此支持互相利用的，这是金融资本和商业资本交织在一起对中国进行经济侵略的普遍规律。

早期的外商银行，收付都用现金，洋行买货照例用外国银行的横式洋文支票支付，卖货则要求付现金或"番纸"（外币现钞），拒绝收受中国银行银号的支票、拨码（当时通行的一种划拨凭证）或票据。

但以现金收付不仅搬运不便，点验费事，且不安全。银钱行业有鉴于此，就将所收华商售货的"番纸"，转存到外商银行的华账房以建立往来关系。商号需要钱的时候，则向银号要华账房开的支票，也就是买办所开的外商银行"番纸"。各方面的困难以此得到解决。

1925 年 5 月，发生了"五卅惨案"，从而激起了全上海以至全国人民的极大愤慨。全国各城市的工人、学生和市民都举行了多次的反帝示威游行，并实行罢工、罢课、罢市，抵制日货英货。天津除了抵制日货英货以外，更掀起了不使用外国钞票的运动，因而爆发了对正金津行以及汇丰、麦加利、花旗等银行的挤兑风潮。正金津行当时没有现金准备，眼看就被挤垮，该行的日本经理束手无策，乃密商于买办魏信臣请其设法挽救。

魏亲自找到天津中国银行的经理卞白眉临时接济了几十万元的现洋，正金津行的挤兑才得以解围。

暗度陈仓，致富扬名

根据合同，正金津行买办的正规收益，仅有按照行方指示进行交易的所得佣金。

买办的佣金来源包括买卖银两银圆；买卖申汇；买老头票，卖日汇

（又称东汇）；介绍定期存款；担保定期放款；押保抵押借款。其中第五种业务已于1900年终止，第六种为数不多，所以正金津行买办的规定佣金收益，实际只有前四种。而即使此四种的正规收益，当时已经非常可观，尤以第三种中的日汇尤为突出。

自1914年第一次世界大战爆发后，日本商品除由日本大小洋行源源不断地运往中国倾销外，还有中国商人纷纷派员赴日本的大阪、神户等处坐庄采购，因此所需日汇极多。仅由正金华账房一家每年售出的日汇即达2000万元上下（不包括正金津行），魏信臣因而可得年佣金1万余元，有时可达2万元以上。

正金津行买办的额外收益，来源于它的放款。而放款的收益则是利差。每年所得利差达数万元

日本人办银行虽然对中国人戒备森严，但道高一尺，魔高一丈。魏信臣利用自己的买办地位大发其财，甚至令日本人瞠目结舌。他敛财的方式主要有以下几种。

在银钱业方面，他开办了义丰成钱庄，是与平和洋行买办杜克臣等人合资的，本金只有2000吊钱，3年后获利竟然达到了资本的20倍。

他开办的永康银号，成立于1912年，也是与杜克臣合资的。本金1万两，9年间获利达20万两。裕津银行1921年开业，是由永康银号改组后增收外股而成立的，本金30万元，历时两年盈利30万元，后又增资为60万元。

志通银号，仍是与杜克臣合资的，本金10万元。

永同生银号，是与著名木材商永发顺的老板合资的，1934年开业，本金10万元。

日商天津取引所，是日本人岛德藏及静藤创办的，魏任华股代表董事。

在工商业方面，任丹华火柴公司董事、嘉瑞面粉公司董事长。

与他人合资创办北洋纱厂、裕元纱厂、同益兴棉纱庄、同泰兴棉纱庄、同信成棉纱庄等。

在房地产方面，与井陉煤矿津保售煤处总经理高星桥等合资经营天津劝业场；与高星桥及聚立洋行买办宁采轩等合资经营义信房产公司，后因

内部意见不合，最后折归魏一人。

自建法租界出租楼房 4 所、宫北大街门面房 5 所、河北金家窑出租房多所、潘家楼农地 8 顷。

除此以外，魏信臣还开办了一个行商分所。

行商分所是由魏信臣、杜克臣等人倡议组建的。魏、杜系多年深交，无论遇事协商或逢场作戏都在一起。他们不愿到妓院去吃喝玩乐，怕失"高等华人"的体统，而总想找个像宁波帮同文俱乐部那样的地方，在下班无应酬时到那里歇脚，既能纵情享乐也便于遇事协商，且可广通声气，抬高个人身价。

1915 年左右，由魏、杜和胡寿田等人垫款买到了芦庄子楼房 1 所，前门系日租界，后门即中国地界。楼下为客厅、饭厅、球房、账房，楼上为斗牌室、吸烟（鸦片）室，作为娱乐场所。他们摒弃俱乐部的名字不用，称为"行商分所"，借以表明这是行商公所的部分成员组建的。

为了合法化，他们还分别在警察厅及日租界办了登记手续。其内部组织设有账房，还有厨师及勤杂工人。赌客在这儿赌钱输赢不须付现款，而是由专人代为记账，月终结清。

每当华灯初上，赌客、球迷、瘾君子、嫖客便络绎前来，尽情寻欢作乐。

屡遭打击，危机丛生

天津银行业和钱业"合组公库"的成立，是对正金华账房的一次严重打击。

1930 年至 1932 年，国际性的经济恐慌促使中国农村经济加速崩溃，现金向城市集中，天津便成了华北现金的集中地。

"九一八"事变和"一·二八"抗战之后，天津市的现金断绝了出路，现洋愈发充斥于市面。正金津行和花旗、汇丰、麦加利、汇理等外商银行及其华账房便乘机讹诈，一致拒收现洋，遂造成现洋贴水的反常现象，每万元须贴 30 元左右。

为了解决这一问题，天津的银行业公会与钱业公会于 1932 年 10 月 14 日组成了天津市银行业钱业公会合组公库（简称"合组公库"），代各银行收存现洋、现银并冲算换账。

从此，合组公库就取代了各外商银行华账房利用番纸、竖番纸为各银行号冲算换账的地位，而各银行号原在各外商银行华账房的浮存，也同时转到合组公库，使华账房遭到沉重的打击。正金津行华账房经此变化，浮存顿减一半以上，历年来利用浮存贷出牟利的"无本生意"，至此黯然失色。

1933 年 4 月 5 日，南京政府宣布废两改元，所有银两筹码统按法定价格折合成银元，银元成了本位币。从此，正金华账房不但减少了银两存码，银两银元的买卖佣金也成了泡影。它的原寄库银 7 万两亦同时按法定价格折成 1000 余万元。这是对华账房的又一次打击。

正金华账房的会计是"一锅粥"式的，因华账房是魏信臣独资经营的，会计人员便将华账房的开支、各个家庭的日用、亲朋的借贷以及投资事业的盈亏，统统混在一起，弄得一塌糊涂。魏信臣树大招风，亲友常来告借，他又喜欢充大，一语之合，成千上万便脱手给付与人，却多缺乏手续。纵有手续，也只是开立往来户，折子存于债务者手中，自己毫无把柄，以致落了许多呆账。

他经营的谦益号大米庄，截至 1921 年，积欠华账房款项竟达 34 万余元，无法讨要。

正金华账房的人事制度，是"任人唯亲"，所有成员多为魏信臣的家族成员及其亲友，外人无从插足。华账房成立之初，魏信臣请来表弟李瑞卿管库，亏欠了逾万两银子。接着又以族弟魏效涵接替，结果亏欠更多。

越是亲信，胆子越大，越发带头闹长支短欠，互相串通，各逞私图。这好像成了一条规律。

1914 年以前，正金华账房和魏的家庭开销尚不算大，但自 1915 至 1931 年间则逐渐庞大，每年各需 2 万余元。虽正金行方所给华账房的"贴费"已增至每月 500 两，但仍不敷应用。1932 年以后，收入锐减而支出却是名目增多。

如每到阳历年，要向正金津行的日本人员分送礼物，并邀请全行人员及其眷属到魏家饮宴。日本人看到魏家的厅室陈设、园庭布置莫不刻意求精，于富丽堂皇之中还兼寓古色古香，名肴佳酿佐以象箸玉杯，便暗暗吃惊，实在是猜不透他们的这个买办究竟有多少钱。

再如魏信臣与宁星普交厚，每逢春节必亲至宁宅拜贺，并照例带银票1000 两给宁家孩子们作压岁钱，直至宁星普亡故为止。

又如魏信臣讲究美食，所以华账房伙食特别好，驰名于当时的银钱界，有"紫竹林小馆"之称。每日午餐照例有客饭一桌，酒肉朋友满座，多年如一日。

正金华账房积年亏累，渐感银根吃紧。魏信臣一面分向亲友招揽存款，一面将法租界房契向花旗银行抵押借款以解燃眉之急。后来竟不得不虚报年终结账单，对外佯称小有进项，以蒙蔽一时。

魏信臣陷于困境难以自拔，其胞弟魏浚泉（大生银行经理）便以手足之情出面解围。他先拨付了现金 65 万元为华账房支撑场面，然后施展偷天换日的手段，一方面由魏信臣向正金津行呈请以大生银行副理担任该行副买办以充实内部，另一方面则对外宣称由魏浚泉接办正金华账房，以新耳目而壮声势。

接办那天，天津市各银行号经理大都亲自来道贺，并携来巨款"壮仓"。即银行同业向新开张的银行开户存款。当天就收进 200 余万元存款。正金华账房马上重整旗鼓，恢复了旧观。

岂料此后不久，一次，魏信臣因饮食过量，就是老百姓俗称的"吃大了"，引起心脏病突发，不日辞世。时为 1935 年 12 月，终年 65 岁。

承袭父业的魏伯刚

魏伯刚生于 1904 年，是个独子，自幼多病。因父母的溺爱未入普通小学，只是在自己家的私塾中延师教读。

他 19 岁时入大生银行当练习生直到 27 岁。由于叔父魏浚泉的教管，虽未染上吃喝嫖赌的恶习，但过的也是"四体不勤，五谷不分"的寄生生活。

后因病辞职料理家务。

1935 年末，魏信臣突然逝世。此时，魏浚泉突然听说有人想谋正金买办的职位，便坚决要魏伯刚继任买办，不能让他人把这个肥差抢走。他立即托其挚友朝鲜银行的买办赵幼田转请日本老牌特务野崎向正金津行经理探询对将来买办人选的意见，并相机推荐魏伯刚继承父业。

正金行方答应向总行请示，并透露总行已经决定赠发魏信臣的抚恤金。魏浚泉的算盘打得很精，他觉得，如果能承袭正金的买办，要比得到一笔优厚的抚恤金实惠得多，便又请野崎将正金的意思转达给行方。结果如愿以偿，魏伯刚当上了正金天津银行的买办。

但日方要求在魏信臣原有的保证金之外再增加保证金。后来，将魏家在法租界住宅的房地契交给行方作为质押，才正式接任了这个买办。

魏伯刚接任买办后，即将华账房"信记"改为"浚记"，意在凭借叔父魏浚泉的招牌以壮声势。在他的指导下，开始着手整顿华账房。在经营方针上改取守势，人事上除了至亲厚友外，大都换为大生银行的人。以赵幼田之子赵景元为总账，仿照大生银行旧例，建立了新的规章制度，革除了长支短欠的陋规，从而稳定了局面，节省了开支。

1940 年魏浚泉逝世，给了魏伯刚以巨大的打击。

以前他是坐享其成，现在却要独立门户了。魏浚泉无子，由他兼祧，一身承袭了父亲和叔叔的事业。他除了担任正金买办之外，还担任着大生银行董事兼总稽核、裕津银行董事和源丰永海味店的董事长等等职务。而自己体弱多病，阅历又浅，因此颇感吃力。

在此情况下，他深深地感到不能好高骛远，但求保持现有地位就行了。华账房"浚记"代号已不便再用，干脆就采用了"正金银行华账房"名义，未再沿袭"某记"的做法。

1940 年以后，华账房还有少量的浮存贷出，能勉强维持职工开支。而到了 1942 年，天津伪联银成立了票据交换所，所有银钱业不得互有，须将所收票据一律派人到该所进行交换，然后开天津伪联银支票拨账。数十年来各银行号在华账房的浮存至此绝迹，华账房连点滴收入都没有了。

这时，伪联币贬值，物价上涨，职工生活成了华账房的突出问题。职工一再要求行方增加补贴费以解燃眉之急，但补贴费的增加，赶不上物价上涨，职工苦难日深。买办也落到"办而不买"的境地，就已无存在的必要了。

日方曾于 1940 年起每人每月按"公定价格"配售给职员两袋面粉，后以面粉供应不上为借口，改配棒子面，至于华账房的伙食则另外配售，但也是棒子面。昔日精馔美食的"紫竹林小馆"竟然改吃棒子面，职工当然怨声载道。

1945 年日本无条件投降后，正金津行由南京政府财政部驻冀鲁热察财政金融特派员张果为指定中国银行副理蒋均如负责接收。所有华账房职工的遣散费，先期由正金津行拨交华账房转发。华账房职工中，仅有管库陆绩光一人由中国银行留用。

1945 年 11 月 30 日，接到中国银行通知："自十二月一日起，毋庸到行办公。"

自此，正金银行买办的历史画上了句号。

第十八章

影子洋行和皮包买办

"皮包洋行"又称"影子洋行",是指那些仅靠一个提包在中国做生意的外国洋行。有些外国人初来中国时两手空空,便仿照大洋行向买办收取押金作为资本,挂起"洋行"的招牌,在租界的庇护下,见利就干,无孔不入。一旦折本赔钱就逃之夭夭,一走了之。但也有"影子"洋行在中国发了大财的。

惺惺相惜的凯穆和贾志奇

1923 年,德国人凯穆代表德国裴德造纸厂到天津做批发洋纸的生意,由隆培洋行出面订立合同,到各纸庄推销。当时,一个叫贾志奇的中国人在该洋行为凯穆当翻译。

二人相处日久,感情很好。不久后,凯穆想自己开洋行,直接与各纸庄和外客做生意、订合同,不再通过隆培洋行,因此约贾志奇出来合伙干。两人商量妥当后,由贾出头代凯穆找买办。

贾志奇找到谦元泰洋货庄的经理殷尊五,请他代找财东当凯穆的买办。后来经殷的朋友鲁昌洋行的伙计王竹溪介绍,朱俊卿当了买办,出押金5000 元。

凯穆与朱俊卿订合同后,即于 1924 年 7 月在意大利租界三马路设立了凯穆洋行,营业项目以西药、纸张、五金为主。凯穆自任经理,负责与国外联系来货；买办朱俊卿负责来货垫款及收回货款；副买办贾志奇负责卖货及充任翻译和订合同等事；另有售货员负责推销纸张、五金；会计负责出纳款项。

买办薪金每月 150 元，副买办每月 50 元，此外另给佣金，以营业额计算。西药提成 5.5%，纸张提成 2.5%，其他货物则随时另订。

1926 年，贾志奇通过邢锡九的介绍，认识了张宗昌的少校副官马金珂（此人是张宗昌的小妾、天津名妓小富贵的表叔），在交往中得知张宗昌正要购买军火，于是首先打通了小富贵的关系，偕贾志奇和凯穆一同到济南去见张宗昌。

张宗昌表示愿意从德国人手里购买军火，但因凯穆洋行的牌头不大，且是初次交易，张还不太信得过他们，便不肯贸然订立合同。在多次接洽后，凯穆和贾志奇又暗地由马金珂领着拜访了张宗昌的参谋长李藻麟，托其帮忙说合，许事成后给 5% 的佣金。

但张宗昌始终坚持，要凯穆洋行先来货后付款，而凯穆则要求先付款后来货，相持不下，未能成交。经过多次的联系，凯穆与张宗昌逐渐熟悉，每逢节日或张的生日，凯穆就置办些贵重礼品前去应酬。日子久了，张宗昌对凯穆的意见就不再反对。

1927 年 2 月，张把这件事交给山东省省长林宪祖承办。

凯穆偕贾志奇会见了林宪祖，林要求凯穆找济南德国领事官签字担保，才预付全部货款。当时驻济南的德国领事官希古贤，以凯穆是天津的德商，不在其领事管辖地区为由，不肯签字作保。经凯穆再三恳求，该领事官才答应。

次日，希古贤与凯穆一同到省长公署，并将他出具的担保文件交给林宪祖。文件中说明凯穆以前在中国津浦铁路总局会计处服务一年有余，诚实可靠，可以先付款后交货，倘有差错，领事官愿负一切责任云云。

林省长将该担保文件连同两份合同（订购德国 1898 式步枪 6000 枝，连同刺刀、皮带，和每支枪的 1000 发子弹）交给了山东政务厅长毛振鹗，并偕同凯穆和贾志奇到南京找张签字（此时张宗昌正在南京）。张宗昌签完合同后，亲笔下条子交付凯穆，要他回济南到山东省银行领款。但该银行总办蒋邦彦百般刁难，迟延不付，后经该行襄理夏某说合，拨付给蒋邦彦回扣 5 万元，才从山东省银行天津分行将 82 万货款领出。

1927 年 6 月，德国轮船"AMRUM"号将该批军火运到青岛四号码头，交给山东督办公署军械处长李魁武和该处上校军械官杨俊华点收。

凯穆当即付给了李处长 6000 元，杨军械官 2000 元，货运到济南无影山军械库验货时，又给了该库主任李玉亭 1200 元。一切手续终了后，又送给参谋长李藻麟 3 万元，政务厅长毛振鄂 1 万元，送给林省长全部家具一套，银质餐具、茶具各 1 套，百代公司电影机及摄影机一套，地毯一领，共值 1 万多元。

此外，送给督署承启处 6000 元，上尉副官齐华峰 1000 元，省长公署承启处 1000 元，少校副官马金珂 8000 元，小富贵 3 万元。送给德国领事官希古贤金质茶具一套，合黄金 300 两，当时每两黄金价值 35 元，共计 10500 元。

买办朱俊卿分到 1 万元，贾志奇分到 15000 元（从中提出 3000 元酬谢了邢锡九）。总计以上大小开支共 19 万元有余。而凯穆本人赚了多少，因枪支来历不明，无从得知，估计在 12 万元以上。

换句话说，这笔生意是用钱砸出来的。因为所有的经手人，无一遗漏，全都得到了多少不一的好处。

当这批枪械运到青岛点收时，仅按箱数核对，并未拆箱检验。运到济南无影山军械库拆箱验货时，却发现一部分枪支枪膛不够精确，库主任李玉亭当即声称要把实况具报。经凯穆给了 1200 元后，李玉亭才改变主意，特选了 20 余枝比较合格的枪呈请督办过目。

张宗昌看了后很满意，从此加深了对凯穆的信任，后来又签订了 3 万套枪支的买卖合同。不料正在筹款期间，北伐军进逼山东，张宗昌逃往大连，这项合同未能实现。不久凯穆因所经营的纸张、五金都无利可图，便结束该行生意回国了。

1929 年秋天，凯穆又来到天津，在杨福荫路开设德信自行车行，由德国直接来货，至 1931 年因亏损歇业。1932 年至 1933 年末，凯穆又在天津包销青岛德国商人生产的各种洋酒和矿泉水，还包销洋钱牌啤酒，经贾志奇请出一个叫于贵庭的当买办。因经营不利，不仅把于贵庭的押金5000元赔光，还欠了一身债务，因而歇业。

1934年初，凯穆又与袁克相（袁世凯第十三子）在法租界设立了北方汽车转运公司，由袁出资买了4辆柴油机载重汽车，专运北京天津间的往来货物。

当时铁路缺乏运输车辆，货物要等很长时间才能运出，但用汽车装运当天即可到达。为此，凯穆与老朋友颐中烟草公司运输部的经理、英国人福鲁特思商定，运往北京的香烟大部分由凯穆承运。因固定货源源源不断，所以生意兴隆，为其他汽车转运公司所不能比拟。

谁知两年后，一辆装有杂货的汽车去北京过杨村铁道时，因机件一时失灵，在铁道上被火车撞飞，车上二人被撞死，货物也无一幸存。北方汽车公司除抚恤死者外，还要赔偿货物，损失惨重，因而歇业。

1936年经贾志奇的介绍，凯穆又与郝琴舟在北方汽车公司原址组织了美利汽车转运公司，由郝出资购买了4辆美国的道奇牌汽车，并商定由郝在天津管理业务，贾在保定揽货。去保定的货仍是颐中公司的香烟。

1937年"七七事变"发生后，天津秩序大乱，人心惶惶，郝担心装货汽车出了英、法租界会被日军抢走，虽说有凯穆作护身符，但万一遇到什么事，凯穆两手空空，也负不了经济责任。因此郝决定，汽车只代客运货，不出英、法租界。同时又与开滦煤矿商妥，为开滦拉煤，每车每日10元，借以维持开支。这当然不符合凯穆的心愿，不久便不与郝某合作。

这个时期，华界向英、法租界搬家和运货的很多，凯穆便乘机干起了运输业。他自己没有车，就雇了几辆汽车，插上德国旗，自己押车为客商搬家运货，也赚了不少钱。干了一个多月以后，才命名为汽车转运公司。

不久后，搬家和运货的生意减少，京津公路也渐趋平静，汽车可以通行，但必须要持有日军发给的通行证。凯穆通过德国领事馆从日本领事馆领到了京津间汽车转运的通行证。

通行证上写着："兹有德商凯穆由天津运纸烟去北京，由北京装杂货回天津，沿途军队勿予阻碍。"但证件并没注明汽车的数量，因此凯穆在京津间往来运货，由雇三四辆汽车发展到每天出车10辆。

　　1937 年 12 月，天津到德州之间也可以跑汽车了。因铁路车辆只限军用，沿途如沧县、泊镇、连镇等地，都堆有大量待运的货物。凯穆即向颐中公司商洽，先试运 4 车香烟到沧县，藉以了解由沧县到连镇路线的情况，为生意再向南延伸做准备。凯穆领到日本部队的通行证后，就把 4 车纸烟运到了沧县。

　　此后由沧县向南到泊镇、连镇，沿途毫无阻碍。运去的纸烟和运回的棉花等物资都供不应求，四五辆汽车已不够用。于是凯穆于 1938 年 4 月，又向颐中烟草公司借款，购买了福特牌的新车 6 辆，说定一年内分期还清，从运费中扣除。

　　车买到后，即往返天津、连镇之间，每天出车 12 辆。汽车转运公司的业务发展后，内部组织也大加扩充，除经理凯穆外，有中国经理贾志奇、德籍副经理施密斯，以及员工约 20 人。还在北京东交民巷毛兰洋行内设立了办事处。

　　仅一年多的时间，凯穆在京津线即获利 32 万余元，津连线获利 39 万余元，天津租界内外获利约 5 万元。除去薪金、房租、水电等费用外，获净利 73.9 万余元。当然，他对德国领事、颐中公司的负责人、各卡口的日本军队和中国警察要付出不少的费用，但比起他的得利来说是有限的。

　　1939 年 6 月，驻天津的日军封锁了英、法租界，英、德两国也断绝了外交关系。英国领事馆曾通知颐中烟草公司，不准再与德国人共事，因此，凯穆的京津、津连两路运输被迫停止。但他又利用日本封锁租界的机会，做租界内外的货物运输。当时日军检查口每天只允许早晚放进两辆货车，还要把货卸下，经过检查后才放行。因此，一般汽车必须排队等候，一个月才能轮到一次。但凯穆因有日本部队的通行证，每天就有两车货拉进租界，并且不排队，不受检查。每辆车运费为 500 元，凯穆干了近一年。

　　1940 年 5 月以后，英、法租界封锁解除，凯穆见无利可图，把自己的 6 辆汽车卖了，汽车转运公司随即结束。1945 年日本投降后，凯穆的财产被国民政府查封没收。1952 年 3 月，凯穆取道香港回到德国。

被坑骗的赵氏买办

利和洋行是美国人郝尔 1920 年创立的，地址在天津英租界的朱家胡同。郝尔原是协隆洋行的职员，他自己开办利和洋行的时候，找李某充当买办，而实际出押金的财东则是在城内鼓楼西开成庆煤厂的赵某。

洋行内所用的职员有翻译、走街。该行主要是经营各种油漆。因售价较昂贵，在市面推销不畅，只半年时间就把赵某所提供的押金几乎用尽，无力继续经营而关张。

这时赵某向郝尔索取押金无效，拟将库存的几百桶油漆扣住变卖。郝尔不干，说存货是美丰洋行的寄卖之物，应该归还给美丰。不久，美丰洋行就将货拉走了。接着，赵某将郝尔告到美国领事馆。而领事馆则表示，当初开办时，没有在领事馆立案，领事馆不能负责。当时因有领事裁判权的限制，赵也不能诉诸法院，只好吃了这个大亏。

无本经营的"跷脚塞克斯"

新民洋行是德国人塞克斯开设的。

他初到中国时，仅带来一条毯子、一个手提包。1914 年以前，曾在天津河东美最时洋行当小职员。第一次世界大战中被召回国服兵役，战争中右腿负重伤致残，成了个瘸子。

1923 年，塞克斯又来到了天津，暂住在东马路的基督教青年会，在这里结识了青年会的庶务干事瑞麟甫。当时瑞正在为自己失业的儿子瑞荣长谋出路，他见塞克斯满口生意经，就让儿子跟着塞克斯做事，并介绍塞克斯认识了买办吴调卿的长子吴颂平。又经吴颂平的关系，拉拢上了袁世凯的儿子袁七和袁八以及吕海寰之子吕九等，商定共同出资组成经营进口贸易的新民洋行，以黑红两色的太极图作为洋行的商标。

他们把设在营口道建设路口的一家货栈作为洋行的公事房，楼下 3 间房作办公室，楼上 3 间房作仓库。瑞荣长当司账员兼买货员，李汉臣经管仓库。

　　洋行经营的进口货主要是小五金，如各种锁头、小刀、剃头刀等，出口货主要是废棉、飞花等，得利不少。但塞克斯借口资金少，不能做大笔生意，致使股东们在两三年里没分到红利。塞克斯说，如想得大利，股东们必须增添资本。实际上他是想借机单干。

　　股东们因为没有分到红利不肯增资，提议撤股，塞克斯当然同意，并表示由他自己继续经营，要求保留新民洋行的招牌和黑红两色太极图的商标。众股东通过后，新民洋行从此变为德商，但对国外仍用华商名义。

　　1926年，塞克斯把新民洋行迁到英租界的平和大楼内，请到了绸布棉纱业的简寄生做买办，收押金3万元，每届年终付给简寄生利息4厘。

　　经简寄生的牵线，华竹、仁昌、元隆等绸缎庄都成了新民洋行的主顾。塞克斯把这些大商店的负责人约到洋行，共同商讨各家订货的品种、质量、花色价格等等，结果大家商定要特制的巴黎哔叽。

　　这种料子比一般的哔叽薄一半，价格也比一般哔叽便宜一半。各商号先交订款的40%，余款货到付清。毛料子在当时非常时髦，但因价钱太贵，没能畅销，而特制的巴黎哔叽价钱便宜，加上有新民洋行的招牌和黑红太极图的商标以及货上印有"专对中国出口"的字样，所以销路很好，使新民洋行大获其利。

　　另外，新民洋行进口的麻丝织品和小型蒸汽机、卷烟机等行销各地，也获利不少。

　　新民洋行同年增聘了德国人古斯维奇任副经理，沙丁多夫经营出口，并承做电梯，聘请了中国人朱庆垣担任工程师。朱对于制造及安装电梯颇有研究，又约来徐俊升、齐崇周等为助手，为京津一些大型建筑安装电梯。当时北京、天津的高层建筑中印有黑红太极图商标的电梯，都是新民洋行安装的。

　　这样一来，新民洋行在国内便逐渐能与禅臣、美最时、礼和等大洋行抗衡，塞克斯也名噪一时。

　　此外，新民洋行还向德国出口重要的工业原料钨矿砂，以每吨4500元的买价收购后运往德国，换回进口钢材和大五金，同时还出口胡麻菜籽等。

　　1928年，新民洋行又添设了机油部，邀请在美孚洋行做事的陈宝清当主任，月薪 150 元，另外还给 5 分佣金。陈又约同学王之刚当助干，代销美国机油。该行简称 "Sunoco" 与美孚油行的简称 "Socony" 很相似，颇能迷惑人。所以它的机油在天津颇为畅销。

1928 年末，阎锡山曾向新民洋行订购了 20000 支步枪，每支附带子弹 1000 发。经手人是山西人李某，陈宝清做翻译。后来新民洋行又邀请阎锡山的亲戚、军统特务白联城充任新民洋行太原分行的华账房经理。白联城给阎锡山订购了柴油发动机的载重汽车 20 辆。后来，阎锡山又经白联城从新民洋行购买了不少步枪和冲锋枪。

1937 年，日本侵占了天津，塞克斯将新民洋行兑给了美最时洋行合并经营，回国时已成为百万富翁。

买办的"大本营"天津卫

争当洋行买办成风的天津商人

清光绪初年，在天津的外国洋行不下 30 家。

计有英商的怡和、太古等11家；俄商的阜通、顺丰（萨宝石）等7家；德商的世昌、信远等 6 家；法商的启昌一家；美商的丰昌 1 家。还有法商的亨达利洋行和德商增茂洋行，这两家专卖钟表、八音盒、挂灯、玻璃器和寒暑表、风雨表、显微镜、放大镜等各种仪器。另有英商汇丰银行，英商屈臣氏大药房、大英药房、老德记大药房，专卖机器的德商世昌机器行等。

初期的洋行多数是有买办的。但除了那些老牌的洋行买办之外，其余各洋行的所谓买办，按他们与各洋行的关系来说，和后来的买办不太相同。他们只是卖货手或买货手，和洋行没有契约关系。

因为当时外国军队屡次入侵，民众对做洋事的人称为洋奴，非常歧视，一般工商业者都不屑于当买办。所以，在初期的买办当中很少有当地商人。

在初时的买办之中，有不少人是原来在洋行服务的工役、厨师、看门人、管库人。他们服务日久，大体了解了洋行办事的程序、外国人的习性，更懂了一点外语。他们的一些"业绩"也往往被洋行的主事人看中，便被逐步提升为买办。

如仁记洋行的李辅臣原来是摆小钱摊的，后来专替洋人送款取款；李长春原是洋行厨师；新泰兴洋行的宁星普原是兴济镇编草帽辫的；一个姓沈的是青县的贫苦道士还俗的；汇丰银行的大买办吴调卿原是外轮的跑舱，后来在上海给汇丰银行的英国人赶马车；法商永兴洋行的买办叶星海，原来没有正当职业，在市面上当杂差；武斋洋行的买办谢氏原是该洋行的更夫；美最时洋行的买办王桂山原是德国经理家里的厨师。诸如此类等等。

以后，买办就渐渐转由商人充当了。

这时候的买办除了最早的广东人外，又逐渐出现了宁波人。他们多是商人出身，熟悉商海的情况。此时，歧视买办的时期已成为过去，买办开始大行其道，所以商人们纷纷北上，来天津谋买办的差事。如像宁波帮买办的开创人王铭槐，原是上海大亨叶澄衷开的老盛记五金行的司账，经叶澄衷求李鸿章提携，他就当了德商泰来洋行的买办。

因为天津买办收入丰厚，本地商人渐渐地也肯干了。对这些商人，洋行方面只要求其有能力做事、老实服从，能取得大商号的保证或有士绅名人的推荐就肯任用，不要押柜（寄库金）。

四大买办和广宁帮

1894 年爆发的"甲午战争"是各外国洋行和银行在天津扩张的关键，主要是由于随之而来的租界的急剧扩大。

外国洋行的逐渐增多、经营面的扩大，使他们对买办的需求更为迫切，从而使买办的身份、工作性质和对洋行、社会的关系逐渐定型了。

正规的买办应该有他自己的公事房和助手。买办的公事房称为"账房"，后来改称"华账房"。洋行按月付给买办一笔"贴费"，或称"包费"，以备支付账房所需的一切费用，由买办自行分配。买办接受了贴费，同洋行的关系就成为雇佣关系，但同时又有互相约制的契约关系。因为买办的组织不是独立的经营，没有在任何行政机关登记申请许可。外国银行的买办和洋行的买办类似，但他们多数都立有字号或自作金融营业，独立性较强。

外国洋行及外国银行同买办所订契约的条件越到后期越宽松，就更利于买办做自己的生意了。

自光绪的后半期起，受雇的买办就开始要交纳为数越来越多的寄库金了。当然，寄库金数额的逐步增多，也说明当买办有利可图，因而竞争日趋激烈。

当然，洋行营运资本的加大也是原因之一，不再像当初外国人刚刚来到中国的时候，能做一本万利甚至是无本万利的生意了。

寄库金的交纳使买办与一般雇用的区别更大。买办对洋行，一方面，处于雇用地位，另一方面，则是交易上的保证人。他要保证完成洋行交给他的任务，还要承担中国买主或卖主方面可能发生的背信弃义和亏欠货款等风险。

中国的买办起源于广东。最早外国行商到广州全凭着具有掮客性质的十三行代为介绍买卖。随后外国商人由行商改为洋行，便雇用十三行的人当了买办。1840 年鸦片战争开始之后，外兵不断入侵，沿江沿海地区开放为通商口岸的逐渐增多，外国洋行便跟在军队后面，携带买办到各口岸设行。所以各地洋行都是先由广东人充当买办。

天津的情形也是如此。广东籍的大买办计有怡和洋行的正、副买办梁炎卿、陈祝龄，太古洋行的郑翼之，仁记洋行的陈子珍，德商礼和洋行的冯商盘，老世昌的梁仲云，亚细亚的黄颂制。外国银行方面有俄华道胜银行的罗道生，德商德华银行的严兆祯等。

当时买办应得的佣金有时高至 20%。最初梁炎卿、陈祝龄、罗道生 3 人财势最大，郑翼之后来居上。这几个人便成为广东帮买办的中心人物。他们吸引同乡，号召举办地方公益事业。梁、陈、罗在广东同乡买办中发起捐资，在天津建筑广东会馆，为当时天律的最大建筑物，这是广东帮买办的鼎盛时期。

后来，郑翼之的财力聚集得更多，压倒了陈、罗，与梁炎卿成为广东帮的两大买办。到宁波帮的王铭槐兴起后，连同安徽人吴调卿，号称为天津的郑、梁、王、吴 "四大买办"。

梁炎卿从怡和洋行在天津设行时当买办起，直干到他 90 多岁去世时都未曾间断，并且他还兼任了英商高林洋行的买办。他当买办的后期身体衰弱，实际上是由他儿子梁惠东在洋行办事。梁炎卿死后，怡和洋行就不再用买办，而以高薪聘用高级职员做买办的事。

怡和洋行在天津设行最早，营业额每年达三四百万两。由于怡和洋行所做的军火买卖、轮船航运和进出口货物的数量都大，而且轮船部分的佣金回扣特别大，梁炎卿便由此发了财。他不像其他买办那样挥霍浪费，所以他的财产积累到了几百万两。他在天津有耀华里等大片不动产，在南方各地还有大量投资。

英商太古洋行与怡和洋行把持中国沿海航运达数十年之久，两行和两行买办的所得也大致相同。最初太古洋行的买办杨某系吴调卿所推荐，杨到行不久，恰好有大批砂糖运到了海河的太古码头。他见这么多的糖包堆积在露天，生怕遭到日晒雨淋，买办将无法赔偿，急忙将买办职务辞去。吴调卿又推荐郑翼之继任。

数年后杨某从上海到天津，见到了吴调卿，后者便指着球场北面的巨宅和相连的一片不动产告诉杨某："此即你的继任郑某的新居。"杨某见状后悔不迭。

这个"继任"郑翼之可以说是个买办中的怪才，不仅是他自己，他的兄弟四人都是商界巨擘。

"四大买办"之一的郑翼之祖籍广东揭阳，1911 年出生，共有四兄弟，他排行老二。父亲郑功毅于 20 世纪初在揭阳开办名为"捷和"的家庭手工

郑翼之天津旧居

业作坊，打制锡器、铜锁头和洗脸盆等日用品。然而，他 8 岁时父亲就去世了，家境一落千丈，陷入了贫困。他只读了两年私塾和两年小学便辍学，与兄弟们自力更生，做工帮补家计。

郑翼之 16 岁时随其长兄到上海，进入英商太古洋行。该

行的买办由广东籍的莫姓把持。郑翼之进入该行后经莫姓的推荐，进入账房做练习生。起初，他对英文一窍不通，但英方总经理斯维尔看他工作勤恳，又好学，认为是个人才，就在工作之余，培养他学习英语。郑翼之本来就聪明好学，他抓住了这个机遇，刻苦自学。在短短的几年时间里，英语口语对答如流，已达到了很高的水平，尤其在英文文字的运用上造诣颇高，为同事们所不及，深得英方总经理斯维尔的赏识。

在当买办发财后，郑翼之和几个兄弟携手大力发展自己的事业。

1932 年，他们先后在广州和汕头设厂，制造军需品，包括徽章、童军用品，还有防毒面具、钢盔等，专门供应给当时的广西军阀白崇禧及广东军阀陈济棠。1934 年，郑翼之兄弟看到随着工矿业和铁路业的兴起，香港日益繁荣起来，并逐步成为欧美及远东国际贸易的辐射中心，又在香港设立分厂。

抗日战争爆发后，为适应战时急需，郑翼之在香港的分厂大量生产工兵器材、军用水壶、钢盔以及防毒面具等。当时，抗日军用电线多用铜丝，但原料十分缺乏，郑翼之便到抗日后方的广西柳州办厂，生产电线和其他军用通信器材。

1941 年"太平洋战争"爆发，这时"捷和"已在香港拥有 4 间工厂，各项业务也发展壮大起来。香港沦陷后，郑翼之兄弟坚守民族气节，离开了香港，致使在港的全部资产为日寇所没收。他们兄弟将主要业务迁入内地，辗转广西、贵州、四川，为抗日军队服务，生产军需品。

抗战胜利后，郑翼之兄弟回港复业。由于他们的捷和公司反法西斯的明确立场和行动，得到香港政府的支持，工厂恢复生产的第一宗生意就是为英军生产 1 万张铁床的订货，所需钢材则由香港政府当局特准其在收缴日军的"需品部"廉价采购，再加上得到汇丰银行在资金上的支持，尽管他们重新来到香港时的本钱只有 8000 元，此后却迅速崛起了。

有不少人认为郑翼之家族的发达主要是靠拆卸战舰，这一点连郑翼之本人也没有否认，而且津津乐道。

对五金原料认识甚深的他，见维多利亚港内有不少沉没的战舰和炮弹壳，正是很好的原料来源。他说："当时，我立即向政府申请在海上打捞沉船，又向渔民收购弹壳。将沉船拆卸后，便将金属废料制成钢筋。那时，港府给我们 60 元一吨的拆船费，以酬谢我们清理海港，我们两边收钱，真是赚到盆满钵满。"

从此捷和香港制造厂业务蒸蒸日上，一路发展。经过数年的努力，捷和开创了多项工业，如香港的第一间轧钢厂；1970 年建成的香港唯一、东南亚最大、设备最先进的货柜制造厂，同年起生产的厨具，获杜邦的制作专利合约。捷和至此成为拥有钢铁厂、制钢厂、铝厂、钟表厂等多种企业的著名集团公司，郑翼之成了"工业大王"。

集团属下公司还包括了捷和物业、捷和实业、捷和造纸、捷和神钢、捷和集团、美亚厨具、泰国钢铁厂等，业务包括地产、纸张、搪瓷、金属、电脑、钟表、钢铁、铝片、财务和保险等。

据资料披露，郑翼之家族的财富估计超过 50 亿港元。

让我们再回到当年的天津。

就在广东帮的梁、郑两大买办鼎盛时期，浙江的宁波帮异军突起与之抗衡。

宁波帮的开创人为王铭槐。王到天津即充任泰来洋行的买办。1864 年前后，以向李鸿章售卖鱼雷和军队装备骤然致富。随后，他又兼任了华俄道胜银行的买办。他的买办账房借着道胜银行的声势大存大贷，相当于一个大型钱庄。同时他又开设了有名的回春大药房及银号、绸庄等十余处买卖，一时声威大震，成为宁波帮买办的奠基人，与广东帮并驾齐驱。

王铭槐在天津的故居

王铭槐很善于提携同乡、培植势力。他倡办了浙江会馆和同乡会，广泛介绍同乡当买办。所以在他之后宁波帮出了不少大买办，如德商禅臣洋行的严蕉铭、法商永兴洋行的叶星海、英商信记洋行的李组才、荷商恒丰洋行的徐企生、美商美丰洋行的李正卿等。

后来王铭槐经营商业失败，宁波帮买办又拥护他做了德商礼和洋行的买办。

在天津的买办社会里，宁波帮比广东帮产生稍晚。但作为一个帮派，其实力则比广东帮大。广东帮的梁炎卿、郑翼之等人资格老，所服务的洋行力量大，但他们人数不多，据点主要在航运业。宁波帮则人数众多、经营广泛，同乡辗转介绍、互相支援，在天津几十年的买办历史上成为一个强大的系统。

而另一位著名买办则既不是宁波帮，亦非广东帮，却也在天津的买办中声名显赫，他就是吴调卿。

吴调卿名懋鼎，又名荫伯，徽州人。9 岁时为避太平天国战火，随家人逃难到苏州，在一家笔店当学徒。17 岁时经一位师傅介绍到了上海，开始时给外轮当跑舱、干杂活，又给汇丰银行赶马车，后来学会了洋泾浜英语，逐步接触了洋行业务。

在汇丰银行服务 10 年后，凭着安徽人的精明和勤勉，他当上了该行的副买办。1880 年汇丰银行要向北方发展业务时，他被派到天津创办汇丰银行天津分行，担任了该行的买办，并且把汇丰银行的业务发展到了北京。

那时，直隶总督兼北洋大臣李鸿章正驻节天津。李鸿章也是安徽人，他们是同乡，原先在上海时他们也间接地打过交道，现在一个有权，一个有钱，于公于私都可以互补，于是成了朋友。李鸿章没有亏待他，任命他为铁路局的督办、淮军银钱所总办，还向清廷保荐，授予了他一个"直隶候补道"的头衔。

1902 年，吴调卿曾被袁世凯委任为天津商务局总办，但因商民反对而去职。他所捐的候补道也曾被人奏参，理由是让买办做官乃朝廷之耻，结果被撤。"戊戌变法"前，吴又运动到了三品职街，并充农工商局差使。变法发生后，又被撤差。清廷给他这个处分，是把他当作康、梁一系的维新变法派分子处理的。吴调卿丢了官之后依然当他的买办。

吴调卿担任汇丰银行天津分行买办达 25 年之久，是该行的首任买办，也是银行界买办在天津的开山鼻祖。他在为汇丰银行效命的同时，也为清廷做过不少事。如 1894 年，清廷决定修筑关内外铁路的时候，所需巨额贷款就是吴调卿在汇丰为之办理的，同时还为清廷从英国进口了路轨和机车，

聘请了多名英国工程技术人员。1896 年，还
在山海关创办了一所北洋铁路学堂，他亲任
学校总办（校长）。这所学校是后来西南交通
大学的前身。

汇丰银行方面自然也很信任他，凡是遇
到有关借款和一些需要与李鸿章直接接洽的
事项，都交由吴调卿去办理。所以若干年间，
他充当了清廷与洋人之间的桥梁，是个两头
都搞得定的人。

1896 年时的吴调卿

1926 年他死后，有人研究他的财产来源，
除在汇丰所得之外，由于庚子年间的兵燹使他所经营的买卖受了一些损失，
但事后英国人向清廷索赔偿时还附带着给他开上了一笔账。由此，他便从
清廷得到一笔巨额赔偿。这种事在那时并不鲜见，如美商胜家缝纫机公司
的买办庄乐峰也用这个法子弄到一大笔钱。吴调卿生前的财产，虽然经其
人口众多的家族过了几十年奢靡的生活坐吃山空，死后仍然还积余 500 余
万两白银。

天津各洋行的买办除了广东、宁波两大帮之外还有当地和外省、外县
的人。当地人在那个时期当买办发财的也不少，如仁记洋行的李姓，新泰
兴洋行的李姓、靳姓，顺丰洋行的刘姓，聚利洋行的宁姓等。外县人来天
津当买办致富的有新泰兴洋行的沈姓、宁姓等。

上面所提到的仁记李姓叫李辅臣。他是天津本地人，早年家境贫寒，
靠做小贩、摆小钱摊、兑换银钱、跑钱帖为生。他看到天津洋行中的服务
人员所得丰厚，就托人到天津英商仁记洋行当工友，做挑污水桶等杂活。

由于他的这段经历，以致他发迹以后，人们在背地里还常常叫他"泔
水李家"。

在清末，由于各地银两成色不同，银平各异，加上制钱、钱帖、拨码
等复杂情况，洋行华账房在与中国商人交易支付时，须雇用有经验的当地
人负责兑银、点钱、催账等。因为李辅臣曾干过兑杂银的生计，掌握了一
些看银子成色的技术，不久就被提升为会计司事。庚子年间闹义和团和八

国联军侵华，给李辅臣带来了发财的机会。他不仅借助洋行向清政府索赔，发了一笔财，而且庚子后仁记洋行实力大增，李辅臣的财富也与日俱增。后来被调到买办公事房做事，经过了几次升迁，当上了帮办。1895 年当上了买办，为买办中天津帮的主要人物。

李吉甫是李辅臣之子，也是英商仁记洋行的买办。1910 年李辅臣过世之后，李吉甫和其弟李志年接任了该行洋行的买办之职。兄弟两人各有分工，李吉甫负责进口，李志年负责出口。当时因为进口业务乏于出口业务，所以其弟李志年所做的出口为"仁记李"发财的重点。"仁记李"财产的另一来源是经营房地产，即借英租界扩充之机买进地皮，增价卖出，由此发了大财，置有多处房产。李吉甫于 1927 年病故。

这个时期，买办的收入急剧增多，寄库金即于此时产生而且数额越来越大。洋行对寄库金的要求增多，除了由于买办所得太多、竞争太激烈之外，还有另外的理由。

光绪末年买办所经手的钱数太大了，由于他们有的太贪婪，便发生了事故。首先是道胜银行的买办王铭槐。因他个人的买卖扩展太大，后周转不灵亏损破产，道胜银行也受到牵连。随后，北京汇丰洋行的买办邓群祥因放出的款项过大过松，收不回来，亏了汇丰近 300 万两。此人后来竟然一走了事。

这些事故引起了洋行和外国银行的注意，因而逐渐提高了寄库金。

在要求 10 万乃至二三十万两寄库金的同时，洋行也颇了解如此之多的现款不易筹集，因而对于合乎要求的买办便通融收受股票、证券、不动产、契据等作价，还有的把应交付的寄库金中的一部分以信用保证的形式抵数。

洋行对寄库金的要求也有例外，如中国通商银行副班徐朴庵经该行大班冯商盘的担保，即得免交麦加利银行指定的巨额寄库金而当了该行的买办。但这种例外并不多，因为保人必须有很大的财力和社会影响力才行。

这与买办产生的初期，仅凭一个商店作保就可以当买办的形势已经截然不同。初期是没有寄库金限制的。

天津洋行的蜕变

第一次世界大战期间，天津的洋行发生了两大变化。

一是日本洋行数目和贸易量的激增，二是美国洋行、银行的奋起直追。在各国洋行势力的竞争中，日本洋行的数目和营业额自民国初年即急剧增长，至此已经居第一位。

1915 年日本夺得青岛后，对中国的侵略变本加厉，此时日本洋行的涌进天津和它们的活跃足以证明这一点。美国自 1899 年主张中国门户开放，着手对中国进行侵略。第一次世界大战爆发后，德、法、俄等国洋行的势力衰竭，美国与日本趁欧洲各国杀得难解难分之际，乘机夺取中国市场，与力图保持原来优势的英国商人成为在天津外国经济侵略的三大势力。而日本洋行却有更大的军事、外交力量作后盾，占得明显的优势。

在北洋军阀统治时期，日、美、英三大势力在不同时期各自支持某一派军阀，它们在天津租界里的活动恰好反映了各派军阀的消长，也说明了洋行在帝国主义对华侵略中所占的地位。1931 年"九一八"事变后，日本进一步掠夺中国。美国则不肯放弃权利，也扩大了对北方原料土产的搜刮和推销进口货，主要是进口汽车、煤油等。

在民国以后的洋行买办群里，商人出身的更多了，同时有不少的买办是老买办的第二代。鼓励买办的子弟继承先人的职务当买办，是各国洋行一贯的共同做法。如新泰兴的宁紫垣、仁记的李吉甫、正金的魏伯刚等，都是第二代买办。王铭槐家则传袭了三代。

在此时期，外国在中国还建立了不少学校，培养买办人才。随着商人之后，知识分子肯当买办的也逐渐多起来了。

从外国留学回来的知识分子充当买办，又把买办的身份提到了更高的地位。但同时也有另外一种情况，如日商大仓洋行的买办孙少亭是帮会分子，这在天津买办的历史里是一个例外。

也有些外国的社会混混，凭着自己在国外的一些关系，利用买办的寄库金和他们的活动力开办了洋行做生意。过去宁波帮的买办叶星海都曾拿钱帮过这类外国人干过这种事。这类事在第一次世界大战之后更多，有的洋人把寄库金骗到手以后，竟然逃之夭夭。

第二次世界大战改变了天津洋商社会的面貌。1941 年后，英、法租界遭到封锁，给天津各洋行以重大的打击。太平洋战争爆发后，欧美洋行的业务就完全停顿了。

1945 年日本投降，停顿了几年的欧美洋行又都卷土重来。此时，英国的经济实力已大大削弱，显出了对美国的依附性，一切追随美国。此时日本既败，美国商人便占据了首位。但由于大量美国剩余物资的倾销，加之四大家族的独占，洋行业务非常清淡。

国民政府中央银行管理外汇，先是采取限制进口的办法，一份申请书不得超过 2000 美元，由指定银行掌握结汇。出口的主要物资如猪鬃、羊毛等统由中央信托局垄断。接着又组织了输出入贸易管理委员会（简称输管会）统辖出进口业务，不论华商洋商均须经过该会批准才能营业，每笔生意都要经过申请。

这样一来，洋行的组织结构便发生了变化。大多数洋行都取消了华账房，把买办改任为副经理或高级职员。如花旗银行的买办金峻轩改任副经理；美商公懋、美孚、德士古、大昌、公利等的买办有的改为副理，有的改为主任；怡和的买办梁某改为轮船部经理，潘仲若改为进口部高级职员；永兴洋行新任的买办严逸文被任为 3 个经理之一。

同时，还有一些原来的洋行买办及高级职员自己成立了进出口贸易行，使洋行的业务受到相当大的影响。由于华商对地面熟悉，销货容易，业务大都很活跃，成为洋行的有力竞争者。

新中国成立后，各洋行纷纷自行撤退。至此，外国洋行、银行为所欲为的时代便成了历史陈迹，买办制度也随之奏响了尾声。

无所不为，无孔不入

清朝咸丰以前，外国商人以钟表、仪器、火器等"洋货"吸引中国人的兴趣。早期洋行在正式输入这类货品时又陆续添加了药品、五金、玻璃器皿、机械、棉毛织品、糖、碱、烟、酒，以及电器、化学品、文化用品、化妆品，后期还有人造丝、汽车、汽油之类。军火的输入则是与洋行的存在相始终的。

天津初有洋行时，亨达利、增茂、乌利文等洋行专以玩物陈列品迎合官僚和有钱人的消费，货价高到了不可想象的程度。另外，洋行对消费量很大的日常用品也开始打主意。世昌洋行、礼和洋行开业不久，老百姓即开始普遍使用世昌的洋针和礼和的轴线。

在外国洋行早期进口洋货中的一部分，是凭不平等条约规定的值百抽五的子口税的保护，因而在中国畅销无阻。但外国洋行对如此的优越条件仍不满足，有的洋行从技术上取巧，把货物提炼到最精纯的程度进口，然后以"赋形剂"增大其数量若干倍再出售。如德商德孚洋行进口的颜料在德国出厂前提高浓度五倍，卖到中国人手里时已经掺入五倍的元明粉。也就是说，德孚洋行用技术偷税，仅仅交纳了应缴子口税的五分之一，而且因为颜料提纯、体积缩小，在包装运费各方面也都省了不少的钱。

洋行早在同治、光绪年间洋务运动时就进口机器和工具。机器卖出后，在配购零件和补充副件上，做着无穷尽的买卖。后来洋行便钻空子，常把应向国外订购的配件、副件在中国当地以廉价的工料仿制，再贴上商标来冒充。英、美洋行如怡和、慎昌等都曾干过类似的事。洋行以旧货或杂牌货冒充正品的事更是屡见不鲜。

在进口货代理的问题上，国外较大的厂家多半已经被各洋行独家代理。由于洋商独家代理，使中国的贸易公司无法和洋行竞争。而且外国政府在某一时期还对某些进口、出口货物给有关洋行以津贴或特别补助。如希特勒德国 1938 年 8 月与苏联缔结《苏德互不侵犯条约》之后，为了准备战略物资，曾指令天津礼和、禅臣等德国洋行分月轮流在津收集蛋黄白、猪油等副食品以及羊毛、毛皮，经由苏联的西伯利亚运往德国。

洋行在初创牌子的时候，都搞出过千奇百怪的广告。如香烟、牙粉之类曾经大量沿街奉送，企图培养中国人消费外国货的习惯。销路打开后，中国商人便抢着批量订货，洋行也用不着费事了。

洋行为了扩大业务，到中国各大城镇采用委托分区特约代理的方法，以佣金回扣的形式回报代理店。在佣金回扣的引诱之下，代理店则努力推销、不遗余力。英美烟草公司和后来的颐中公司，英、美、俄的几家大煤油公司如美孚、德士古等也都采取过这种销货方式，分区代理包销到省、市、县、乡。如孔祥熙的祥记，就包销过山西省的煤油。

洋行对中国的经济掠夺，在出口方面最为露骨。在这方面，天津各洋行搜寻土特产不仅仅限于华北地区，为了找便宜货，其触须伸向了全国各地。不论在何处，一经发现有利的商品，便及时攫取绝不放过。如天津的怡和等洋行曾到湖州、芜湖等处收购土丝、菜籽等运到上海出口。

自 1895 年清政府允许日本人在中国设厂后，其他各国的工厂和洋行的土产加工厂便陆续在中国出现。先在大小商埠，然后发展到内地城镇。土产中除大豆、种子等无可加工外，其他多数都是加工后再出口，为的是贪图中国的廉价劳动力。在内地加工还可以节省国内的运费。加工的土产有蛋类、皮毛、猪鬃、马尾、头发、肠衣、山干货、废棉、草帽辫子等。加工厂一般都设在产地，甚至远至甘肃、内蒙古、青海等地。在天津市内也有不少，如德隆、永丰等猪鬃加工厂，福祥、德华等肠衣加工厂，和记、永兴等蛋类加工厂等。

有的洋行在出口羊毛、山货时，为降低成本，只在仓库内雇人加工，不另单设厂。有些手工编织品，如抽丝花边等也开办有洋行的小作坊。

洋行对土产进行的全面控制可以烟草为例。它们把外国烟草种子交给农民播种，有时还预付一部分收购款，到收获时随着洋行定价收买。收货时还设工厂就近烤制。在河南省，洋行经营的烟草种植涉及了一片极大的地区。至于说洋行投资所设立的纱厂、火柴厂等更是多得不可胜数。

洋行设立的工厂，在缴税、杂捐等方面都比中国人自办的企业为低，而且政府的官吏也不敢勒索他们。在历次国内战争中，兵匪横行，工商业惨遭破坏，而洋行和它的工厂却能够避免。买办自己开办的厂子，借着洋商的招牌也沾光不少。

从洋行开始收购土产起，买办即在产地和土产聚集地设立收购机构，叫作"外庄"。有的客商收的货多、做的面大，就被买办吸收为外庄。有的外庄最后与买办合作，成为华账房的合伙人。外庄与买办账房的关系没有固定的规章，由两方面随时订立。

买办在外地或市内设立加工厂，可以凭着洋行的支持和影响取得种种便利。买办出售自己厂子的货品时，以同样价格优先供应所属的洋行，然后才可以销售其余的货品。在不损害洋行利益的前提下，洋行是不反对买办扩大他们自己的买卖的。因为他们乐于让买办壮大起来，以攫取更大的利润。

除上述各种机构外，买办还要雇用得力的"外柜"，俗呼"头儿"。

"外柜"负责管理加工的工人或临时雇工，自轮船装卸货物起直到内地的运输搬运，都由他们包办。他们是沾有洋气的封建把头，收入极为丰厚，自称为"外账房"。天津的脚行把头一般都非常凶狠，但是在给洋行搬运货物时，也得忍气吞声受"外柜"的指挥和盘剥。

买办的外庄和加工厂一般都是独立的或附属于买办账房，盈亏自负，与洋行无关。他们也由买办的授意，进行投机买卖或囤积居奇。买办在国内外行情上比较灵通，一般吃不了大亏。但在过分贪婪的情况下，有时也出危险。例如平和洋行的买办杜克臣囤积的羊毛之多，曾经达到了左右市面的地步，被称为"羊毛大王"。不料到1931年，国际羊毛价格突变，杜所囤积的羊毛按市价一算，要亏损500余万元。他无法周转，只得服毒自杀。

一般来说，洋行都是各种外国公司在中国的分店。他们从来不公布自己的资本额，表面上也不计盈亏，目的在于逃避中国的捐税。天津的洋行中有不少是在香港或其所属国的驻津领事馆注册的。

前有车，后有辙。收入丰厚的买办账房也不向中国政府纳税，也不注册。所以中国的各种机关，多年来对这么多的买办账房根本无法进行调查和统计。

出口业以外的业务主要是轮船运输和货物保险。外国轮船公司和保险公司一般都要委托洋行做代理，并给予优厚待遇。代理人得到的运费和保险费的回扣特别大，有时高达百分之三四十。在欧美各国家之间，航运和保险业的竞争非常激烈，它们通过各国在华的洋行各展其技，中国商人完全没有竞争的力量。

政府设立的商品检验局对于洋行来说等于是摆设，洋行概不承认商品检验局的检验结果。进口货物如遇规格不符，或质量差错，中国的进出口贸易商要求赔偿作证时，商品检验局根本不敢插手，而是由担任公证的其他洋行出面转圜。但也只是在遭到盗窃、商品锈蚀的情况下才予以证明。

一般人不知道的是，洋行与外国教会之间也有十分隐秘的关系。但为了隐避教会在洋行的经济活动中的作用，洋行从不轻易把自己和教会拉在一起，表面上很少来往。天津沦陷后期，洋行对外的通信受到限制，便找教会代为转发电报。有的洋行还把中国货币付给辅仁、工商等教会大学，而由在外国的教会拨款交给它们的总行，以此方法逃避汇率。

官商和"商官"

洋行和买办都是要勾结官僚的，否则他们的生意就很难做下去。

当广东帮的买办在天津活跃的时候，相继担任天津海关道的梁孟廷、唐绍仪、蔡绍基3个人恰巧都是广东人，广东籍的各大买办都和他们有密切的关系，对他们十分顺从。梁、唐、蔡3人对同乡买办也尽力关照。

庚子年天津陷落，各国联军成立都统衙门管理民政，各洋行的买办，特别是广东人多被"延聘"。所以，彼时的买办被人们称为"二毛子"。

买办和官僚的互相勾结主要表现在借洋款和做军火交易上，其次是在铁路、矿山、兵工厂、造币厂等所需机械器材的交易上。

清末时，清政府向外国银行或金融集团借洋款是需要和买办紧密勾结的。吴调卿得以充当汇丰银行买办就是洋行与官僚勾结的典型事例。当时，清政府想借洋款，而汇丰银行也急需拉拢李鸿章做生意，无奈当时没有中间人，于是汇丰银行就提拔李鸿章的老乡、安徽籍的吴调卿做买办，以接近李鸿章。吴调卿在屡次经办借款事项时，在汇率、利息和回扣上层层取利，所得极多。例如在收付款项时的英镑汇率竟然是由吴调卿随意制定的，清廷所损失的，就是吴的所得。此后他又勾结了邮传部的侍郎、路矿督办胡云楣，后来又进一步巴结到了袁世凯。

军队自有自己的机密，这就使军阀官僚和军火买办勾结得更紧，进一步狼狈为奸。泰来洋行的买办王铭槐，原来是从李鸿章门下来天津当买办的。为了在津沈两地销售军火，王铭槐除勾结各地的官僚外，还与山东巡抚孙宝琦结为把兄弟。从而王家的子弟连任了实缺的道班差使，后来再当德华银行买办，打通了官僚与买办相互转变的循环。

铁路、矿山、官办的机器工厂购买机器和五金电料等，照例都有5%～10%的回扣，铁路借款的回扣明定为5%，这些都是公开的秘密。但铁路局重要人员的所得却远不止此。

民国初年徐世昌的弟弟徐世章为津浦铁路购买蓝钢车舞弊几百万元一案，曾轰动全国。徐世章是怎样和洋行勾结的，外人却无从知娆，但他后来成为天津租界内不动产最多的财主，乃是人人皆知之事。至于兵工厂、造币厂之类勾结洋行营私舞弊也不在铁路局之下。

为了赚钱，买办不只勾结大官僚，也联络税吏、军警和地方官吏。在内地农村收购土产或设厂加工都不可避免与地方发生接触。洋行赴内地收货，照例是买办或买办的助手领着洋人前往，买办出面议价，洋人在后收货。有了洋人在场自然是狐假虎威，"百无一失，万事亨通"。买办为了抑压价格、把持产区，又必须联络当地的小官小吏以及地主、土豪吓唬老百姓，以便能购得廉价土产。

洋行和买办对军火、军火原料和军事装备的生意是最感兴趣的。对洋行来说，同时对交战双方供应军火是常有的事。介绍外国厂家的军火，各国洋行几乎都能做，只是各家所代理的厂子不同。买办在联系买主方面，也各有不同的路数。

各国军火中以德国货销路最广。1896年李鸿章出访欧洲时，特意参观了德国各大枪炮厂，到处许愿回国后必订购德国军火。甲午之战前后，德商泰来洋行就由买办王铭槐经手售给了李鸿章大批鱼雷艇等武器。

另一家做军火最多的是德商礼和洋行。清末时，买办冯商盘便是以买卖军火成为暴发户，同时培养了翻译出身的雍剑秋成为后来有名的军火买办。其他德国洋行，如瑞记、禅臣、捷成、德义、世昌、协利、信丰等，也都曾或多或少销售过德国军火。其他国家的洋行，如英商的怡和、安利，美商的慎昌，日商的三井、三菱系统的各洋行在军火生意上都有过激烈的竞争。北洋军阀时期阎锡山在天津设有常驻机关，专门和禅臣、礼和等洋行接洽购买军火。

再说银行。天津的各个外国银行是紧随着洋行到来的。1882 年，英商汇丰银行首先在天津开设分行，买办是吴调卿。1898 年日本开租界之前，北门外就出现了日本横滨正金银行。英商银行在汇丰之后，又来了加利银行，与英国在澳洲和南洋各殖民地的金融机构遥相呼应。

沙俄在天津开设道胜银行时，李鸿章曾给予了许多特权。该行不仅经营一般的银行业务，还获得了特许在中国境内承包税收、承办代理中国国库的某些事务。该行在清政府授权之下，发行纸币、修建铁路等，权限异常广泛。

其他外国银行，如德国的德华银行，法国的汇理银行和中法工商银行此后也陆续出现。如比利时开办了华北银行，美国开设了花旗银行，后来又有友华银行、大通银行等美国银行。此外，还有侨居在天津的日本人所组织的天津银行、中日合资的汇业银行、中美合资的中华懋业银行和中挪合资的华威银行等。

银行从中国地主、军阀、官僚、政客们身上吸收到了不少资金。自民国初年起，清室遗老、贵族和军阀、政客都喜欢把现款存在外国银行。外国银行不收小额存款，大额长期存款的利息也不过一二厘，活期存款则无利息。

每当遇到中国军阀混战，就有大量的中国货币折合成外币存入外国银行，银行则乘机故意拒绝存放，勒索倒贴利息，巧立名目为"保管费"。外国银行是不允许中国官府查账的，因此存到外国银行的存款不会被战胜者所没收。

这些存入外国银行的款项，数量大得惊人。自第一次世界大战起，日本对华北侵扰日急，地方不时发生动乱，这更促使大批中国人的存款驱入了欧美各国在天津的银行。外国银行运用这些巨额资金帮助洋行急速扩张。

在发行纸币上外国银行也有特权，这对中国的经济和金融造成了不可估量的损害。在第一次世界大战期间，英镑和马克贬值，动摇了市面，华威、汇业等银行就出了纸币，在歇业时拐骗了中国存户的大量金钱。

外国银行对中国本土的金融业极尽排挤之能事。外国银行和各洋行都有默契，从不把钱存入中国的银行。直到新中国成立前，因为法币和金圆券都跌得无法掌握了，外国银行在兑换上为了不受汇率的损失，才委托中国的银行替它们收款。

各外国银行同各自国的洋行根本上是一体的，它们互为股东、交换董事、相互利用。像汇丰银行和怡和等老牌的英国洋行在组织上是血肉相连的。别的外国银行和它们的洋行之间的关系大体也是如此。这种商业资本和金融资本交织在一起的垄断组织，是经济侵略行为的主体。

民国初年，瑞士籍的犹太流浪商人李亚溥替洋行跑街卖钻石，结识了很多租界富商和军政人员的女眷。他后来利用这个关系单干，做珠宝钻石的典押放款，愚弄了不少"贵妇人"，搞了不少的钱。随后他又向天主教堂借了80万元，盖起了利华大楼，开设了实质是典押当铺的利华放款银行。这家放款银行的掠夺对象是中国阔小姐、阔太太。当她们手头窘困时，就把自己的首饰抵押给利华银行，以换得现金。而利华银行则以短期高利典押贷款的方法骗取她们的珠宝钻石。李亚溥很快就以这些手段积累了巨资，在冀北开了金矿，又当了天津"回力球"的房东和股东。

外国银行买办的身份和洋行买办的身份大体是相同的，虽然在当地商人眼中，金融机构的买办比洋行的买办似乎在地位上要高一些。

提到天津外国银行的买办，吴调卿当然算是开山鼻祖。正金银行的魏信臣出身于钱商，资格也很老。典型的商业资本家当买办的有大棉纱棉布商人、同时是益兴棉纱庄的铺东范竹斋，他接办了法商汇理银行。东北利达公司的经理魏采章也转任了华北银行买办。

早期的外国银行买办中也有高等流氓出身的，如华俄道胜银行的买办孙仲英。在王铭槐亏损辞职之后，庚子年他领着洋兵搜捕过义和团，也盗卖过长芦坨盐，博得了洋人的赏识，很快就成为天津的阔买办之一。

亦官亦商的上海买办

清末民初的"买办现象"，在天津上演得风生水起。一大批洋买办你方唱罢我登场，他们操纵商场、敛财致富的神话让人们目瞪口呆。在上海，同样也有一大批这样的"商界奇人"，在这座被称为"东方巴黎"的大城市翻云覆雨。其中，朱葆三、朱志尧、席正甫等就是他们的代表。

十七岁的"大掌柜"

清道光二十八年二月初七（1848 年 3 月 11 日），一个未来的商业巨子在浙江乍浦呱呱坠地。其父朱祥麟世籍浙江黄岩，时任乍浦都司、定海营游击，他给儿子取名为朱葆三。

3 年后，朱祥麟举家迁居定海县城。朱葆三还有个弟弟，名叫朱捷三。1859 年，朱祥麟将家眷移居到定海县东乡北蝉村后，11 岁的朱葆三每天早上都从北蝉村步行到县城父亲处，回家时在集市买回油盐酱醋等食用之物侍奉母亲，徒步往返数十里。儿童时代的这些艰辛，铸就了他吃苦耐劳的品格。

孰料朱葆三 13 岁那年，父亲患上重病，旷日持久的求医用药使家境日趋困苦。母亲方氏只得忍痛托人，把尚未成年的朱葆三带到上海去学艺谋生。

19 世纪 60 年代的上海，已经是中国新兴的主要商埠。自小耳濡目染农村生活的朱葆三一夜之间到了大都市，既感到茫然无措，又感到目眩神迷。走惯了的乡间小路变成了柏油马路，看惯了的瓦屋平房变成了高楼大厦。他心想，自己必须尽快适应这个"东方冒险家乐园"，才能生存和发展。

协记五金店，是朱葆三涉足商海的第一个驿站。当学徒期间，机敏的朱葆三看到上海华洋杂处，洋行势力很大，倘若会几句"洋泾浜"式的英语，与洋人做买卖会大有益处。于是，他萌生了学英语的念头。但去学校补习英语每月须付学费 3 元，单凭自己那点微薄的月规钱远远不够。求知欲望强烈的他就把自己少得可怜的月规钱给了另一个学徒权充"学费"，间接地从他那里学会了一些英语。

朱葆三白天在店堂工作，晚上自学。除了英语还攻读语文、珠算、记账、商业尺牍等商业知识。他的好学不倦得到了店主的赞赏，夸他"勤敏朴诚，殊于常儿"。

后来，协记五金店总账房去世，店主和经理破格决定，让年仅 17 岁的朱葆三担任总账房和营业主任。3 年后，五金店的经理病故，深得店主青睐的朱葆三继任经理。在短短 7 年中，一个学徒被提拔为总账房、营业主任乃至经理，在上海滩算是绝无仅有。

上海滩风云人物朱葆三

在掌管"协记"期间，他勤谨敬业，使五金店盈利可观，自己也分得了不少红利和额外酬金。但不久后，"协记"因店主去世而关门歇业了。

1878 年，30 岁的朱葆三用自己积攒的钱做资本，在上海新开河地区开设了专营大五金的"慎裕五金店"。这在当时纯属鲜见，也是他人生道路上的一个重大转折点。

经营一个"慎裕"，对于朱葆三来说驾轻就熟，凭借在"协记"经营时独当一面的业务管理经验，很快就使"慎裕"的生意兴旺发达。

"买办中的买办"

在早期经营中，青年朱葆三很注意物色人才。"慎裕"挂牌不久，他得知一个叫顾晴川的人精通账务，德才兼备，便马上通过熟人聘他为"慎裕"总账房，掌管全店账务。此后，店里银钱进出从无差错，有人替他把牢了财务关，使得朱葆三可以把精力集中在经商上。

"慎裕"兴隆了，但朱葆三绝不是"小富即安"之辈。他领悟到要在强手如林的大上海站稳脚跟并把事业做大，光埋头在自己那个经商小圈子里是不行的，必须编织一张有利于发展的关系网。

他把突破点选择在结交那些经营有方且有一定社会地位的人士方面。

清末上海著名企业家叶澄衷是朱葆三结交的一个挚友。此人系浙江镇海人，14 岁到上海，后来一次偶然的机会结识了美孚洋行"大班"，从此平步青云，开设了老顺记五金店，经销美孚汽油，从中积累了巨额资本。

叶澄衷比朱葆三大 8 岁，"老顺记"开业比"慎裕"早 16 年。与叶的交往中，朱葆三从他的发迹轨道中获得了启迪。在叶的劝告和支持下，朱葆三将"慎裕"从新开河迁移到闹市区的四马路 13 号。这样一来，新"慎裕"的气派和规模顿显改观，朱葆三的身份和名望也随之攀升。此后，朱葆三经营的范围逐步扩大，渐渐成为商界显贵。

朱葆三另一位莫逆之交是袁树勋。此人系湖南湘潭人，曾在上海县署中任主簿。20 世纪初，袁树勋在政界步步高升，先后出任苏松太道、江苏按察使、顺天府尹、民政部左侍郎、山东巡抚、两广总督。袁任苏松太道时，朱葆三忍痛割爱，将自己手下的"爱将"、财务总管顾晴川推荐给他，担任道台衙门的会计员兼道库出纳。

朱葆三这一着妙棋，让他后来获得了一笔普通商人可望而不可即的收益。

当时，苏松太道经手庚子赔款，款项以各通商口岸海关关税等收入作担保。朱葆三通过袁树勋身边自己的"卧底"顾晴川，经手了这笔在交付给上海海关之前先由上海道库暂行保管的巨额赔款，拆放到上海钱庄里去生息。

袁树勋上缴的利息以一般的官利计算，而钱庄的利息一般都高于官利。中间的差额则归于袁树勋、顾晴川和朱葆三。与此同时，朱葆三开设的"慎裕"也就成为当时上海众多钱庄要求拆款的追逐热点。

每天清晨，"慎裕"二楼会客室都是高朋满座，那些钱庄"阿大先生"（经理）竞相等候朱葆三拆放头寸，"慎裕"由此成了当时掌握上海各钱庄拆放头寸的"领头羊"。

朱葆三长袖善舞，既与袁树勋、顾晴川共享其中的巨额经济利益，又提高了自己在工商界和金融界的地位。更值得一提的是，上海各银号和钱庄利用这笔公款经营的存放业务，推动了上海金融市场的运转、流通和调剂。

朱葆三善于协调各方面的关系，广泛结交各界人士，在官府、外国领事乃至革命党人中间都有他的朋友，使朱葆三在各种危难情况下能左右逢源，化险为夷，为自身的经商事业发展创造了得天独厚的条件。

随着朱葆三在上海金融界和工商界的名望和地位的上升，上海不少中外老板纷纷向他靠拢，都想"背靠大树好乘凉"。英商平和洋行就是一例。

该洋行是上海开埠后最早开设的外国洋行之一，总行在上海，天津、汉口均设有分行。初始阶段这家洋行没有资金，以低价收购毛皮，打包出口供西方制作高档皮大衣。数年后，这个"皮包公司"不仅造起了办公大楼、仓库，还垄断了上海的出口打包行业，平和洋行的大班也当上了上海公共租界工部局的董事。

这个大班为了利用朱葆三与上海道袁树勋的交情以及他在上海金融工商界的地位，聘请朱葆三担任平和洋行的买办。朱葆三答应了。他明知洋行想利用他，但他也想利用洋行，因为清末买办是受到列强庇护的，有时还可以分享领事裁判权。其实，他是一个只领干薪不办实事的挂名买办。然而此事却传遍了上海，当地人玩"挖花牌"时唱的唱词中有一句："牛头朱葆三，平和做买办"，指的就是此事。

事业如日中天的朱葆三，此时已年过半百，但他却在酝酿着更大规模的发展宏图。他的视线穿过上海，伸向定海、舟山、汉口、广州……甚至越洋过海，落在异国的土地上。

此后，朱葆三接二连三地甩出了以下的大手笔。

陆续投资或参股创办金融业，诸如中国通商银行、浙江实业银行、浙江兴业银行、四明银行、中华银行、江南银行，还有华安保险公司、华兴水火保险公司、华成保险公司、华安合群人寿保险公司等；

发展交通运输业，如宁绍轮船公司、长和轮船公司、永利轮船公司、永安轮船公司、舟山轮船公司、大达轮埠公司以及法商东方航业公司等；

发展公用事业，开设上海华商电车公司、定海电器公司、舟山电灯公司、上海自来水厂、汉口自来水公司、广东自来水厂等；

开发工矿企业，有上海绢丝厂、上海华商水泥公司、柳江煤矿公司、长兴煤矿公司、大有榨油厂、海州赣丰饼油厂、龙华造纸厂、日华绢丝厂、上海第一呢绒厂、中兴面粉厂、立大面粉厂、和兴铁厂、宁波和丰纱厂、同利机器纺织麻袋公司以及马来亚的吉邦橡胶公司……

朱葆三的资产越滚越大，已经跻身于上海为数不多的巨商行列。他的成功除了广泛结交社会各界人士，协调多方关系之外，是以"信义"二字为准则的。他为人恪守信用、讲义气，由此而被中外人士所推崇。他每每为人排难解纷，言出立断，让人们都有"朱先生公正，不会欺负我们"的安全感。朱葆三为宁波籍同乡作保、推荐者不计其数，而为他人赔保更是价值巨万。这种崇尚信义的品质被人们交口称赞。

此时的朱葆三在上海商界已成为举足轻重的角色。遍布上海洋行界的宁波籍买办多半出于他的引荐，因此，他被称作"买办中的买办"。

当时，驻上海的各国领事盛气凌人，狂妄自大，但唯独对朱葆三优礼有加。更多的民族资本企业则借重他的声望招揽资本，扩大影响。例如，刘鸿生创办的上海水泥股份有限公司聘请朱葆三出任董事长；上海南洋兄弟烟草股份有限公司扩大改组招收外股，聘请朱葆三为发起人；设在杭州的中华民国浙江银行特任命朱葆三为总经理……

"力效驰驱，勉尽天职"

朱葆三在经济实力充裕后，又参与了社会活动和政治活动。

1898 年，清政府下令各省设商务局，两江总督刘坤一"因照会上海通商银行总董严信厚、丝业董事施则敬办理商务，通上下情，议设商会"。于是，上海在1902年成立了商业会议公所。1903年商会成立，公布了《商会简单章程》。1904年，上海商会会议公所改称为上海商务总会。1905年改选，总理为曾铸，协理即为朱葆三。1906年，总理为李云书，董事为朱葆三等18人。

1905年7月21日，上海商务总会因美国限制华工入境和虐待华工，发动了抵制美货和收回苏浙铁路利权的斗争，各行业有代表性的企业家，如朱葆三和火油业的丁钦业、徐文翁，洋布业的邵琴涛、苏保笙，铁业和械器业的祝兰舫、项如松，面粉业的林纯翁，木业的曹予翁等当即在大会上签名，表示不订美货，并即拟定通告全国35埠的电稿。朱葆三当时作为上海商务总会的协理，在反对美国虐待华工的斗争中，坚定地站在上海商务总会总理曾铸的一边。

朱葆三等上海商务总会、上海城厢自治公所和上海商团公会中的一些上层人物，这时都已逐渐觉察到清政府所谓"君主立宪"不过是打着幌子的骗局，也都在不同程度上对革命党人的活动表示支持，把变革的期望寄托在他们身上。

当时上海有清军5个巡防营驻守，姜国梁为统领兼吴淞炮台总台官。辛亥革命前夕，革命党人陈其美通过姜国梁的贵州同乡周南陔进行联络，要姜完全接受同盟会的调度和指挥，并安排一位姓杨的商人出面宴请姜。应邀出席这次宴会的还有陈其美、李平书、朱葆三、王一亭、吴怀疚和周南陔等，席间大家一致赞成革命。这次宴请，坚定了姜国梁倒向同盟会的决心。

1911年的辛亥革命风起云涌，如火如荼，朱葆三经受了"血与火"的洗礼。

辛亥革命前，朱葆三、虞洽卿等"宁波帮"头面人物发起组织了"宁商总会"，会址在上海公共租界云南路。宁商总会执有香港英国政府注册的公共租界工部局第一号总会执照，当时上海人称它为"特别照会"，非常"靠硬"。凭着这纸照会，公共租界的巡捕房未经会审公堂的允准，不得任意到宁商总会内搜查财物和拘捕任何人。

朱葆三、虞洽卿等人在业余时间经常去宁商总会打牌，约人会谈；同时也是掩护革命党人秘密集会、暂避风头。朱葆三还与上海总商会会董、出口公会发起人、宁波人陆维镛和棉布业出身的宁波人虞芗山等宁波帮人士，共同发起组织"商界共和团"。这个组织拥有武器，是一个准军事性质的武装团体，成员来自工人、学生及工商企业职工等不同阶层，并使他们接受军事训练。

然而，这个原由上海道台掌握的商团，后来却成了参加辛亥革命的上海起义部队。

1911 年 11 月 3 日，清政府南京督署电示上海道台："上海革命起事，商团尽叛，已分南京、松江两地进兵。无论革命党、商团，擒获者，全数正法。"

朱葆三从上海道台刘燕翼处获悉这个消息后，立即潜往商团司令部密告李平书，随后偕同刘燕翼、上海知县田宝荣一起越墙逃往租界洋务局避难。城内文武官吏顿时群龙无首，纷纷出逃。商团火烧道、县衙署，各城楼先后悬挂白旗和革命旗，城门由起义军把守，大街小巷张贴着起义军的告示。上海城随即宣告光复。

1912 年 12 月 20 日《民立报》刊登了国民党上海分部的职员表，朱葆三名列其中，担任重要职务。是年，朱葆三 64 岁。

上海光复不久，朱葆三出任上海都督府财政总长。当时，沪上商业凋敝，金融动荡，战事频仍，各省援鄂、攻徐、援皖、攻鲁以及北伐诸军都取道上海，军费开支甚大，"大至一师一旅之经营、小至一宿一餐之供给，莫不于沪军是责"。朱葆三上任之后，正如他于 1912 年 12 月 11 日在《朱葆三呈孙大总统沪军都督文》中所述"兢兢业业，力效驰驱，勉尽天职"。

1911 年 11 月，陈其美拟提用存于上海各钱庄的道库存款以应急需，但各国领事以未承认革命政府为借口横加阻挠。后经多方磋商，终由有一言九鼎信誉的朱葆三出面具函签发收据核收，才解决庄款问题。当时流传有"道台一颗印，不及葆三一封信"之说。

朱葆三虽然任职上海财政总长仅几个月，但他力挽狂澜的历史功绩不可磨灭。与此同时，他还竭尽全力支持革命党人。

1913 年 3 月 20 日，宋教仁被袁世凯派人刺杀于沪宁车站。已加入国民党并担任上海分部副部长的朱葆三当即与王一亭、沈缦云联名致电袁世凯，要求整治吏治，保护人民，饬令缉凶，严肃法纪。

1916 年，陈英士在上海遇害后，上海组织公祭，朱葆三是主丧者之一。"二次革命"失败后，朱葆三仍积极筹款接济革命党人。

1919 年"五四运动"爆发时，朱葆三却持不支持的态度，这导致了他在次年引咎辞职，退出了政治舞台。

但他晚年仍致力于社会公益事业，先后创办和投资的社会福利事业有中国红十字会、华洋义赈会、济良所、广义善堂、仁济善堂、惠众善堂、四明公所、定海会馆、四明医院、吴淞防疫医院、上海公立医院、上海孤儿院、新普益堂、普益习艺所、妇孺救济会、同义慈善会、联义慈善会、贫民平粜局、上海时疫医院等。他还创办了同济医工学校、定海公学、尚义学校、宁波益智学校等教育事业。

1926 年夏季，上海时疫流行，朱葆三创办于大世界附近的时疫医院病人骤增，经费短缺，为此他冒酷暑前往察看，顺道劝募捐款，终因伏暑积食，年老气血两亏，一病不起，于 9 月 2 日在上海西门外斜桥寓所与世长辞，享年 79 岁。

他去世后，宁波旅沪同乡会下半旗志哀三天。10 月 24 日，该会会同上海各公团，为朱葆三举行追悼会，到会的有 3800 余人。

为表彰朱葆三在社会公益和市政建设上的功绩，上海法租界当局特意将租界内的一条马路命名为"朱葆三路"（今溪口路），这是上海以中国人名字命名的第一条马路。

机器制造业的巨擘

除了朱葆三，上海的买办中还有一位朱姓的风云人物朱志尧。

朱志尧字宠德，号开甲，祖籍江苏青浦，生于上海董家渡，是个天主教徒。儿时曾从二舅父马相伯就读于徐汇公学。历任轮船招商局买办、江南造船厂经理、大德油厂总办、法商东方汇理银行买办。还创办了众多的华资企业。

他的母亲马建淑是复旦大学创始人马相伯和清末外交家马建忠的大姐，他的五弟朱开敏是耶稣会的著名会士，可谓家族显赫。

朱志尧 24 岁时随三舅父马建忠赴英、法、美诸国，参观了许多机器制造厂，了解了很多先进工艺，眼界大开。

回国后，经二舅父马相伯介绍，他先后任轮船招商局的"江天轮""江裕轮"的买办。业余时他还为盛宣怀主持的织布局设计制造过棉籽轧油机，并改造了不适用于中国棉籽的洋机，得到盛宣怀的称赞。光绪二十三年，盛宣怀创办德大油厂，委派朱志尧为总办。次年，朱志尧又兼任了东方汇理银行的买办。

这样数年下来，他不仅在上海实业界奠定了基础，而且积累了一笔可观的资金。

光绪三十年，朱志尧在马相伯的协助下，租到了黄浦江南滩的沈姓土地 70 亩，开办了船厂。以"器惟求新"之意，取名"求新"二字。船厂开办之初主要从事修配业务。两年后应江海关预订，造出了一条 83 英尺的海关灯船。

随即朱志尧亲自主持设计、施工，又造出一艘客货两用船"大新"轮。至宣统二年，共制造了轮、兵、驳、趸、载泥船等共 40 艘，以及海关浮筒、码头等。在造船的同时，朱志尧还不断开拓新产品，扩大规模，努力研究动力机器，制造出了新颖的立式与卧式蒸汽引擎，动力为 25—300 马力不等。他还曾制造出了特大型引擎，而且零部件全为国产，令许多前来参观的西方工程师"叹赏不止"。

求新厂是中国机器史上的创举，人称"中国机器厂中的巨擘"。此外，朱志尧还先后创办了宝兴铁矿公司、安徽当涂铁矿、长兴煤矿，投资新城米厂、江西布厂、"尼各志"砖厂，担任华商电气公司、内地自来水厂、申大面粉厂、中国图书公司、苏政公司等企业的董事。

机器制造业巨擘朱志尧

第一次世界大战期间，国内市场上钢铁奇缺，价格猛升，求新厂负债累累。1919年，被法商以"中法合作"的名义接管。其后，朱志尧虽然力图"东山再起"，却已无能为力。

通婚的买办关系网

上海另一位知名买办为席正甫。他1838年出生在苏州洞庭东山的一户大户人家。但其父席品方去世后，家境衰落。1857年太平军战事发生后，席正甫从苏州来到上海，在同乡开的小钱庄当学徒。

1860年他自己开了一家钱庄，1866年当上了英商汇丰银行的跑街。1874年，席正甫代表汇丰银行买办与清政府商谈福建台湾海防借款事宜。最后，汇丰银行以比当时高得多的利息，借给清政府200万两10年期借款。这笔贷款的成功，开创了汇丰银行政治贷款的先例，将该行从财务窘境中解脱了出来，也使席正甫从此得势，既当上了汇丰银行买办，又受到清朝大臣李鸿章和左宗棠等的赏识。

为了获得巨额贷款，他们争相拉拢席正甫。李鸿章还特意上书朝廷，替他保荐官职。此后，席正甫接受了二品衔的红顶花翎，又捐了道台。但他做官仅仅是为了抬高身价，并未赴京就任实职。他借与清廷的关系和汇丰银行买办的身份，左右逢源，得到了极大的好处。

从1874年到1890年，清政府向汇丰银行借款17笔，绝大多数是由席正甫一手经办的，他由此得到了大量佣金。而汇丰银行通过席正甫的上下沟通，业务也蒸蒸日上，为此对他青睐有加。

19世纪80年代，汇丰银行某大班在买办担保一事上与席正甫发生了冲突。席正甫一气之下辞职，但汇丰银行总行却坚决不允，不仅专门来信挽留，还撤换了该名大班，使席正甫稳坐买办交椅长达30年之久。

席正甫在长达数十年的买办生涯中集聚了大量财产，除投资经营金融业之外，还在浦东、南京路、凤阳路一带购置了众多的房产。当时上海钱庄为了获得流动资金，常常向外商银行借款，再用这部分钱放高利贷，贷给大大小小的商号以获取利润。由于席正甫掌管了汇丰银行借款的签字盖章权，成了当时银钱业炙手可热的大红人，几乎所有的钱庄都要求他加入股本，或聘用他介绍的人当助手。同时，席正甫还广泛投资和银行业务有联系的钱业、银楼、典当、金号。

1887 年，席正甫与严兰卿合资开设了协升钱庄。他利用自己的社会关系，介绍亲友、熟人进入众多的外商银行，他的一些亲属还担任了洋行买办，致使席氏家族在 19 世纪末到 20 世纪初的上海滩成为风云一时的买办世家。

当时外商在上海开设的大小银行共有 34 家，其中 17 家由席氏家族担任买办，占据了上海金融界的重要位置，这在近代中国是独一无二的。由此，洞庭东山人在上海金融界形成了一股强大的势力，各地商人资金短缺，非请洞庭东山人帮忙不可。因此，19 世纪末流传着这样一首口谚："徽帮人（主要经商）再狠，见了东山帮，还得忍一忍。"

席正甫创造了近代上海商界的家族传奇。汇丰银行是近代上海资力最为雄厚的外商银行，在上海存在了近百年的时间，席正甫祖孙三代就任该行买办长达 55 年。席正甫自己担任买办即达 30 年，他去世后由长子席立功继任，席立功又传给儿子席鹿笙，直至席鹿笙被绑匪枪杀后才由别姓继任。

而这个家族最为人瞩目的还不只是在汇丰银行举足轻重的地位，还有他们所构建的庞大买办网络。洞庭席氏家族除长期担任汇丰银行买办外，还有其他成员出任买办职务，在上海担任外商银行和洋行买办的祖孙三代（包括女婿）共有 23 人。其中，有 6 家英商银行、两家美商银行、两家日商银行和法、俄、意各一家银行。

除了父子相继的关系之外，由通婚所构成的庞大商业网络及其对买办职业的影响，在洞庭席氏买办家族中表现得最为明显。

席家第一代买办席正甫的父亲席元乐娶了沈二园的妹妹为继室，并将沈氏所生的小儿子席素恒过继给沈二园，改名沈吉成。沈氏父子从沙逊洋行成立后即长期任该行买办。

席正甫的第二个儿子席裕昆娶了王汉槎的女儿即王宪臣的姐姐为妻。王宪臣是沈吉成的女婿，因为王汉槎与沈吉成在上海合资开设了天成绸缎局，王宪臣因此得以任沙逊洋行的收账员，接任中华汇理银行买办，至 1897 年再进沙逊洋行任副买办。1907 年沈吉成又通过各种关系让王宪臣接替席锡藩任麦加利银行买办，长达 30 年之久。

另一买办家族胡寄梅家族亦与席家有姻亲关系。席锡藩的女儿嫁给胡寄梅次子胡筠秋为妻，胡寄梅的堂兄胡笛栏与席锡藩系连襟，其姑母又嫁给沈二园为妻。胡寄梅曾在钱庄做事，后在中华汇理银行和麦加利银行任职，又任华俄道胜银行和华比银行买办，都与席家的势力有关系。胡筠秋与宋子安还是姻亲。

席正甫的第三个儿子席裕光，曾任宝信银行买办和大清银行上海分行协理，娶许春荣三女为妻。许春荣是著名的钱庄主，曾任泰和洋行和德华银行买办，与席正甫一家交往甚深。席裕光还因继室沈文兰的关系，与陈果夫、陈立夫及叶琢堂都成了姻亲。席裕光的长子席德懋的女儿又嫁给宋子文的弟弟宋子良，席宋两家的关系由此更加密切。

席正甫的弟弟席缙华的女婿叶明斋任横滨正金银行买办，叶明斋的儿子叶振民又娶席锡藩的女儿为妻，叶振民得以继任中法工商银行买办。

席正甫的幼弟席素恒（沈吉成）的大女婿黄振之，在席缙华任华俄道胜银行买办时任副买办。他在上海做丝绸生意，自己是钱庄出身。

以上所叙述的这些婚姻关系令人眼花缭乱，难得厘清其中的关系。在这个"婚姻圈"中，你中有我，我中有你。正是这个密如蛛网的婚姻关系，才使得席家能够牢牢地在上海站住脚。

1904 年，64 岁的席正甫去世。祭奠之日，从外滩到凤阳路席家，沿途各个路口都搭了祭棚。中外商家及一些外国银行的门口，都设置了坛台路祭。公共租界巡捕还武装护送送葬队伍从南京路上通过。

死后在上海滩能够享受到如此高规格待遇的买办，也仅席正甫一人而已。

汇丰银行买办席正甫

将洋行和他们的买办们如何敛财致富的故事写出来的想法，二十多年前就产生了，但由于种种原因始终没能实现。今天终于如愿以偿了。

洋行和买办离我们所处的时代已经非常遥远了，但他们的传奇故事仍在当今社会上流传。

随着社会的进步和文明程度的跃升，笔者相信，定会出现一个不再有欺诈、蒙骗的商业环境。从这个角度去看，笔者的这本纪实，应该还是有些现实意义的。

写作这本书之初，颇有些纠结。曾经设想过：是否可以按照买办们从事的行业分类？是否可以按他们所在的地域分类？或按他们攫取钱财的方式分类？思考良久，把这些想法都一一摒弃了。最后只能用目前这种看似散乱，但可以独自彰显每个不同买办特色的方法去写。

但是，洋行买办们因为从事的贸易相同或近似，各个洋行也是在持续地争抢中国市场这同一块"肥肉"中呈现出了"我中有你，你中有我"的态势。因而，本书中不同买办的敛财经历难免会有交叉，甚至重叠。但是如果剔除这少部分交叉重叠的内容，则会使本书中各个洋行和买办的故事残缺不全。这应该是本书难以弥补的缺憾。

本书的资料主要来源于20世纪五六十年代各省市的《文史资料汇编》、相关省市的地方志资料、亲历者的回忆或网络资料。在这里向他们一并致谢。

多年来，我的拙作能一次次呈现在读者面前，承蒙团结出版社领导和编辑的帮助，在这里再次向他们表示诚挚的谢意。

2017 年金秋于东湖畔补拙斋